Gary Smalley & John Trent

Die
Wortbild-Methode

Wie Sie Gefühle so ausdrücken können,
daß jeder Sie versteht

Larmann

Postfach 640
3550 Marburg

CIP-Titelaufnahme der Deutschen Bibliothek

Smalley, Gary:
Die Wortbild-Methode: Wie Sie Gefühle so ausdrücken können,
daß jeder Sie versteht / Gary Smalley und John Trent.
[Dt. von Agentur Thomas Lardon/Köppl]
Marburg an der Lahn: Francke, 1991
(Larmann-Bücher)
Einheitssacht.: The language of love ‹dt.›
ISBN 3-88224-866-1
NE: Trent, John

Alle Rechte vorbehalten
Originaltitel: The Language of Love
© 1988 by Gary Smalley & John Trent
© der deutschen Ausgabe
1991 by Verlag der Francke-Buchhandlung GmbH
3550 Marburg an der Lahn
Deutsch von Agentur Thomas Lardon/Köppl
Umschlaggestaltung: Uno-Design, Baden-Baden
Texterfassung: Verlag der Francke-Buchhandlung GmbH / Heike Schmidt
Satz: Druckerei Schröder, 3552 Wetter/Hessen
Druck: Schönbach-Druck GmbH, 6106 Erzhausen

LARMANN-Bücher

INHALT

Kann mit Wortbildern Mißbrauch getrieben werden?

**Eine Sammlung von Wortbildern —
ein Schatz für Ihre Kommunikation**

Danksagung

Wir möchten folgenden Personen unseren tiefen Dank aussprechen: Terry Brown, unserem treuen Freund und Partner, der uns während der Abfassung dieses Buches mit vielen zusätzlichen Stunden an Arbeit zur Seite stand. Steve Lyon, dem neuesten und dringend benötigten Mitglied unseres Teams, für seine Glanzleistungen in letzter Minute, und Penni Stewart, unserer engagierten Sekretärin, die ebenfalls mit vielen Überstunden zur Entstehung dieses Buches beitrug. Lee und Susan Noble, die uns ein herrliches Chalet zur Verfügung stellten. Hier entstand die Grundidee zu diesem Buch. Doug Childress für seine treue Freundschaft und seine klugen Worte der Kritik und des Rates. Steve und Barbara Ulhman für ihre Liebe, Hilfe und Unterstützung. Diana Trent für ihre hervorragende Arbeit beim Aufspüren von Zitaten und dem Korrekturlesen des Manuskriptes. S.G. Ricly Christian, Rolf Zettersten, Mark Maddox, Janet Kobobel, Nancy Wallace, Teresa Wilson, Irene Akins, Diane Passno und dem übrigen Team von Focus on the Family für ihr außergewöhnliches Engagement und ihre großartige Unterstützung — ganz besonders Dr. G. James Dobson. Jim, Pam, Ryan und Heather McGuire für ihre unschätzbare Freundschaft und Mitarbeit.

1. Kapitel

Wenn allgemeine Worte zu wenig sind

Judy saß am Küchentisch und fühlte sich so von Einsamkeit und Mutlosigkeit erfüllt wie nie zuvor in ihrem Leben. Nur wenige Stunden vorher waren ihre schlimmsten Befürchtungen wahr geworden. Sie vermochte den brennenden Wunsch nicht zu unterdrücken, die Uhr zurückdrehen und alles ungeschehen machen zu können. In den Sessel gekauert wischte sie sich die Tränen weg und ließ die Szene in Gedanken immer von neuem ablaufen.

Es war früher Nachmittag an einem kühlen Herbsttage. Judy fuhr mit ihrem neuen Auto durch die Reihen wohlgepflegter Häuser, von denen jedes einzelne ein Dokument immer höherer Sprossen auf der Erfolgsleiter bildete. Judy paßte in jeder Beziehung in diese Umgebung der gehobenen Gesellschaftsklasse. Ihr blondes Haar und der zarte Teint verrieten die schwedischen Vorfahren. Mit neununddreißig sah sie noch immer so jugendlich und schlank aus wie viele ihrer Freundinnen Ende zwanzig. Ihre leuchtend blauen Augen strahlten vor Zufriedenheit, als sie in die Einfahrt ihres zweistöckigen viktorianischen Hauses einbog. Die efeubewachsenen Säulen aus roten Ziegeln und der gutgeschnittene Rasen spiegelten genau die passende Mischung aus Förmlichkeit und Wärme. Ihre beiden Kinder waren um diese Zeit in der Schule, das Haus würde also ruhig sein. Nach einem erfüllten Vormittagsprogramm mit Einkäufen und Besorgungen sehnte sie sich nach einigen Augenblicken der Entspannung. In der Garage blieb sie noch ein wenig im Wagen sitzen, schloß die Augen und ließ sich von den letzten Klängen eines sehnsuchtsvollen Liebesliedes an einen mondbeschienenen Strand entführen.

Seufzend drehte sie endlich die Stereoanlage ab, öffnete die Türe und fing an, die Beute ihres morgendlichen Streifzuges auszuladen. Mit einer

Tasche voll Gemüse und Obst in der einen und den Schlüsseln in der anderen Hand schloß sie die von der Garage ins Haus führende Tür auf. Judy ahnte noch nicht, daß sie damit auch die Tür zur schmerzlichsten Entdeckung ihres Lebens aufsperrte.

Sie betrat die Küche und legte die Einkaufstasche auf der Arbeitstheke ab. Beim Umdrehen fiel ihr Blick auf eine Notiz, die mit Klebeband an der Kühlschranktür befestigt war. Sofort erkannte sie die Schrift ihres Mannes. Außen hatte er auf das zusammengefaltete Blatt geschrieben: „Judy, laß das die Kinder nicht lesen."

„Laß das die Kinder nicht lesen?" ging es ihr durch den Kopf. „Wenn sie das vor mir fanden, hätten sie es auf der Stelle gelesen!" Beim Auseinanderfalten des Zettels versuchte sie, das unangenehme Gefühl abzuschütteln, das plötzlich in ihr emporkroch. Sie gab sich alle Mühe, sich einzureden, daß die Mitteilung sich lediglich auf ihr Geschäft oder ihre persönlichen Finanzen bezog. „Deshalb will er nicht, daß es den Kindern in die Hand fällt", dachte sie. Doch ihre Hände zitterten, als sie zu lesen begann:

„Liebe Judy, wir wissen beide, daß wir uns seit langem auseinandergelebt haben. Wir wollen uns keiner Täuschung hingeben — weder bei Dir selbst noch in der Beziehung zwischen uns erkenne ich den geringsten Wandel. Ich will Dich davon in Kenntnis setzen, daß ich mich mit einer anderen Frau treffe. Ja, wir beide haben ein intimes Verhältnis. Ich bin mir sicher, daß ich sie liebe. Ich sage Dir das, weil uns irgendwann jemand zusammen sehen wird, und ich möchte, daß Du es von mir erfährst, bevor es Dir ein anderer hinterbringt. Judy, laß uns die Sache mit den Kindern so unkompliziert wie möglich machen. Für sie braucht es kein Drama zu werden, wenn Du es nicht darauf anlegst. Ich liebe Dich nicht mehr und frage mich, ob das jemals der Fall war. Ich habe bereits meinen Anwalt angewiesen, die entsprechenden Dokumente aufzusetzen, weil ich möglichst rasch eine Scheidung erwirken will. Ich muß geschäftlich nach auswärts. In zwei Wochen werde ich zurücksein, dann komme ich vorbei, um einige Sachen zu holen und die Kinder zu sehen. Noch etwas: Ich wohne in einem Appartement, das ich mir gemietet habe, bis die ganze Geschichte zu Ende ist. Steve."

Krampfhaft hielt Judy den Zettel fest, während ihr die Tränen über die Wangen liefen. Ihre Gedanken kehrten zurück zu einem Augenblick ihrer Kindheit, in dem ihr ebenfalls durch ein Stück Papier eine wichtige

Persönlichkeit ihres Lebens geraubt wurde. Fünf Jahre war sie alt, als das Verteidigungsministerium das unerwünschte Telegramm schickte — ganze zwei Absätze, in denen ihre Familie davon unterrichtet wurde, daß ihr Vater als letzter Soldat im Koreakrieg gefallen war. Nach all den Jahren lösten ein paar auf ein Blatt Papier hingekritzelte Sätze eine ganze Lawine qualvoller seelischer Pein aus. Wiederum hatte sie den wichtigsten Menschen in ihrem Leben verloren, doch diesmal fand sich kein Wort des Bedauerns in der Mitteilung. Erinnerungen und schmerzliche Gefühle gerieten in Judys Innerem durcheinander und hinterließen von ihrer bisher so beglückenden und ruhigen Welt einen Scherbenhaufen. Ihre Tränen und ihr herzzerreißendes Schluchzen fanden in ihrem wunderschönen Heim nichts als Schweigen.

Judy war niedergeschmettert, doch sie hatte den tiefsten Punkt noch nicht erreicht. Das Schlimmste stand ihr noch bevor.

Von Dunkelheit zur Verzweiflung

Vierzehn Tage lang blieb die Familie ohne die geringste Nachricht von Steve. Judy hatte es in dieser Zeit geschafft, der eisigen, verheerenden Macht ihrer Gefühle standzuhalten. Wohl hundertmal am Tage drangen Steves handgeschriebene Worte in ihre Gedanken ein, mit jeder Erinnerung brachen ein paar Stücke ihres Herzens entzwei.

„Ich treffe mich mit einer anderen Frau ... Ja, wir haben ein intimes Verhältnis ... Ich will mich scheiden lassen ... Ich bleibe in meinem Appartement, bis dies alles vorbei ist ..."

Das tägliche Warten, ob Steve anrufen oder vorbeikommen werde, wurde für Judys Gefühle eine dauernde Berg- und Talfahrt. Sooft sie die Treppe hinaufging, kam sie an einer ganzen Galerie lächelnder Familienphotos vorbei. Jeder Blick darauf weckte schmerzliche Erinnerungen an neunzehn Jahre Ehe und die Erziehung zweier Kinder. Jede herausgezogene Schublade, jede offenstehende Schranktür, jeder Winkel im Haus barg seine eigenen Erinnerungen einer verlorenen Liebe. Fast die Hälfte ihres Lebens hatte Judy einen einzigen Mann geliebt, ihr Leben mit ihm geteilt. Ein Mann, der nun erklärte, er mache sich nichts mehr aus ihr, und der sich womöglich nie etwas aus ihr gemacht hatte. Aber die größte Qual verursachte ihr ein Blick in das Gesicht ihrer Kinder. Abend um Abend mußte Judy trotz ihrer eigenen inneren Pein Trösterin und Beraterin für ihren Sohn und ihre Tochter sein. Sie versuchte ihr Bestes, eine gute Miene aufzusetzen und zu erklären, was geschehen war. Wie konnte sie denn die endlosen Fragen eines siebenjährigen Jungen beantworten, wenn sie selbst die Antworten nicht wußte?

„Mami, warum kommt Daddy nicht nach Hause? Hat er eine Wut auf mich? Mami, was haben wir denn getan?" Und wie konnte sie den Zornesausbrüchen ihrer halbwüchsigen Tochter begegnen, die jedesmal erfolgten, wenn der Name ihres Vaters erwähnt wurde? In seiner Notiz hatte Steve geschrieben: „Für die Kinder braucht das kein Drama zu werden." Doch jede Träne, die Judy von den Augen ihrer Kinder abwischte, durchlöcherte seine Logik. Abend um Abend, wenn Judy zugesehen hatte, wie ihre Traurigkeit und Verwirrung endlich einem unruhigen Schlaf wichen, floh sie schließlich in ihren eigenen Schlafraum. In einem übergroßen Bett, das plötzlich viel zu groß erschien, weinte sie sich in den Schlaf. Ein weiterer Abend schlich dahin, und wohl zum hundertsten Male schlug sie sich mit der Frage herum: „Gibt es noch eine Chance, daß wir jemals wieder zueinanderfinden?" Kaum war ihr der Gedanke durch den Kopf gegangen, als das Telefon läutete. Steve war am Apparat. „Hallo, Judy", sagte er mit gleichgültiger Stimme, der jede Spur von Gefühl fehlte. „Hallo, Honey", antwortete sie automatisch. Die Worte entschlüpften ihr, bevor sie darüber nachdenken konnte. „Honey? Warum hab' ich das gesagt?" schalt sie sich. Sie wollte zornig sein auf ihn, und sie empfand auch Zorn. Doch nun, da er endlich angerufen hatte, schien der Ärger, mit dem sie sich tagelang herumgeschlagen hatte, zeitweise auszusetzen. Steves Stimme in ihrem Ohr weckte die Sehnsucht, ihn zu sehen. Sie verlangte danach, daß er die Arme um sie schlang . . . ihr sagte, daß er sie noch liebe . . . daß alles nur ein schrecklicher Irrtum war. Doch als Steve zu sprechen begann, schwand alle Hoffnung aus ihrem Herzen. Rasch und kalt kamen seine Worte. „Ich bin froh, daß du zu Hause bist, Judy. Ich rufe vom Autotelefon aus an. Ich komme gleich rüber, um einige Papiere abzugeben. Ich kann mich jetzt nicht aufhalten und reden. Wir haben jahrelang versucht, miteinander zu reden, doch hat es nie zu etwas geführt." Seine Worte hatten die beißende Schärfe des Nordwinds im Januar. „In ein paar Minuten bin ich da."

Noch bevor Judy antworten konnte, war das Telefon in ihrer Hand tot. Sie schoß aus dem Sessel hoch und rannte die Treppe empor, um den Kindern zu sagen, daß ihr Vater gleich kommen werde. Während sie die Treppe hinunterging und im Wohnzimmer wartete, überfielen sie Gedanken von fast zwanzig Jahren Ehe. Sie hatten sich immer um gegenseitige Kommunikation bemüht, selbst in der Zeit ihrer ersten Liebe. Im Lauf der Jahre waren viel zu viele Gespräche von Auseinandersetzungen begleitet. Der Niederschlag ihres kalten Krieges hatte ihre Beziehung erstarren lassen und eine eisige Schicht tiefer Unsicherheit auf das Leben ihrer Kinder gebreitet. Über die ganzen Jahre ihrer Ehe hin war nur ein Gefühl von Dauer geblieben. Immer hatte sie sich danach gesehnt, daß Steve ihre Gefühle, Bedürfnisse, Ängste, Ziele und Wünsche begreifen möge.

„Wenn er mich nur verstehen könnte. Wenn meine Beziehung zu ihm nur so sein könnte, wie er es erwartet. Wenn wir nur beide die Auseinandersetzungen und Streitereien hinter uns lassen und eine tiefe Kommunikation aufbauen könnten. Wenn nur ..."

Plötzlich fielen die Scheinwerferlichter eines Wagens ins Zimmer. Judy hielt einen Augenblick inne, warf noch einen Blick in den Dielenspiegel und zog ihren Rock gerade. Dann öffnete sie die Haustür und trat auf den Vorplatz hinaus. Doch als sie da stand und Steve auf sich zukommen sah, bemerkte sie seinen Wagen. Die Scheinwerfer waren noch eingeschaltet, der Motor lief. Sie riß die Augen auf und beugte sich unwillkürlich vor. „Oh nein", murmelte sie ungläubig, „er hat diese Frau mitgebracht!"

Die Straßenbeleuchtung verdrängte ein wenig die Dunkelheit. Judy konnte sie zwar nicht deutlich erkennen, doch auf dem Beifahrersitz saß tatsächlich eine Frau. Wer sie auch sein mochte, sie blickte nicht auf. Steve trat auf den Vorplatz. Er sah so gut aus wie immer, doch in seinen Augen lag nicht einmal ein Funken von Wärme. „Hier sind einige Papiere, die du lesen sollst", sagte er abrupt und übergab ihr mit einer heftigen Bewegung einen dicken Umschlag. „Da ist ein juristisches Dokument, das du unterschreiben und mir sobald wie möglich zurückschicken mußt." „Steve!" rief Judy aus und stieß den Umschlag zurück. „Ich kann keine Papiere unterschreiben, ich weiß nichtmal, ob ich sie überhaupt unterschreiben will. Wir müssen zuerst mit jemand darüber reden. Können wir nicht zu einem Eheberater oder Pfarrer oder ..."

„Nun hör mal gut zu, Judy." Steves Stimme klang deutlich durch die Nacht. „Ich stelle die Dinge nicht zur Wahl. Wir haben Jahre und Jahre hindurch geredet, und nichts hat sich geändert. Ich habe mir dies gründlich überlegt, und ich habe kein Interesse daran, von dir zum tausendsten Male zu hören: ‚Es kommt schon wieder in Ordnung.' Wir wollen das klarstellen. Es kommt nicht wieder in Ordnung. Unsere Ehe ist restlos am Ende. Aus! Fertig! Ich will raus aus ihr! Es ist höchste Zeit, daß ich etwas aus meinem Leben mache."

Plötzlich gab es hinter ihnen unter der Haustür ein Geräusch.

„Aber was ist mit unserem Leben, Dad?"

Weder Steve noch Judy hatten ihre halbwüchsige Tochter die Treppe herabkommen hören. Sie trat neben ihre Mutter „Dad, ich kann einfach

11

nicht glauben, daß du das tust! Was versuchst du denn zu beweisen? Wir haben dich so lieb, und das ist alles so schrecklich."

„Kimberley, du verstehst das einfach nicht", begann Vater und streckte die Arme aus.

„Rühr mich nicht an! Rühr mich nie wieder an!" Kimberley brach in Tränen aus und stieß seine Hände fort. „Ich kann einfach nicht glauben, daß du Mom und mir das antust. Und was ist mit Brian? An ihm liegt dir wohl gar nichts, wie?" Auf ihrem tränenverschmierten Gesicht spiegelten sich Wut und entsetzliche Traurigkeit. „Mir liegt sehr viel an ihm. Aber ich habe nicht vor, hier herumzustehen und mich mit euch herumzustreiten. Irgendwer könnte vorbeikommen und uns sehen. Deine Mutter und ich . . . wir können einfach nicht mehr miteinander sprechen. Wir haben's nie fertiggebracht, ein Gespräch miteinander zu führen. Ich kann es nicht erklären, aber wir finden einfach nicht zueinander."

„Aber Dad."

„Hör mal!" Seine Stimme klang wie ein Pistolenschuß. „Ich beende diese Debatte! Ich muß gehen, der Motor läuft. Ich werde später in dieser Woche vorbeischauen oder anrufen." Er drehte sich heftig um und verließ den Vorplatz mit raschen Schritten. Doch ebenso plötzlich wandte er sich noch einmal um mit den Worten: „Grüßt Brian von mir." Damit schritt er zu seinem Auto und aus ihrem Leben.

Kimberley rannte schluchzend in ihr Zimmer hinauf. Judy stand wie zu Stein erstarrt und sah zu, wie ihr Mann mit der anderen Frau wegfuhr. Während die roten Rückleuchten durch ihre Tränen schimmerten und in der Dunkelheit entschwanden, fragte sie sich unablässig: „Warum mußte es dazu kommen? Warum? Warum? Warum?"

Die Sprache der Liebe reicht weiter als Worte des Alltags

Judy und Steve standen vor einem nur allzu häufigen Problem, das ihre Ehe zerbrach: dem Versagen, eine sinnvolle Kommunikation zu führen. Sie hatten durchaus versucht, miteinander zu sprechen. Im Laufe der Jahre hatten sie Tausende von Worten miteinander gewechselt. Da ihnen jedoch die Fähigkeit zur Kommunikation fehlte, plätscherte ihre Ehe in seichten Gewässern dahin. Nie vermochten sie die Tiefe von Liebe und gegenseitigem Empfinden zu erreichen, nach der sie sich beide sehnten. Ihre Beziehung zerbröckelte nicht wie bei vielen anderen Paaren an einem Mangel an Worten. Ihr Problem war, daß die alltäglichen Worte nicht ausreichten, um Einsicht, tiefes Vertrauen und Verstehen zu schaffen.

Wenn wir ernsthaft eine bedeutungsvolle, erfüllte, produktive Beziehung anstreben, können wir es uns nicht leisten, daß unsere Gespräche von ungeeigneter Kommunikation beherrscht werden.

Unser Bedürfnis nach Kommunikation mit einem anderen Menschen ist vielleicht nicht so dramatisch wie bei Judy an jenem Abend. Doch für jeden von uns gilt, daß unsere Fähigkeit zur Kommunikation in direktem Verhältnis steht zum Erfolg, den wir in Ehe, Familie, Freundschaft und Beruf haben. Wenn wir eine bedeutungsvolle, erfüllte, produktive Beziehung anstreben, können wir es uns nicht leisten, daß unsere Gespräche von ungeeigneter Kommunikation beherrscht werden. Es muß einen besseren Weg in unserem Leben zur Verbindung mit anderen Menschen geben, – einen Weg, der uns sicher in die Tiefen der Liebe führt.

Sie mögen ein Vater oder eine Mutter sein, die beim Versuch, mit Ihrem Teenager ins Gespräch zu kommen, scheitern; ein Ehepartner in einer wachsenden oder in Schwierigkeiten geratenen Beziehung; ein Freund, der nach den richtigen Worten sucht, um einen in seinen Gefühlen verletzten Nächsten zu ermutigen; ein Chef, der anscheinend nicht in der Lage ist, Angestellte zu motivieren oder ihnen ein wichtiges Konzept zu erläutern; ein Arbeiter, der versucht, seinem Vorarbeiter einen bedeutungsvollen Gesichtspunkt darzulegen; ein Lehrer, der darum ringt, daß seine Klasse zuhört und den Unterrichtsstoff im Gedächtnis behält; ein Eheberater, der versucht, die Verteidigungslinien eines Paares zu durchbrechen und ihre Beziehung auf eine neue Basis zu stellen; ein Geistlicher oder eine andere Persönlichkeit, die sich öffentlich an Personen wendet und sie zu einer Aktion anzuregen versucht; ein Politiker, der sich bemüht, einen Staat oder eine Nation mitzureißen; vielleicht sogar ein Schriftsteller, der das Herz eines Lesers zu rühren versucht.

Ganz gleich, in welche Gruppe Sie gehören, die Notwendigkeit einer sinnvollen Kommunikation mit anderen läßt sich nie umgehen. Dabei stoßen wir ausnahmslos an die Grenzen des alltäglichen Ausdrucksvermögens. Können wir in einer Welt, die uns mit Worten überschwemmt, überhaupt einen Weg finden, um dem, was wir sagen, eine neue Tiefe zu verleihen? Vermag eine Ehefrau die natürlichen Barrieren ihres Mannes zu durchbrechen und ihm ihre Anliegen so nahezubringen, daß er sie lange im Gedächtnis behält? Kann ein Mann sich lebhafter ausdrücken oder die gleiche alte Geschichte auf nagelneue Weise erzählen? Können Männer und Frauen mehr sagen mit weniger Worten?

Auf all die angesprochenen Fragen ist die Antwort ein klares und deutliches JA! Ein Instrument, das die Kommunikation verdichten und Leben verändern kann, ist in Ehen, Familien, Freundschaften und im Geschäftsleben bisher weitgehend ungenutzt. Der Gedanke ist so alt wie die antiken Könige und doch so zeitlos, daß er zu allen Zeiten in allen Gesellschaften angewandt wurde. Es handelt sich um eine machtvolle Kommunikationsmethode, die wir als „seelische Wortbilder" bezeichnen.[1]

Im Gegensatz zu allem anderen, womit wir es zu tun hatten, besitzt dieses Konzept die Fähigkeit, die Aufmerksamkeit eines Menschen zu erregen, indem gleichzeitig Gedanken und Gefühle angesprochen werden. Darüber hinaus kann es uns nicht nur zu tieferen Ebenen des Vertrautseins führen, sondern vermag gleichzeitig dem, was wir sprechen oder schreiben, einen nachhaltigen Eindruck zu verleihen. Mit weniger Worten können wir das, was wir dem anderen weitervermitteln wollen, deutlich machen und zugleich intensivieren. Diese Methode kann auch den ausgeprägtesten Intellektuellen herausfordern, läßt sich aber auch von einem Kind beherrschen. Tatsächlich waren wir überrascht, wie die halbwüchsige Kimberley in unserer einleitenden Geschichte sehr schnell ein seelisches Wortbild lernte und auf dramatische Weise anwandte, als sie mit dem Zusammenbruch der Ehe ihrer Eltern konfrontiert wurde.

Folgen Sie uns durch die nächsten Kapitel bei der Entdeckung der grundlegenden Methode, die
- weise Männer im Altertum benutzten, um in Herzen und Gedanken von Männern und Frauen einzudringen,
- Abraham Lincoln und Winston Churchill gebrauchten, um ihre Völker in Zeiten großer Gefahr anzuspornen,
- Hitler anwandte, um die Seele einer Nation einzufangen und zu verdrehen,
- berufsmäßige Berater benutzen, um den Heilungsprozeß zerbrochener menschlicher Beziehungen zu beschleunigen,
- Spitzenkräfte unter den Vertriebsmanagern anwenden, um fähige Angestellte auszubilden,
- Sporttrainer benutzen, um Berufssportler anzufeuern und zu motivieren,
- Verfasser von Comics und Zeichentrickserien beherrschen, um uns zum Lachen zu reizen und gleichzeitig zum Nachdenken anzuregen.

Das Bedeutsamste ist jedoch, daß seelische Wortbilder jedes einzelne Gespräch, jede einzelne Beziehung bereichern können. Das heißt nichts anderes, als daß Ihre Worte in das Herz Ihres Zuhörers einsickern, und zwar in einem Maße, daß er das, was Sie sagen, wirklich versteht und den tiefen Eindruck „fühlt".

Wortbilder gestalten eine Sprache der Liebe, die jeder zu sprechen vermag. Gerade diese Sprache der Liebe war es, die auf die Barrieren stieß, mit denen sich Judys Mann umgeben hatte. Im nächsten Kapitel wollen wir uns die erstaunlichen Resultate näher anschauen, als dieses unwiderstehliche Kommunikationsmittel das starre Herz eines Vaters traf, der vor seiner Familie davongelaufen war.

2. Kapitel

Worte, die in das Herz eindringen

In den drei Wochen, die auf die jammervolle Szene vor dem Hauseingang folgten, rief Steve einigemale an. Er kam sogar zweimal vorbei: einmal, um seine Post abzuholen, das andere Mal, um weitere Kleidungsstücke und persönliche Habseligkeiten mitzunehmen.

Bei jedem Anruf oder Besuch unterhielt er sich ein paar Minuten lang mit Judy oder den Kindern. Doch seine Gespräche gingen nie weiter als gerade eben unter die Haut. Nachdem er geschickt allen bedeutungvollen Fragen ausgewichen war, brachte er schließlich irgendeine Ausrede daher, um das Gespräch zu beenden und zu seiner nächsten „wichtigen" Verabredung weiterzukommen.

Da Steve nie abends daheim war, mußte er auch nie die Nachwehen seines Abschieds mitansehen. Nie wurde er Zeuge der Verwirrung, die sich bei seinem Sohn Brian zu ständigem Herzweh steigerte und die schulischen Leistungen und das Selbstvertrauen seines Sohnes beeinträchtigte. Steve bemerkte nicht den Aufruhr der Gefühle seiner Tochter Kimberley ihm gegenüber und in welchem Maße sich dieser Zorn gegen alle Personen richtete, denen sie jemals vertraut hatte.[1]

Nie sah er, wie tapfer seine Frau darum rang, ihre Empfindungen vor den Kindern zu beherrschen, um dann abends, wenn sie sich zurückzog, abwechselnd Anfälle von lodernder Wut und tiefer Niedergeschlagenheit zu erleiden. Wenn sie sich in den Schlaf geweint hatte, drehte sie sich regelmäßig mitten in der Nacht um, um sich an ihn zu kuscheln, nur um beim Aufwachen festzustellen, daß sie ein Kissen in den Armen hielt.

Judy, die sich selbst so sehr quälte, mußte mitansehen, wie ihre Kinder mit schmerzlichen Gefühlen rangen. Als sie sie leiden sah und nicht wußte, wie sie ihnen helfen sollte, tauchte auf einmal eine Szene aus ihrer eigenen Kindheit aus ihrer Erinnerung empor.

16

An einem Sommertag hatte ein furchtbares Gewitter getobt. Sie sah sich am Fenster stehen und nach hinten in den Hof hinausschauen, während Sturm und Regen heftig die Bäume schüttelten. Nach dem Sturm ging sie hinaus und entdeckte ein Nest mit kleinen Vögelchen, das zu Boden geweht worden war. Damals empfand sie beim Anblick der winzigen, laut piepsenden Geschöpfe die gleichen Gefühle wie jetzt, wenn sie ihre Kinder beobachtete.

Damals reifte in ihr der Entschluß, eine Beratung aufzusuchen. Steve beharrte unnachgiebig auf seinem Standpunkt, niemals seinen Fuß in das Sprechzimmer eines Eheberaters zu setzen. Doch Judy fand, daß sie und die Kinder trotzdem hingehen sollten, schon um der Kinder willen. Auf einer dieser Sitzungen lernte Kimberley etwas über Wortbilder, und ihr erster Versuch mit einem Wortbild zerbrach den Panzer um das Herz ihres Vaters.

Worte einer Tochter, die ein Leben veränderten

Mehr als zwei Monate nach dem Entschluß, seine Familie zu verlassen, fand Steves verhärtetes Herz seinen Meister. Nach einem langen, hektischen Arbeitstag erklomm Steve gemächlich die beiden Treppen zu dem leeren Appartment, das ihm einmal die Freiheit bedeutete. Er schleuderte die Zeitung von gestern beiseite, die quer über einen mit allem möglichen Zeug vollgestopften Sessel lag, ließ sich hineinfallen, um wieder zu Atem zu kommen.

Er nahm seine Aktentasche hoch und begann mehrere Umschläge durchzublättern. Für gewöhnlich las er seine Post im Büro, doch dieser Tag hatte ihm keine Atempause gelassen. So fand er erst jetzt Gelegenheit, sich mit dem Stapel Briefe zu beschäftigen, der seine Aufmerksamkeit verlangte. Er fand die übliche Sammlung von Reklamebroschüren und Rechnungen, ferner einige interessant aussehende Geschäftsbriefe, auf denen das Unternehmensemblem prangte.

Doch als er den Stapel vor sich anschaute, fiel sein Blick auf einen persönlichen Brief mit einer Handschrift, die wie die Schrift seiner Frau aussah. Bei näherem Hinsehen bemerkte er, daß er in Wirklichkeit von seiner Tochter stammte.

Im Laufe der Jahre war Steve wahrscheinlich Kimberley näher gestanden als seiner Frau oder seinem Sohn. Die „unrealistische" Erwartung seiner Frau, daß er mehr Zeit mit seiner Familie als bei seiner Arbeit verbringen solle, hatte ihn stets frustriert. Und Brian war selbst im Alter von sieben Jahren viel zu sehr wie Steve selbst. Wenn er seinen Sohn anblickte, dann war es ihm, als schaue er in einen Spiegel, und Steve empfand Unbehagen vor dem Spiegelbild. Doch bei Kimberley war es anders. Wenn er mit ihr sprach, hörte er nicht den Widerhall seines eigenen Unglücks. Ihr Selbstvertrauen und ihre Unabhängigkeit waren Züge, die er respektieren konnte.

Steve riß den Umschlag auf in der Erwartung, eine Karte oder kurze Notiz vorzufinden. Doch er fand etwas völlig anderes. In dem Umschlag befand sich ein seelisches Wortbild, das seine Tochter niedergeschrieben hatte — eine Geschichte, die ihm in Herz und Seele dringen und ihn nicht mehr loslassen sollte wie ein ausgewachsener Adler seine Beute:

„Lieber Daddy, es ist schon spät am Abend. Ich sitze hier mitten in meinem Bett, um Dir zu schreiben. Ich wollte in den vergangenen Wochen so oft mit Dir sprechen, aber nie scheinen wir Zeit für uns allein zu haben.

Dad, ich weiß wohl, daß Du Dich mit jemand anderem triffst, und ich weiß auch, daß Du und Mom vielleicht nie mehr zueinander zurückfinden werdet. Das ist entsetzlich schwer zu akzeptieren — vor allem das Wissen, daß Du vielleicht nie mehr heimkommst oder für mich und Brian ein ganz normaler ,Alltags' Dad sein wirst. Aber ich möchte wenigstens, daß Du begreifst, wie es in unserem Leben aussieht.

Glaub bitte nicht, daß Mom mich gebeten hat, diesen Brief zu schreiben. Das ist nicht der Fall. Sie weiß nicht einmal, daß ich schreibe, und Brian auch nicht. Ich will Dich nur an dem teilhaben lassen, was mir so durch den Kopf geht.

Dad, ich habe das Empfinden, als ob unsere Familie seit langer Zeit in einem hübschen Wagen dahinfährt. Weißt Du, so die Art, die Du immer gern als Firmenwagen hast. Ich meine die Sorte, die innen alle Extras und außen nicht den kleinsten Kratzer hat. Doch im Laufe der Jahre haben sich an dem Wagen einige Probleme herausgestellt. Er qualmt fürchterlich, die Räder wackeln und die Sitzbezüge sind zerrissen. Das Wackeln und Quietschen hat dazu geführt, daß der Wagen schwierig zu fahren ist — für Fahrer wie Beifahrer. Aber er ist noch immer ein phantastisches Auto, zumindest könnte er's sein. Ich weiß, wenn man ein bißchen Arbeit hineinsteckt, kann er noch jahrelang laufen.

Seit wir den Wagen haben, sitzen Brian und ich auf dem Rücksitz, während Du und Mom Eure Plätze vorne habt. Wenn du fährst, fühlen wir uns völlig sicher. Aber im vergangenen Monat saß Mom am Lenkrad.

Es war abends und schon dunkel, und wir waren eben um die Ecke bei unserem Haus gebogen. Plötzlich sahen wir auf und erblickten einen anderen Wagen, der außer Kontrolle geraten war und direkt auf uns zukam. Mom versuchte noch auszuweichen, aber der andere Wagen krachte trotzdem in unseren hinein. Durch den Aufprall wurden wir von der Straße und gegen einen Lichtmast geschleudert.

Dad, der springende Punkt ist, kurz vor dem Zusammenstoß erkannten wir, daß Du am Steuer des anderen Wagens gesessen bist. Und wir sahen noch etwas anderes: Neben Dir saß eine andere Frau.

Es war ein so schrecklicher Unfall, daß wir alle in die Notaufnahme eines Krankenhauses gebracht wurden. Doch als wir fragten, wo Du bist, wußte niemand Bescheid. Wir wissen immer noch nicht genau, wo Du bist, ob Du verletzt wurdest oder Hilfe brauchst.

Mom hat es ziemlich schlimm erwischt. Sie wurde gegen das Lenkrad geschleudert und erlitt mehrere Rippenbrüche, wobei ihre Lungen verletzt und um ein Haar das Herz durchbohrt wurde.

Bei dem Unfall wurde die hintere Tür gegen Brian gedrückt. Er war mit Schnittwunden übersät und brach sich den Arm, der nun in Gips ist. Aber das ist nicht das Schlimmste. Er leidet noch so sehr unter Schmerzen und dem Schock, daß er mit niemand sprechen oder spielen will.

Ich selbst wurde aus dem Wagen geschleudert. Lange Zeit war ich mit einem gebrochenen rechten Bein draußen in der Kälte eingeklemmt. Ich konnte mich nicht rühren und wußte auch nicht, was mit Mom und Brian passiert war. Ich hatte selber solche Schmerzen, daß ich ihnen nicht zu helfen vermochte. Es gab Zeiten seit jener Nacht, da fragte ich mich, ob auch nur einer von uns es schaffen werde. Obwohl es uns ein wenig besser geht, sind wir immer noch im Krankenhaus. Die Ärzte meinen, daß ich mit meinem Bein eine Menge Therapie brauche; ich weiß auch, daß sie mir helfen können, damit es mir besser geht. Aber ich wünschte mir, daß Du es wärst, der mir hilft, und nicht die Ärzte.

Der Schmerz ist schlimm, aber viel schlimmer ist, daß wir alle Dich so sehr vermissen. Jeden Tag warten wir darauf, daß Du uns im Krankenhaus besuchst, und jeder Tag vergeht, ohne daß Du kommst. Ich weiß, es ist vorbei, aber mein Herz würde einen Freudensprung machen, wenn ich aufblikken und Dich ins Zimmer kommen sehen würde.

Abends, wenn es im Krankenhaus ruhig ist, fahren sie Brian und mich zu Mom ins Zimmer, und dann reden wir alle von Dir. Wir sprechen davon, wie sehr wir es mochten, wenn Du gefahren bist, und wie sehr wir uns wünschten, daß Du jetzt bei uns wärst.

Geht's Dir gut? Hast Du Schmerzen von dem Zusammenstoß? Brauchst Du uns ebenso, wie wir Dich brauchen? Wenn Du mich brauchst, ich bin hier und ich hab' Dich lieb.

Deine Tochter Kimberley. "

Eine Woche, nachdem Kimberley den Brief an ihren Vater abgeschickt hatte, hielt sie sich mit Brian und ihrer Mutter zu Hause auf, anstatt ein abendliches Footballspiel der Highschool anzuschauen. Die Wahl war ihr nicht schwergefallen. Mit ihrem wehen Herzen war es ihr nicht danach, mit Freunden lustig zu sein und zu lachen. Stundenlang saß sie in ihrem Zimmer vor dem Fernseher und versuchte, sich an einem alten Film zu begeistern. Endlich gab sie es auf, sich vor ihrer Einsamkeit zu flüchten, und ging nach unten, um sich einen Snack herzurichten. Hunger hatte sie eigentlich nicht, aber sie dachte, daß ein voller Magen ihr helfen würde, ihr leeres Herz zu füllen.

Sie legte die Hand auf das Geländer und trat langsam den Weg nach unten an. Doch auf halber Höhe erregte etwas ihre Aufmerksamkeit. Sie blickte auf und sah ihren Vater unter der Haustür stehen. Sie hatte die Klingel nicht gehört und wußte nicht, wie lange er schon da stand.

Herzschläge waren wie Stunden, als ihre Blicke sich trafen. Kimberley hatte das Gefühl, wenn sie wegsähe, wäre er verschwunden.

„Daddy?" brachte sie schließlich mit zitternder Stimme und heftig klopfendem Herzen heraus.

„Kimberley", antwortete ihr Vater. In seiner Stimme klang Gefühl auf, als er sich erkundigte: „Wie geht's deinem Bein, mein Kleines?"

„Meinem Bein?"

„Ich hab' deinen Brief bekommen."

„Ach so ... nun, es geht ihm nicht allzu gut."

„Es tut mir wirklich leid, daß ich dich so tief verletzt habe, Kimberley. Du weißt gar nicht, wie leid es mir tut", sagte er und bemühte sich, seine Stimme zu festigen. „Dein Brief kam gerade in dem Augenblick, als ich mir überlegte, ob ich überhaupt wieder zu meiner Familie zurückkehren könnte. Ich hatte das Gefühl, daß ich zu weit gegangen und mich viel zu sehr von euch entfernt hatte, um noch einmal zurückzukommen und es erneut zu versuchen. Aber deine Geschichte verriet mir, wieviel Schmerz ich euch zugefügt habe. Und wenn ich ehrlich sein will, führte er mir auch vor Augen, wie sehr ich selbst am Ende war."

Er sah Kimberley an und schluckte schwer, ehe er fortfuhr: „Ist deine Mom droben? Ich kann nichts versprechen, aber ich glaube, wir haben eine Beratung nötig. Wir müssen eine ganze Menge wieder ins Gleichgewicht bringen."

Steves handschriftliche Notiz war der Auslöser gewesen, der seine ganze Familie in tiefe, bedrohliche Wasser geführt hatte. Ein zweiter Brief war es — ein Brief, der ein seelisches Wortbild vermittelte, der die Familie wieder in ruhige Gewässer und auf festen Grund zurücklenken half.

Nicht immer vermag ein Wortbild eine derart dramatische und unmittelbare Wirkung auszulösen, doch in diesem Falle geschah es. Das Resultat: Zwei Tage nach der Rückkehr zu seiner Familie erschien Steve mit seiner Frau in unserem Sprechzimmer zur Beratung. Es dauerte nicht lange, da zog er wieder für ganz nach Hause.

Was bewirkte bei diesem Manne einen derartigen Wandel? Seine Frau und seine Tochter hatten ihn unter Tränen angefleht, wieder zur Familie zurückzukehren, doch ihre Bitten hatten ihn nicht im geringsten berührt. Ein seelisches Wortbild war es, das schließlich durch die Mauer um sein Herz drang und eine Öffnung für die dringend notwendige Veränderung schlug.

Weit mehr als eine Geschichte

Wie vermochte die Vermittlung einer einzigen Geschichte ein Leben derart zu verändern? Kimberley begriff nicht, wie oder warum ein Wortbild bei ihrem Vater seine Wirkung tat, sie war einfach dankbar für den Erfolg. Wie Sie später noch sehen werden, sind beim Gebrauch eines Wortbildes jedesmal fünf starke Kräfte am Werk.

Auf den folgenden Seiten werden wir untersuchen, wie und warum diese Sprache der Liebe eine solche Wirkung zeigt. Doch zuerst wollen wir dieses Instrument der Kommunikation kurz definieren. Eine knappe Definition könnte ungefähr folgendermaßen lauten:

Ein seelisches Wortbild ist ein Kommunikationsinstrument, das eine Geschichte oder ein Objekt benutzt, um gleichzeitig die GEFÜHLE und den INTELLEKT eines Menschen zu aktivieren. Damit wird bewirkt, daß ein Mensch unsere Worte nicht einfach nur hört, sondern sie ERLEBT.

Dieses Kommunikationsinstrument bringt, kurz gesagt, die Gedanken zum Leben, die wir ausdrücken wollen. Wenn wir die Seiten der Geschichte durchblättern und uns die gegenwärtige Kommunikationsforschung genauer betrachten, finden wir den klaren Beweis: Wann immer wir einem anderen Menschen eine wichtige Mitteilung zukommen lassen wollen, können Wortbilder den Eindruck unserer Botschaft vervielfachen.[2] Mit dieser Definition vor Augen wollen wir nun Wortbilder unter das Mikroskop legen und die volle Lichtstärke darauf richten. Wir werden dabei erkennen, wieviele Paare in einer einzigen Stunde zu einer tieferen Ebene an Vertraulichkeit und Verständnis gefunden haben als in monatelangen alltäglichen Gesprächen.

Wie können Wortbilder meine Kommunikation bereichern?

3. Kapitel

Die Macht der Worte entzünden

Wir haben vorher gesehen, wie ein Wortbild das Leben eines einzelnen Menschen auf dramatische Weise veränderte, doch das ist nichts im Vergleich dazu, wenn man sieht, wie die gleiche Kraft Menschen einer ganzen Nation wandelt!

Zu allen Zeiten war es schwer, Handlungen oder Haltungen eines Menschen zu verändern. Viele Ehefrauen haben das Empfinden, daß ihre Männer eherne Rüstungen tragen, an denen alle ihre Worte abprallen. Doch im Jahre 1942 demonstrierte Walt Disney den wirksamen Einsatz eines Wortbildes von der Länge eines Films, um solche Barrieren zu durchbrechen. In seinem populären Film „Bambi" zeichnete er ein Bild, das unmittelbar in die Herzen der Menschen drang. Beinahe über Nacht brachte er Tausende von Männern dazu, den Finger vom Gewehrhahn zu nehmen. Die Jagdindustrie geriet dadurch an den Rand des Bankrottes.

In dem Jahr, ehe der Zeichentrickfilm in die Kinos kam, lag der Umsatz der Jagdindustrie in den Vereinigten Staaten bei 9,5 Millionen Dollar. Doch nachdem eine besonders rührende Szene — ein junges Reh muß mitansehen, wie seine Mutter von einem Jäger niedergeknallt wird — gezeigt worden war, gab es eine dramatische Veränderung in der Einstellung vieler Männer. In der folgenden Saison wurden nur noch 4,1 Millionen Dollar für Jagdzubehör, Genehmigungen und Jagdreisen ausgegeben![1]

Oft ist gesagt worden, ein einziges Bild sei soviel wert wie tausend Worte. Im Falle von „Bambi" traf dies einwandfrei zu. Doch was bedeutet dies für einen Mann oder eine Frau, die das tiefe Bedürfnis haben, wichtige Gefühle, Sorgen oder Mitteilungen an einen anderen weiterzugeben? Es ist höchste Zeit, tausend alltägliche Worte gegen ein einziges wirksames Wortbild einzutauschen.

Fünf Gründe für die Wirksamkeit von Wortbildern

1. Wortbilder wurden im Laufe der Zeit von den größten Rednern der Menschheit unter Beweis gestellt

Ihr Schicksal verläuft vielleicht nicht gerade so, daß Sie in die Schlagzeilen geraten. Doch wenn Sie den Wunsch haben, einen dauerhaften Eindruck auf Ihrer eigenen Seite der Geschichte zu hinterlassen, dann müssen Sie den Weg einschlagen, den die größten Redner der Welt gegangen sind.

Nehmen Sie zum Beispiel Cicero, den scharfzüngigen Redner des Römischen Reiches. Er glaubte, daß Wortbilder „Lichter" sind, welche die Wahrheit beleuchten. Seinen Schülern sagte er: „Je schwieriger und bedeutsamer die Botschaft ist, desto heller müssen die Lichter sein."[2]

Tatsächlich berichtete er, ein Mann habe nur dann als weise gegolten, wenn er seine Gedanken in die Form eines Wortbildes kleiden konnte.[3]

Aristoteles, einer der berühmtesten Gelehrten des alten Griechenland, war darin Meister. Über einen gefallenen Helden sagte er einmal:

> *„Er nahm den Kampf auf mit dem Leib des stärksten Stieres und dem Geist des wildesten Löwen. Er erwies die Wahrheit des alten Sprichwortes: ‚Ein Soldat soll mit seinem Schild aus der Schlacht heimkehren . . . oder auf seinem Schild'."*[4]

Hunderte von Jahren später forderte Benjamin Franklin das Herz seines jungen Landes heraus, indem er seine Gedanken in der gleichen Kommunikationstechnik formte. Seine Reden und Schriften waren erfüllt von Wortbildern, doch vielleicht das beste Beispiel hierfür ist der Epitaph, den er für seinen eigenen Grabstein verfaßte:

> *Hier ruht der Leib von Benjamin Franklin, Drucker (gleich dem Deckel eines alten Buches, die Seiten herausgerissen und seiner Buchstaben und Vergoldungen beraubt), als Speise für die Würmer.*

Doch das Werk wird nicht verloren sein, denn wie er geglaubt hat,
wird es einmal in einer neuen und eleganteren Ausgabe wieder
erscheinen, revidiert und korrigiert vom Großen Autor.[5]

In der Zeit vor dem amerikanischen Bürgerkrieg war Harriet Beecher
Stowe von Zorn erfüllt über das System der Sklaverei in den Südstaaten.
Doch wer würde schon auf sie hören? In den frühen Jahren der amerikanischen
Geschichte gab es keine Plattform, von der aus eine Frau das
Wort hätte ergreifen können. Doch eine ganze Nation war zutiefst aufgewühlt,
als sie ein Wortbild vom Umfang eines Buches mit dem Titel
„Onkel Toms Hütte" zu Papier brachte.

Das Erscheinen des Buches löste in den Nordstaaten einen Sturm aus.
Ihre lebendige Schilderung der grausamsten Sklavenhalter entfachte eine
breitangelegte Opposition, und ihre Botschaft rief einen Zorn von solchen
Ausmaßen hervor, daß Abraham Lincoln den Bürgerkrieg für unvermeidlich
hielt.[6]

Fast hundert Jahre später, als ein Weltkrieg in Europa wütete, trat ein
anderer großer Redner auf den Plan. Winston Churchill trug stets einen
Ausdruck von äußerster Herausforderung an sich, der sich in seiner in
den Mundwinkel geklemmten Zigarre und dem kriegerischen Funkeln in
seinen Augen zeigte. Doch es waren Churchills von Bildern erfüllte
Reden, die in einer belagerten Nation den Kampfgeist seiner Landsleute
anfeuerte.

Bald nach dem demütigenden Rückzug aus Dünkirchen sah sich
Großbritannien mit der entmutigenden Nachricht konfrontiert, daß Italien
sich auf die Seite der Nazis geschlagen hatte. Doch Churchill trat
in seinem charakteristischen Stil mit folgenden Worten vor die Radiomikrophone:

„Mussolini ist ein geprügelter Schakal, der Italien zum Vasallen von
Hitlers Reich gemacht hat, um seine eigene Haut zu retten. Heute
wedelt er an der Seite des deutschen Tigers herum mit einem
Gekläff nicht nur voller Appetit — das wäre noch zu verstehen —,
sondern sogar voller Triumph . . . Es wird ihm nichts nützen. Diktatoren
mögen zwischen Tigern hin und hergehen, aber sie sollten
sich nicht täuschen. Auch Tiger bekommen schließlich Hunger."[7]

Wenn Churchill Meister darin war, seine Landsleute zu motivieren, so besaß er auf der anderen Seite des Kanals in Adolf Hitler einen ebenbürtigen Gegner im bösen Sinne. Wie wir in einem späteren Kapitel sehen werden, hielt er mit seinen packenden Wortbildern die Seele einer ganzen Nation im Griff.[8] Wir werden auch die tragische Weise veranschaulichen, in der manche Menschen die Sprache der Liebe in eine Sprache des Hasses verdrehen. Damit benutzen sie ein zum Guten gedachtes Instrument zur Manipulierung, Einschüchterung, Steuerung und Vernichtung anderer.

Wortbilder brauchen nicht lang zu sein, um einen nachhaltigen Eindruck zu hinterlassen. Manche großen Redner unserer Zeit haben diese Technik benutzt, um einem einzelnen Gedanken in einer Rede mehr Nachdruck zu verleihen. In seiner Rede zur Amtseinführung im Jahr 1961 sprach John F. Kennedy von der Notwendigkeit, „die andere Macht wissen zu lassen, daß diese Hemisphäre die Absicht hat, Herr im eigenen Hause zu bleiben".[9]

Auch Martin Luther King richtete an eine abtrünnige Gesellschaft die herausfordernden Worte:

„Laßt uns nicht danach streben, unseren Durst nach Freiheit zu stillen, indem wir aus dem Becher der Bitterkeit und des Hasses trinken."[10]

Ronald Reagan, der von vielen „Der Große Kommunikator" genannt wird, würzte seine Gespräche mit einer Unzahl von Geschichten und Analogien.[11]

Ein Blick in die Seiten der Geschichte bestätigt, daß Wortbilder die Welt erschütterten. Dies wird vielleicht nirgends so deutlich wie in einem hochgeachteten Buch.

Die Bibel hat ohne Zweifel die größte lebensverändernde Wirkung gehabt von allem, was je geschrieben wurde. Sie bleibt das Buch mit der weitesten Verbreitung und der größten Zahl von Übersetzungen in der Geschichte der Menschheit.[12] Von allen Kommunikationsmethoden, die den biblischen Autoren zur Verfügung standen, erscheinen Wortbilder fast auf jeder Seite.

Nehmen Sie zum Beispiel eine der bekanntesten Stellen der Bibel, den oft zitierten 23. Psalm, der mit den Worten beginnt: „Der Herr ist mein Hirte ..." Dieser Psalm hat all überall Menschen Hoffnung geschenkt, die in ihrem eigenen „Tal der Todesschatten" wanderten.

Er wurde auf der Brücke der Titanic gesprochen, als die Rettungsboote sich von dem todgeweihten Schiff entfernten[13], an einem Strand in Okinawa und in den Dschungeln von Vietnam inmitten der Kämpfe[14], in einer um den Mond kreisenden Raumkapsel[15], und er wird noch immer Tag für Tag in den Warteräumen von Krankenhäusern gesprochen, wo Familien beten.

Erstaunt hat uns bei unseren Forschungen die Entdeckung, daß in der ganzen Schrift die wichtigste Methode Jesu der Verkündigung, Herausforderung und Motivierung anderer Menschen das Wortbild war. Als er über die Liebe sprach, gebrauchte er ein Wortbild über einen barmherzigen Samariter. Um das vergebende Herz eines Vaters zu beschreiben, erzählte er die Geschichte vom Verlorenen Sohn[16]. Interessanterweise werden auch zur Darstellung, wer Jesus ist, am häufigsten Wortbilder benutzt[17].

Wir haben Männer und Frauen betrachtet, die ihre wichtigsten Botschaften in dieser Sprache der Liebe weitergaben. Indem Sie im Schatten dieser Giganten stehen, können Sie ihren Vorteil erlangen — die Kraft zur Veränderung und Bereicherung von Menschenleben. Aber das ist nicht der einzige Grund für den Gebrauch von Wortbildern. Es gibt noch vier weitere, die eine felsenfeste Basis für die Errichtung von dauerhaften Beziehungen zu anderen Menschen bieten.

2. Wortbilder packen und lenken die Aufmerksamkeit auf sich

Ein kluger Ehepartner vermag das Geheimnis zu enthüllen, das Fachleute der Anzeigenwerbung seit Jahr und Tag einsetzen, um die Aufmerksamkeit der Leute zu fesseln. Wer mit Anzeigen wirbt, weiß genau, daß ihm nur wenige Sekunden bleiben, um seinen Zweck zu erreichen. Sie wickeln kurze Wortbilder um ihre Firmenslogans und stellen damit sicher, daß ihre Botschaft den Werbespot überlebt. Wer kann schon Slogans vergessen wie: „Ihr guter Stern auf allen Straßen", „Hell wie der lichte Tag" oder „Das grüne Band der Sympathie"? Wir kaufen auch nicht einfach ein Auto, sondern einen Audi, Mercedes, Scorpio oder Omega.

Untersuchungen zeigen, daß unser Gehirn beim Hören eines Wortbildes rascher arbeitet und mehr Energie entwickelt, als wenn wir herkömmliche Wörter lesen oder hören[18]. Lesen Sie einmal eine Seite aus Ihrem Lieblingsroman und einen Text gleichen Umfangs aus einer Enzyklopädie, um sich das zu veranschaulichen. Sie werden merken, daß Sie den Roman weit schneller lesen, und das aus guten Gründen.

Sie reagieren auf eine Geschichte ungefähr so, wie wenn Sie auf einer Straße in eine Nebelbank hineinfahren. Sofort ist Ihre Aufmerksamkeit auf höchster Stufe; Sie versuchen zu erkennen, was vor Ihnen ist. Sie strengen sich an, um die Trennungsstriche zu erkennen, und die Augen schmerzen, weil Sie intensiv auf Bremslichter eines vor Ihnen fahrenden Wagens achten. Ihre Sinne lassen nicht zu, daß Sie sich entspannen, bis Sie die Nebelbank verlassen haben und wieder klare Sichtverhältnisse herrschen.

Auf ähnliche Weise erzeugt ein seelisches Wortbild im Geist Ihres Zuhörers eine Art von Nebel und zwingt ihn zu geistiger Anstrengung, um zu erkennen, was hinter Ihrer Geschichte liegt. Wenn sich der Nebel hebt, gewinnt die Person schließlich ein klareres Verständnis dessen, was Sie zum Ausdruck bringen wollten. Ein wöchentliches Beispiel hierfür bietet sich Ihnen, wenn Sie beobachten, wie die schläfrigen Köpfe in den Kirchenbänken hochschnellen, wenn der Pfarrer genau im richtigen Augenblick eine bildhafte Wendung in die Predigt einfließen läßt!

Bedeutende Redner wissen, daß ein Wortbild ihnen von dem Augenblick an, da sie zu sprechen beginnen, einen Vorteil verschafft.

Man sagt, daß die ersten dreißig Sekunden eines Gesprächs ausschlaggebend sind [19]. Sie können diesen Vorteil, sich die Aufmerksamkeit Ihrer Zuhörer zu sichern, in Ihrer Kommunikation nutzen, selbst bei schwer zugänglichen Menschen. Dies war Kimberleys Erkenntnis, als sie an ihren Vater schrieb, einen Mann, der es eindeutig auf Konfrontation angelegt hatte. Ihr Wortbild erregte rasch seine Aufmerksamkeit — bis sich der Nebel hob und er erfaßte, was sie sagen wollte.

3. Wortbilder erfüllen die Kommunikation mit Leben.

Ein weiterer wichtiger Grund für den Gebrauch von Wortbildern liegt darin, daß sie die Gefühle eines Menschen aktivieren, was zu positiven Veränderungen führen kann. Bis zum Einsetzen der Pubertät erfahren Kinder Veränderungen in erster Linie durch unmittelbare Unterweisung und Anweisungen [20]. Doch wenn die Pubertät erst zum Durchbruch kommt, erzielen Worte allein einen viel geringeren Eindruck bei Kindern. Bei Heranwachsenden und jungen Erwachsenen gehen Veränderungen im Leben hauptsächlich durch nachhaltige emotionale Ereignisse vor sich, wie etwa Tod, Ehe, Geburt, Verlust eines Elternteils, Zerbrechen einer Beziehung, Gewinn oder Verpassen eines Preises oder ein tiefes religiöses Erlebnis [21].

Wortbilder schaffen ein „Theater des Geistes" oder eine „innerliche Reise" und zapfen damit zugleich Gefühle, Intellekt und Willen eines Menschen an. Wie wir weiter oben sahen, bekamen Jäger, die Disneys Film sahen, mehr als sie bezahlten. Viele unter ihnen erlebten in ihren Gefühlen zum erstenmal die dunkle Seite ihres Sports. Anstatt sich der Spannung der Jagd hinzugeben, empfanden sie, was in einem jungen Geschöpf vor sich geht, das mit ansieht, wie seine Mutter von einem Gewehrschuß niedergestreckt wird.

Untersuchungen haben ergeben, daß Wortbilder nicht nur unsere Gefühle aktivieren, sondern sich auch körperlich auswirken. Das bedeutet, wenn wir eine Geschichte über ein wirkliches oder erdachtes Ereignis hören, werden unsere fünf Sinne fast genauso gereizt, wie wenn wir das Ereignis selbst erlebt hätten! [23]

Damit erklärt sich bis zu einem gewissen Grade auch, warum Sie sich nach der Lektüre eines spannenden Buches so ausgepumpt fühlen oder warum Sie ein aufregender Film zur Erschöpfung treibt. In Wirklichkeit sitzen Sie bequem in Ihrem Sessel, weit entfernt von diesem verrückten Kannibalenstamm. Physiologisch jedoch erleben Sie die gleiche Kurzatmigkeit und den Ausstoß von chemischen Substanzen in die Blutbahn, wie sie ein Held in der Schlacht erfährt [24].

Nicht nur Angst löst eine solche Reaktion aus, sondern gleichermaßen auch Liebe und andere positive Gefühle. Viele Frauen entbehren in der Ehe die emotionale Wärme. Wohin wenden sie sich Tausende Male im Jahr, um Romantik zu erfahren? Zu dem Bild von Liebe, wie es in gefühlvollen Romanen gezeichnet wird. In gewissem Maße erleben diese Frauen die ersehnten Liebesgefühle, wenn sie über die Romanze (echt oder erdichtet) von anderen lesen.

Als Kimberley ihrem Vater das Wortbild schickte, übersandte sie ihm in Wirklichkeit eine Zeitbombe. Ihre Worte explodierten in seinem Inneren und zwangen ihn, körperlich und seelisch den Schaden zu erleben, den er anderen zugefügt hatte. Gefühle, die erweckt wurden, können Änderungen im Denken eines Menschen bewirken, wie schon oben erwähnt wurde. Weit schwerer wiegt, daß wir in unserem Zuhörer eine dauerhafte Saat aussäen, die zu einem veränderten Leben führen kann, — selbst wenn der Betroffene zuerst einmal unsere Worte zurückweist.

4. Wortbilder festigen Gedanken in unserem Gedächtnis

Typisch ist ein Satz, den wir immer wieder bei Ehestreitigkeiten von beiden Seiten zu hören bekommen: „Warum kann er (oder sie) sich nicht merken, was ich sage?" Es sind aber nicht nur frustrierte Ehepartner von dem Gefühl betroffen, in taube Ohren und ein löcheriges Gedächtnis hinzureden [25].

Geistliche, Lehrer und andere Erzieher klagen ständig darüber, daß die Leute nicht im Gedächtnis behalten, was ihnen gelehrt wird. Das ist zum Teil darauf zurückzuführen,daß ein so großes Maß an Unterweisung auf dem Wege der direkten Belehrung erfolgt. Diese Unterrichtsmethode hat zwar gewisse Vorteile, doch nach einigen Stunden erinnert sich der Durchschnittsmensch nur noch an 7 Prozent einer halbstündigen Ansprache!

Wie Sie vielleicht vermuten werden, haben Forscher bewiesen, daß die Menschen Begriffe und Gespräche weit länger und lebhafter im Gedächtnis behalten, wenn ein Wortbild benutzt wird. In der Tat ist die Erinnerungsdauer umso länger, je neuartiger und bizarrer die Geschichte oder der Gegenstand ist!

Corrie ten Boom, eine Überlebende des Holocaust und weltweit bekannte Rednerin, hat uns diesen Grundsatz nachdrücklich klargemacht. „Treten Sie niemals vor eine Gruppe ohne ein Objekt oder eine Geschichte, die veranschaulicht, was Sie sagen", legte sie uns in ihrer festen Stimme mit starkem Akzent klar. „Sooft ich spreche, mache ich davon Gebrauch, und selbst wenn ich jahrelang fort war, erinnern sich die Leute noch an das, was ich gesagt habe."

Auf ihren Reisen wurde Corrie zum Symbol der Hoffnung für alle, die in geistigen oder körperlichen Fesseln liegen. Wenn sie vor einer Gruppe sprach, hielt sie oft ein Stück von einer Stickerei mit der Rückseite hoch. überall hingen Fäden herunter, und nirgendwo war ein Muster zu erkennen.

„So sieht unser Leben oftmals aus", pflegte sie zu sagen. „Als ich im Konzentrationslager war, schien rings umher nichts als Häßlichkeit und Chaos zu herrschen. Doch dann blickte ich zu Gott auf, um einen Sinn in mein Leben zu bringen" — an dieser Stelle drehte sie die Stickerei um und zeigte ihrem Publikum eine wundervoll gestickte Krone — „und endlich konnte ich erkennen, warum er einen bestimmten Faden oder eine bestimmte Farbe einfügte, gleichgültig wie sehr das Sticken schmerzte."

Wie die Erinnerung an einen Spaziergang im Mondschein verweilen Wortbilder noch lange, nachdem sie ausgesprochen wurden, im

Gedächtnis. Der Brief, den Kimberley ihrem Vater schickte, rief eine unmittelbare Wirkung in seinem Leben hervor. Doch später berichtete er uns, daß es der anhaltende Eindruck war — die Weise, wie er tagelang in seinem Sinn haftete und ihn nachhaltig überzeugte, der die Barriere um sein Herz durchdrang.

5. Wortbilder schaffen einen Zugang zu Vertrautheit

So gewichtig diese vier Gründe für den Gebrauch von Wortbildern sind, der fünfte Grund wiegt erheblich schwerer: Wortbilder öffnen die Tür zu bedeutungsvollen und engen Beziehungen.

In praktisch jeder Familie können sich größere Probleme ergeben, weil sich Männer und Frauen in der Art des Denkens und Sprechens deutlich unterscheiden. Seelische Wortbilder helfen den Paaren jedoch, eine gemeinsame Grundlage für die Kommunikation zu finden.

Immer wieder konnten wir beobachten, wie langweilige, unerfüllte Ehen sich in lebendige und gegenseitig befriedigende Beziehungen verwandelten. Dies geschieht nicht durch Zauberei oder ständiges Bemühen. Es geschieht, weil Menschen das Tor zur Vertrautheit durch die Sprache der Liebe entdecken. Wie das vor sich geht, zeigen wir Ihnen im nächsten Kapitel.

4. Kapitel

Der Zugang zur Vertrautheit

Vor einer Reihe von Jahren setzte ich (Gary) mich hin, um mit einer attraktiven Frau zu sprechen, die offensichtlich von Kummer geplagt war. Mit tränenüberströmtem Gesicht schluchzte sie: „Ich hab' versucht, auszudrücken, was in unserer Ehe nicht stimmt, aber anscheinend kann ich's nicht richtig erklären. Was hat das schon für einen Sinn, alles nochmal durchzukauen?"

Nach nur fünf Jahren Ehe hatte diese Frau die Hoffnung auf eine liebevolle, gesunde und dauerhafte Beziehung zu ihrem Mann aufgegeben. Eine Scheidung lehnte sie ab, und so hatte sie sich resignierend auf ein Leben zurückgezogen, das ihr nur wenig von den Wünschen und Träumen bescherte, nach denen sie sich einst gesehnt hatte.

Ich hatte Geschichten dieser Art schon früher zu hören bekommen. Seit Jahren hatte ich Ehepartner regelmäßig beraten, hatte zahllose Stunden damit verbracht, mit ihnen über eine Verbesserung ihrer Beziehungen zu sprechen. Doch nun saß ich nicht in meinem Sprechzimmer, sondern an meinem Küchentisch. Und die Frau, die mir gegenübersaß, war keineswegs jemand, der Rat suchte — es war meine eigene Frau, Norma! An jenem Tage beschloß ich, zu verstehen, was in meiner Ehe geschah oder nicht geschah. Ich beschloß weiterhin, die Antworten auf eine Reihe wichtiger Fragen zu finden. Warum fühlte sich Norma so frustriert bei den Versuchen einer Kommunikation mit mir? Warum fiel es mir so schwer, ihr meine Gefühle zu vermitteln? Und warum bedeutete es einen solchen Kampf, einander zu verstehen — vor allem dann, wenn wir über wichtige Probleme diskutierten?

Erst wenn wir begreifen, warum Männer und Frauen so verschieden denken und sprechen, legen wir den Grundstein für eine optimale Kommunikation.

33

Die Antwort auf diese Fragen war, obgleich ich es damals nicht erkannte, in großen Zügen bereits in unseren Gedanken vorhanden. Erst als wir begriffen, warum Männer und Frauen so verschieden denken und sprechen, schufen wir die Ausgangsbasis für eine optimale Kommunikation. Als Brücke, mit der diese Unterschiede überwunden wurden, erwiesen sich Wortbilder.

Haben Sie jemals versucht, Angehörigen des anderen Geschlechts gegenüber einen wichtigen Gedanken oder ein bedeutsames Gefühl auszudrükken, nur um zu erleben, daß sie sich verhalten, als ob Sie eine fremde Sprache sprechen? Haben Sie sich jemals gefragt: „Warum kann er (oder sie) nicht spüren, was ich sage?" Sie sind herzlich in diesem Club eingeladen.

Die ganze Menschheitsgeschichte hindurch empfanden viele Frauen die Kommunikation mit Männern als schwierig (manche behaupten unmöglich). Und eine gleiche Zahl von Männern haben den Versuch aufgegeben, mit Frauen ein Gespräch zu führen. Ich stieß selbst auf dieses Problem auf einer Einkaufstour, als meine Frau und ich die gleichen Wörter benutzten, jedoch eine unterschiedliche Sprache redeten.

Einkaufsbummel

Nach der tränenreichen Aussprache mit meiner Frau beschloß ich, mich von ganzem Herzen um ein besseres Verstehen und eine bessere Kommunikation mit ihr zu bemühen. Aber ich wußte nicht, wo ich anfangen sollte.

Plötzlich hatte ich einen Einfall, der mir zweifellos die Nominierung zum „Ehemann des Jahres" eintragen würde. Ich konnte mit Norma etwas Wagemutiges unternehmen — beispielsweise mit ihr einkaufen gehen! Natürlich, das war's! Meine Frau geht für ihr Leben gerne einkaufen. Da ich mich nie zuvor angeboten hatte, sie dabei zu begleiten, würde ihr dies beweisen, wie sehr ich mich um sie kümmerte. Ich konnte einen Babysitter engagieren und sie dann zu einem ihrer Lieblingsplätze ausführen: das Einkaufszentrum!

Ich habe keine Ahnung, welche emotionalen und physiologischen Veränderungen in meiner Frau bei dem Wort „Einkaufszentrum" ausgelöst werden, doch es war offenkundig, daß etwas Dramatisches in ihr vorging, als ich ihr von meiner Idee berichtete. Ihre Augen leuchteten auf wie ein Weihnachtsbaum, und sie zitterte vor Aufregung — die gleiche Reaktion, wie ich sie bei mir erlebt hatte, als mir jemand Karten für ein wichtiges Footballspiel schenkte.

Am nächsten Samstagnachmittag, als Norma und ich zum Einkaufen loszogen, lief ich frontal gegen eine der wichtigsten Barrieren, die einer sinnvollen Kommunikation zwischen Männern und Frauen im Wege stehen. Meine Entdeckung stieß die Tür zum Verständnis und einer besseren Beziehung zu Norma auf und führte mich zu seelischen Wortbildern für eine wirksame Hilfe hin. Lassen Sie sich erzählen, was geschah:

Als wir ins Parkhaus des Einkaufszentrums fuhren, erklärte mir Norma, sie müsse sich nach einer neuen Bluse umschauen. Nachdem wir den Wagen geparkt hatten und in das nächstgelegene Kleidergeschäft eingetreten waren, hielt sie eine Bluse hoch und fragte mich: „Was meinst du dazu?"

„Prima", sagte ich. „Nimm sie."

Aber in Wirklichkeit dachte ich: Großartig! Wenn sie sich beeilt und diese Bluse nimmt, sind wir rechtzeitig wieder zu Hause für das College-Spiel im Fernsehen.

Da nahm sie eine weitere Bluse heraus und fragte: „Wie gefällt dir die da?"

„Die ist auch prima!" entgegnete ich. „Nimm eine von den beiden. Nein, nimm doch beide!"

Doch nachdem sie sich im Regal noch eine Reihe von Blusen angeschaut hatte, gingen wir schließlich mit leeren Händen aus dem Geschäft fort. Beim nächsten Laden passierte das Gleiche. Und dann nochmal! Und nochmal! Und nochmal!

Während wir die ganzen Läden betraten und wieder verließen, wurde ich zunehmend besorgt. Mir schoß sogar der Gedanke durch den Kopf: „Ich werd' nicht nur die erste Halbzeit verpassen, sondern womöglich das ganze Spiel!"

Nachdem wir — wie mir schien — Hunderte von Blusen begutachtet hatten, begann ich zu resignieren. Bei dem Tempo, das wir vorlegten, würde ich sogar die ganze Spielsaison verpassen! Und da passierte es.

Anstatt im nächsten Laden eine Bluse herauszunehmen, hielt sie ein Kleid in der Größe unserer Tochter hoch. „Wie würde dir das für Kari gefallen?" wollte sie wissen.

Meine über alle Grenzen hinaus strapazierte Geduld zerbrach urplötzlich, und ich platzte heraus: „Was soll das heißen, ob mir das für Kari gefallen würde? Wir kaufen doch Blusen für dich und nicht Kleider für Kari!"

Als ob das nicht schon schlimm genug gewesen wäre, verließen wir den Laden, ohne etwas zu kaufen, und dann fragte sie doch, ob wir nicht eine Kaffeepause einlegen könnten! Wir hielten uns schon seit siebenundsechzig Minuten im Einkaufszentrum auf, womit mein früherer Rekord an Ausdauer schon um eine halbe Stunde übertroffen war. Ich konnte es einfach nicht glauben – sie hatte doch tatsächlich den Nerv und wollte da herumsitzen und über das Leben der Kinder reden!

An jenem Abend dämmerte mir allmählich das Verständnis für einen allgemeinen Unterschied zwischen Männern und Frauen. Ich ging nicht hin, um Blusen zu kaufen ... ich ging „auf die Jagd" nach Blusen! Ich wollte die Bluse erobern, einpacken und dann nach Hause zurück, wo wichtige Dinge warteten, wie etwa mein Samstagnachmittag-Footballspiel!

Meine Frau jedoch betrachtete Einkaufen vom anderen Extrem aus. Für sie bedeutete das mehr als einfach den Erwerb einer Bluse. Es war eine Möglichkeit, Zeit miteinander zu verbringen, sich zu unterhalten ohne die Kinder – und ohne das Footballspiel am Samstagnachmittag.

Wie die meisten Männer dachte ich, wenn man ins Einkaufszentrum gehe, sei das gleichbedeutend mit Einkaufen. Für meine Frau jedoch bedeutete es einen „Einkaufsbummel!"

In den folgenden Tagen dachte ich über unser Erlebnis und mein Engagement, meine Kommunikation zu verbessern, nach. Dabei erkannte ich, daß ich einen wichtigen Punkt übersehen hatte.

Über Jahre hinweg hatte ich mich mit Unisex-Frisuren, Unisex-Kleidung und gemeinsamen Schlafräumen auseinandergesetzt. Doch in dem ganzen Rummel um die Gleichheit der Geschlechter hatte ich im Zuge der Gewöhnung einen bedeutsamen Aspekt gesunder Beziehungen zwischen Männern und Frauen übersehen: Die Erkenntnis und Wertschätzung der naturgegebenen Unterschiede zwischen Männern und Frauen.

Natürlich treffen die typischen Unterschiede zwischen Mann und Frau nicht auf jede Beziehung zu[1]. In etwa 15 Prozent der Familien legt der Mann unter Umständen eher „typisch" weibliche Tendenzen an den Tag hinsichtlich des Kommunikationsstils und umgekehrt. Dies ist häufig bei Männern und Frauen anzutreffen, die Linkshänder sind[2]. Aber selbst in Familien, in denen die typischen Rollen der Kommunikation vertauscht sind, herrschen die männlichen und weiblichen Stile vor. In der Tat weisen praktisch alle Beziehungen mit Rollentausch ebenso viele Unterschiede auf wie bei den meisten stereotypen Paaren.

Vor diesem Hintergrund wollen wir verschiedene bedeutsame Aspekte untersuchen, in denen sich Männer und Frauen auf dem Gebiet der Kommunikation unterscheiden. Viele davon sahen wir in unserem eigenen Haus auftauchen, und Ihnen wird es wohl ähnlich gehen. Interessanterweise sind es die gleichen Aspekte, die auch Psychologen als übliche Unterschiede zwischen den Geschlechtern ermittelt haben.

Die kleinen Unterschiede sind nicht zu leugnen

In unserer Familie haben wir unsere eigene Version vom „Kampf der Geschlechter". Auf der einen Seite sind Norma und unser ältestes Kind (und die einzige Tochter), Kari. Die andere Seite besteht aus mir, dem „großen Kahuna", und unseren beiden Söhnen Greg und Michael.

Norma und ich bekannten vor einer lebhaften, vom Fernsehen übertragenen Gemeindeversammlung, daß wir unsere Kinder hinsichtlich der Übernahme typischer männlicher und weiblicher Rollen und Reaktionen keinerlei Gehirnwäsche unterzogen haben. Doch von dem Augenblick an, da sie die ersten Lebenszeichen von sich gaben, zeigten sie die üblichen Unterschiede zwischen den Geschlechtern. Alles fing damit an, wieviel „Geräusche" von den Jungens und wieviele „Worte" im gleichen Alter von unserer Tochter erzeugt wurden.

Der Vorteil in der Kommunikation

Forscher haben festgestellt, daß schon vom frühesten Lebensalter an kleine Mädchen mehr sprechen als kleine Jungen[3]. Eine Untersuchung ergab, daß Mädchen schon im Säuglingszimmer des Krankenhauses mehr Lippenbewegungen aufweisen als Jungen[4]! Diese Eigenheit nimmt im Laufe der Jahre noch zu und verleiht ihnen einen Vorteil für eine bedeutsame Kommunikation!

In unserer Familie machte Norma die gleichen Feststellungen, wie sie sich im Vorschulprogramm von Harvard ergaben, bei dem die Kommunikationsunterschiede zwischen den Geschlechtern untersucht wurden[5]. Nachdem ein Spielplatz mit Geräten zur Geräuschmessung ausgestattet worden war, erforschten Wissenschaftler alle Geräusche aus dem Mund von mehreren hundert Jungen und Mädchen im Vorschulalter.

Die Forscher fanden heraus, daß 100 Prozent der Geräusche, welche die Mädchen von sich gaben, aus hörbaren und erkennbaren Wörtern bestanden. Jedes der Mädchen verbrachte einen großen Teil seiner Zeit damit, mit anderen Kindern – und fast so lange auch mit sich selbst zu sprechen! Bei den kleinen Buben waren nur 68 Prozent der Geräusche erkennbare Wörter! Die übrigen 32 Prozent waren entweder einsilbige Laute wie „uh" und „mmm" oder Geräuscheffekte wie „Brrruuumm!", „Jaaaah!" und „Suuum!"

Norma tröstete sich mit der Erkenntnis, daß die Neigung unserer männlichen Familienangehörigen zum Kreischen und Brummen genetisch und nicht durch Umwelteinflüsse bedingt war. Und nachdem sie zwanzig und etliche mehr Jahre hindurch von mir auf Fragen einsilbige Antworten wie „ha" und „mhm" bekommen hat, behauptet sie, dieses Unvermögen, sich mit dem anderen in verständlichen Sätzen zu unterhalten, bleibe während des gesamten männlichen Lebens konstant!

Junge Männer haben bei der Kommunikation mit anderen eindeutig mehr Schwierigkeiten als junge Frauen. Sonderschullehrer sind sich dessen bewußt, denn neun von zehn krankhaften Sprachproblemen betreffen männliche Wesen.

Aber wie sieht es nun mit uns Erwachsenen aus? Wahrscheinlich nehmen Sie an, daß erwachsene Männer in puncto Kommunikationsfähigkeiten ihren Frauen ebenbürtig sind. Überlegen Sie das lieber nochmals!

Ergebnisse von Untersuchungen zeigen etwas, was Norma und ich in unseren Beziehungen seit Jahren beobachten. Wenn man die Gesamtzahl der Wörter berechnet, die jeder von uns gebraucht, dann liegt ihre Gesamtsumme erheblich höher als meine. Man hat festgestellt, daß der durchschnittliche Mann am Tag grob gerechnet 12 500 Wörter spricht. Die durchschnittliche Frau hingegen benutzt am Tag mehr als 25 000![6]

In unserer Ehe bedeutete dies, daß ich beim Heimkommen von der Arbeit meine 12 500 Wörter weitgehend aufgebraucht hatte, während Norma sich gerade eben warmlief! Ich wurde dafür bezahlt, den ganzen Tag hindurch zu sprechen, und wollte nicht nach Hause kommen und den ganzen Abend lang reden! Ich wollte es mir vor dem Fernseher gemütlich machen.

Norma hängte mich nicht nur weit ab, soweit es die Zahl der gesprochenen Wörter betraf. Wenn wir uns unterhielten, hatte es den Anschein, als ob wir uns auf unterschiedlichen Straßen bewegten. Ich will das einmal ausführlich darstellen.

Für die meisten Männer bilden „Fakten" einen gewichtigen Anteil einer Unterhaltung. Wenn Norma und ich uns unter der Tür trafen, fragte sie oft: „Können wir heute abend miteinander sprechen?"

Meine erste Reaktion war jedesmal: „Worüber?" Die meisten Männer verhalten sich ihren Frauen gegenüber wie Detektiv Joe Friday: „Nennen Sie mir die Fakten, Madam, nur die Fakten." Tatsächlich ist es so, daß der Durchschnittsmann zu reden aufhört, wenn ihm die Fakten ausgehen.

Jahrelang hatte sich Norma danach gesehnt, meine tiefsten Gefühle zu erkunden, vor allem wenn wir vor wichtigen Problemen oder Entscheidungen standen. Doch immer wieder geschah es, wenn sich das Gespräch über die nüchternen Fakten hinausbewegte, daß ich dann verstummte oder das Thema wechselte.

Wie die meisten Frauen war Norma in viel stärkerem Maße mit ihren Gefühlen vertraut als ich mit meinen. Ich vermochte ihr recht gut die Basislinie zu vermitteln, doch der tiefere Grund meiner Gefühle blieb Terra incognita. Der Unterschied zeigte sich in unseren anhaltenden Fehlschlägen, bedeutungsvolle Gespräche zu führen.

Unterschiede, Unterschiede, Unterschiede! Warum hat die Natur anscheinend die Frauen mit einem solchen Vorteil in persönlicher Kommunikation und vertraulichen Beziehungen ausgestattet?

Sind Männer wirklich hirngeschädigt?

Schon seit der Zeit im Garten Eden, als Eva mehr Feigenblätter benötigte als Adam, ist offenkundig, daß Männer und Frauen sich körperlich unterscheiden. Erst in jüngster Zeit jedoch hat die Forschung bewiesen, daß sie auch einzigartige Denkschemata besitzen.

Dr. Frank Duffy vom Children's Hospital in Boston entdeckte Abweichungen zwischen den Geschlechtern im Gehirn von Menschenaffen, einfachen Affen, Vögeln, Ratten — und Kindern. Er zeichnete die Gehirnaktivität von Buben und Mädchen noch im Mutterleib auf und stellte fest, daß sie selbst da schon zwei verschiedene Wellenlängen aufwiesen.[7]

Medizinische Studien ergaben insbesondere, daß zwischen der achtzehnten und sechsundzwanzigsten Woche der Schwangerschaft etwas vor sich geht, das die Geschlechter für immer trennt.[8] Mit Hilfe von wärmeempfindlichen Farbmonitoren beobachteten die Forscher tatsächlich, daß ein chemisches Bad von Testosteron und anderen Geschlechtshormonen das Gehirn eines männlichen Fötus umspült. Dadurch werden Veränderungen ausgelöst, die bei weiblichen Föten niemals eintreten. Hier die Erklärung eines Laien, was passiert, wenn diese chemischen Substanzen das System eines Jungen treffen.

Das menschliche Gehirn ist in zwei Hälften, auch Hemisphären genannt, unterteilt. Beide sind durch ein faseriges Gewebe, das sogenannte „Corpus callosum", miteinander verbunden. Die Geschlechtshormone und anderen chemischen Substanzen, welche das Gehirn eines männlichen Fötus umspülen, bewirken ein leichtes Zurückweichen der rechten Gehirnseite; dabei wird etwas von dem Bindegewebe zerstört. Das führt dazu, daß ein Junge mit einer stärkeren „Links"-Orientierung des Gehirns ins Leben eintritt.

Da kleine Mädchen dieses chemische Bad nicht durchlaufen, sind sie beim Start ins Leben in ihrer Denkweise stärker auf beide Gehirnhälften ausgerichtet. Da elektrische Impulse und andere Botschaften auch zwischen den beiden Gehirnseiten eines männlichen Kleinkindes hin- und herwandern, können die gleichen Botschaften im Gehirn eines weiblichen Kleinkindes schneller und ungehinderter passieren.

Einen Augenblick bitte, denken Sie nun vielleicht. „Soll das heißen, daß Männer grundsätzlich hirngeschädigt sind?"

Nein, im Grunde genommen nicht. Was sich in der Gebärmutter abspielt, stellt lediglich die Weichen für eine „Spezialisierung" zwischen Männern und Frauen in zwei verschiedenen Denkweisen. Das ist ein gewichtiger Grund dafür, warum Männer und Frauen einander so sehr brauchen.

Die linke Gehirnhälfte beherbergt mehr die logischen, analytischen, tatsachenorientierten und aggressiven Denkzentren. Diese Seite des Gehirns wird von den meisten Männern für den größten Teil der Zeit ihres Wachzustandes reserviert. Sie findet Gefallen am Zurücklegen von achthundert Kilometer pro Tag im Familienurlaub, bevorzugt mathematische Formeln vor Harlekinaden, speichert die Definition des Lexikons von Liebe und favorisiert ganz allgemein ein klinisch reines Schwarz-Weiß-Denken.[10] Diese Seite des männlichen Gehirns kann es nicht erwarten, die neueste Ausgabe irgendeiner Selbstmacher-Zeitschrift für irgend eine neue Technik zu kaufen, merkt sich Baseball- und Boxresultate, sitzt mit Begeisterung stundenlang vor dem Fernseher, um Footballspiele zu betrachten und den Schiedsrichter zu beschimpfen.

Frauen hingegen verbringen die Mehrzahl ihrer Tage und Nächte mit dem Schwerpunkt auf der rechten Gehirnhälfte. In dieser Seite liegen die Zentren für die Gefühle sowie der wichtigsten Fähigkeiten für Sprachen, Beziehungen und Kommunikation. Sie befähigt Frauen, Arbeiten zu leisten, bei denen es auf Detailgenauigkeit ankommt, sie entzündet die Vorstellungskraft und vermittelt die Freude an einem der Kunst und schönen Musik gewidmeten Nachmittag.[11] Sie macht sich vor allem bei Ruhepausen und Gedenktagen bemerkbar, interessiert sich nicht im geringsten für Fußball oder Hockey, sofern die Spieler oder ihre Frauen nicht persönliche Bekannte sind, sie bewahrt und drückt die Gefühle der Liebe aus und nicht nur die Definition, und liest lieber Zeitschriften, die mit den Beziehungen der Menschen untereinander zu tun haben, als technische Magazine.

Diese geistig-seelischen Unterschiede machten sich stets schmerzlich bemerkbar, wenn wir mit dem Auto in den Familienurlaub fuhren. Ich und mein großes linkes Hirn planten die Reise, als ob ich das Große Rennen von Indianapolis fahren würde. Ich wußte, daß wir jeden Morgen bis spätestens acht Uhr unterwegs sein und jeden Tag exakt 487 Meilen zurücklegen mußten, und auf der Grundlage von 12,3 Meilen pro Gallone berechnete ich sogar an Hand unseres benzinverschlingenden Tanks, wo wir zum Nachtanken halten würden. Ich war entschlossen, mich durch nichts von meinem Plan abbringen zu lassen. Nachgeben wollte ich nur, wenn es sich überhaupt nicht umgehen ließ.

Das erste Anzeichen, daß meine Zielvorstellungen in Gefahr waren, ergab sich, als Kari mit den Fäusten gegen die Lehne meines Sitzes zu trommeln begann.

„Laß das sein", erklärte ich, den Blick auf die Stoßstange eines Wagens gerichtet, den ich eben zu überholen versuchte. Ich hatte an diesem Tag schon rund fünfzig überholt und fühlte mich wie John Wayne, der zum Fort galoppiert. „Ich muß mal."

„Du wirst noch warten müssen", entgegnete ich und blickte zuerst auf den immer kleiner werdenden Wagen in meinem Rückspiegel, dann auf den Kilometerzähler, dann auf die Uhr am Armaturenbrett, dann auf die Straßenkarte. „Wir können in der nächsten Stadt anhalten."

„Aber Daddy!"

„Nur noch fünfundzwanzig Meilen."

Fünf Minuten später meldeten sich die Buben und behaupteten, daß sie am Verhungern seien.

„Ich hab' so Hunger, daß mir der Magen wehtut", stöhnte Mike, unser Jüngster. „Ooooh! Aaaach! Daddy, mein Bauch!"

„Mommy, die Essenszeit ist schon vorbei, und Daddy will nicht anhalten!" steuerte Greg bei, der sich an eine höhere Autorität wandte.

„Ich kann nicht länger warten!" schrie Kari und bearbeitete meinen Sitz mit ihren Fäusten.

„Hör endlich damit auf", befahl ich ihr. „Nur noch siebzehn Meilen."

Norma warf mir einen Blick zu, als sei ich ein Gefängniswärter und deutete dann auf eine Tafel am Rande der Autobahn. Und dann sagte sie in aller Ruhe und mit der Andeutung eines Lächelns, wobei sie jedes Gramm ihres rechten Gehirns voll ausspielte:

„Da vorne ist ein Stuckey."

In unserer Familie bedeutet das Wort „Stuckey" soviel, wie wenn man einem Verdurstenden „Da ist gleich eine Oase" zuruft. Damit war mir die Entscheidung aus der Hand genommen: Ich mußte ganz einfach an der nächsten Ausfahrt abbiegen. Ich tröstete mich jedoch damit, daß Stuckey's ein „Drei-Sterne-Halt" war. Das bedeutete, daß ich drei Fliegen mit einer Klappe schlagen konnte: Waschraum-Halt, Benzin-Halt und Speise-Halt.

Der Wagen hielt noch kaum, da sprang ich schon heraus, um nachzutanken. Im vollen Einsatz meiner linken Hirnhälfte scheuchte ich die Kinder zu den Toiletten und Norma zur Imbißtheke.

„Los, beeilt euch!" rief ich und zuckte innerlich zusammen beim Anblick einer Wagenreihe, die an uns vorbeizischte — Wagen, die ich Minuten vorher überholt hatte. „Wir müssen wieder los und diese Autos da einholen!"

Vielleicht begreifen Sie allmählich, warum Kommunikation in der Ehe so schwierig ist, — und warum Frauen, die nie dieses chemische Bad hatten, den besseren Zugang zu beiden Hirnhälften besitzen.

Es hat durchaus etwas für sich, einen guten Teil Zeit in der Welt der linken Gehirnhälfte zuzubringen. Die Entscheidung, ein größeres Bauvorhaben zu beginnen, und die Selbstdisziplin zu dessen Vollendung haben beide ihren Ursprung in der linken Hälfte. Die Fähigkeiten des linken Gehirnteils helfen beim Reparieren eines tropfenden Wasserhahns und von defekten Rasenmähern. Die linke Seite erinnert einen Mann daran, seine neueste Ausgabe der Sportzeitung sei fällig, aber es liegt nicht auf ihrem Strang, ihn an das tiefe, tagtägliche Bedürfnis seiner Frau nach einer bedeutsamen, aus der rechten Gehirnhälfte entspringenden Kommunikation zu erinnern.

Ehemänner, die den festen Wunsch nach vertraulichen Beziehungen mit ihrer Frau und ihren Kindern haben, müssen deren Welt der rechten Gehirnhälfte betreten. Frauen und Töchter verbringen den größten Teil ihrer Zeit in dieser Welt, — einer Welt, an der wir auch unseren Söhnen die Freude beibringen müssen, damit sie später mit der Fähigkeit zur guten Kommunikation in eine Ehe eintreten können. Die meisten Buben brauchen diese Unterweisung, wie sich aus dem „Rücksitz-Syndrom" ergibt, von dem unsere Jungen in jedem Urlaub befallen werden.

Wenn wir die Straße dahinrollten und unsere Tochter wohl eine Stunde lang ununterbrochen reden hörten, pflegten Norma oder ich jedesmal zu sagen: „Schön, Kari, jetzt wird's Zeit, daß du die Buben reden läßt. Jungs, jetzt seid ihr dran." Nachdem Kari allmählich verstummt war, schlug uns ... Schweigen entgegen. So fing Kari nach einer Weile wieder an zu sprechen.

Wie unsere Buben versuche ich bis zum heutigen Tage, Norma und Kari in der Menge der gesprochenen Wörter einzuholen. Und es bleiben auch einige „Geheimnisse" übrig, wenn es um das Verstehen zwischen Norma und mir geht. Aber die Tatsache, daß die Frauen in unserer Familie einen natürlichen Vorteil in der Kommunikation haben, führt bei uns männlichen Familienmitgliedern nicht länger zur Frustration. Wir gehen höchstens bei ihnen in die Lehre.

Wenn Männer und Frauen eine wirksame Kommunikation miteinander führen wollen, dann brauchen sie beides: „Wissen" und „Fähigkeiten". Bisher haben wir uns ganz auf das erste konzentriert — wie man sich Wissen und Kenntnisse über die Bedeutung der Kommunikation aneignet und wie die angeborenen männlichen und weiblichen Denkmuster einen Kurzschluß im gegenseitigen Verstehen herbeiführen können. Aber wie sieht es mit den Fähigkeiten aus?

Einen Weg gibt es, wie ein Mann seine Fähigkeiten zur Kommunikation schlagartig erweitern und wie eine Frau die ihren vervielfachen kann. Durch den Einsatz der Kraft von seelischen Wortbildern, um den Zugang zu seiner rechten Gehirnhälfte zu öffnen, kann ein Mann über reine „Fakten" hinausgelangen und eine vollkommene Kommunikation mit einer Frau erreichen. Die gleiche Fähigkeit bringt eine Frau nicht nur soweit, daß ein Mann ihre Worte „fühlt" und nicht nur „hört", sondern steigert ihre angeborenen Fähigkeiten zur Gestaltung menschlicher Beziehungen in ungeahnter Weise.

Vor Jahren hat Norma mir einmal den Beweis hierfür vorgeführt. Sie illustrierte das, was sie bewegte, in einer Weise, daß ihre Worte unmittelbar von meinem Kopf in mein Herz drangen.

Fakten mit Gefühlen ergänzen

Als ich an einem Elternbuch arbeitete, fragte ich Norma, ob sie ein Kapitel schreiben wolle. Es handelte sich um einen Abschnitt, der ein besonderes Licht auf eine ihrer Stärken warf, und ich glaubte, das Projekt werde für sie eine leichte und angenehme Erfahrung sein. Weit gefehlt.

Die Tage gingen dahin, und der Zeitpunkt nahte, da das Kapitel fertiggestellt sein sollte, doch Norma hatte noch nicht einmal begonnen. Mehrmals versuchte sie mit mir darüber zu diskutieren, welche Belastung das Projekt sei, doch ich lenkte das Gespräch jedesmal wieder zurück zu den „Fakten".

Ich entschied, daß es Zeit sei, sie zu motivieren. Ich sagte ihr, ein Buch zu schreiben sei überhaupt keine große Sache, und wies darauf hin, daß sie hervorragend Briefe schreiben konnte. Sie sollte sich das Kapitel einfach als einen einzigen, langen Brief an Tausende von Menschen vorstellen, die sie nie gesehen hatte. Außerdem versicherte ich ihr, daß ich als altgedienter Autor persönlich jede einzelne Seite durchsehen und auch den kleinsten Fehler ausmerzen würde. Bei mir dachte ich: „Ist das nun eine Motivation oder nicht?"

Ihre emotionalen, aus der rechten Gehirnhälfte geborenen Einwände, um die Aufgabe abzublocken, machten auf mich wenig Eindruck, da ich mich mit Fakten gewappnet hatte. Doch meine vom linken Hirn stammenden Argumente beeindruckten sie wiederum genauso wenig. Wir wechselten Worte wie Monopoly-Geld. Offen gestanden, wir hätten uns den Atem sparen können. Wir lagen uns in den Haaren, bis meine Frau mir ganz verzweifelt folgendes Wortbild vorlegte.

„Ich weiß, daß du's nicht merkst, Gary, aber du treibst mich seelisch und körperlich zur Erschöpfung", sagte sie.

„Wer, ich?"

„Komm schon, laß uns mal für eine Minute ernst sein. In den letzten paar Tagen hast du meine ganze Energie ausgelaugt. Ich weiß, du wirst jetzt gleich wieder hochgehen, wenn ich das aufs Tapet bringe, aber -"

„Ich? Hochgehen?" sagte ich und versuchte, die Dinge auf die leichte Schulter zu nehmen. „Wenn ich deine Energie aufbrauche, dann sprich mit mir darüber. Das ist kein Problem."

„Siehst du die Hügelkette dort hinten?" fragte sie und deutete zum Fenster hinaus. „Jeden Tag habe ich das Bedürfnis, mit einem zwanzig Pfund schweren Rucksack dort hinaufzugehen. Bis die Kinder ihr Essen haben, angezogen und zur Schule und zu ihren Gymnastikstunden gebracht sind — und der Besorgung unseres Büros — bleibt mir kaum genügend Energie, noch einen weiteren Schritt zu tun.

Bitte versteh mich nicht falsch", fuhr sie fort. „Ich marschiere los, um in Form zu bleiben, und ich wandere furchtbar gerne jeden Tag über diese Hügel. Aber was du tust, ist, als wenn du von mir verlangen würdest, außer diesen Hügeln noch jeden Tag den Squaw Peak zu besteigen."

„Wirklich?" sagte ich und ließ mir ihre Worte durch den Kopf gehen. Einige Monate vorher hatte ich den Squaw Peak bestiegen und wußte aus erster Hand, wie anstrengend der Anstieg war. Meine Gedanken schalteten auf Hyper-Suchmodus, um festzustellen, wohin Norma mit ihrer Geschichte steuerte. „Schön, ich passe", meinte ich schließlich. „Womit um alles in der Welt zwinge ich dir den Squaw Peak auf?"

„Du hast mir den Squaw Peak zu meinem Tagespensum aufgebürdet, als du mich gebeten hast, dieses Kapitel für das Buch zu schreiben. Für dich ist es ein Kinderspiel, mit einem zwanzig Pfund schweren Rucksack loszuziehen. Ich aber brauche für das Gewicht meiner täglichen Aufgaben meine ganze Energie. Liebling, ich kann einfach nicht noch ein Pfund dazulegen, auf die Hügel wandern und dann auch noch den Squaw Peak besteigen."

Plötzlich war alles klar, was sie vorher gesagt hatte. Für mich würde das Schreiben eines Buchkapitels kein Gramm zusätzliches Gewicht oder den geringsten weiteren Anstieg bei den Bergen, die ich täglich zu erklimmen habe, bedeuten. Doch zum ersten Mal konnte ich die Anstrengung „spüren", die ich ihr unwissentlich auferlegt hatte.

„Wenn es das für dich bedeutet, dann will ich bestimmt nicht, daß du das Kapitel schreibst", sagte ich, ohne einen Augenblick zu zögern. „Ich weiß es wohl zu schätzen, was du ohnehin schon tust, und will nicht, daß du noch mehr belastet wirst. Dafür bist du viel zu wertvoll."

Nach diesem Gespräch war es, als habe sich eine Wolke von unserer Beziehung verzogen. Doch als ich am nächsten Morgen zum Frühstück in die Diele herunterkam, wußte ich nicht, wie mir geschah. Norma saß an ihrem kleinen Schreibtisch in der Küche und schrieb wie wild.

„Was machst du denn da?" fragte ich völlig konsterniert. „Ich schreibe mein Kapitel."

„Du tust was? Ich dachte, für dich sei das wie die Besteigung des Squaw Peak!"

„Das war's auch", erwiderte sie. „Als das von mir erwartet wurde, da empfand ich es als einen entsetzlichen Druck. Doch nun, da ich es nicht mehr schreiben muß, da hab'ich richtig Lust dazu!"

Eine Brücke über die Kluft in der Kommunikation

Niemand kann behaupten, daß Wortbilder Ihnen dazu verhelfen werden, alle Unterschiede zwischen Männern und Frauen zu überwinden. Aber sie helfen uns dabei, die natürliche Kluft in der Kommunikation zu überbrücken — und besser zu verstehen, was der andere sagt.

Wie oben erwähnt, gibt es zwei grundsätzliche Wege, wie wir über Informationen denken und uns an sie erinnern. Der erste führt über die linke Gehirnhälfte. Er bildet den Kanal, durch den die wörtlichen Wörter und die faktischen Fakten eines Gesprächs gespeichert werden. Da Männer in erster Linie von der linken Gehirnseite aus orientiert sind, richten sie den Schwerpunkt im allgemeinen auf die tatsächlich gesprochenen Worte. Dabei entgehen ihnen oft die zugrundeliegenden Gefühle.

Das ist genau der Vorgang, der sich abspielte, als meine Frau zum erstenmal ihre Bedenken wegen der Abfassung des Buchkapitels vorbrachte. Ich versäumte es, zwischen den Zeilen zu lesen. Mit diesem Fehler stehe ich beileibe nicht allein. Etwas Ähnliches passierte einem uns bekannten Ehepaar, und ähnliche Szenen spielen sich wahrscheinlich in fast jeder Familie ab.

Für Diane war der Tag besonders aufreibend gewesen, und alles, was irgend schiefgehen konnte, ging schief. In dem Augenblick, als ihr Mann am Abend das Haus betrat, überfiel sie ihn. „Jack, nie hilfst du mir im Haus", beklagte sie sich. „Immer muß ich den Müll raustragen, und alles andere bleibt auch an mir hängen. Nie machst du auch nur einen Finger krumm, damit ich's ein bißchen leichter hätte!"

Jack, der von ihrem emotionsgeladenen Ausbruch völlig überrumpelt wurde, erwiderte in nüchternem Ton: „Aber Diane! Bist du sicher, daß ich dir nie helfe? Und daß immer nur du den Abfall rausbringst? Erst gestern habe ich den Müll mit hinausgenommen, und vor zwei Tagen habe ich den Rasen gemäht. Und am Anfang der Woche ..."

Jack begriff nicht (und das kann zu schwerwiegenden Frustrationen zwischen Mann und Frau führen), daß Diane in Wirklichkeit gar nicht über den Müll reden wollte, sondern darüber, wie sehr sie seine Unterstützung daheim brauchte. Doch wie die meisten Männer hörte Jack die Worte seiner Frau nur dem Buchstaben nach. Die über den Buchstaben hinausgehenden, der rechten Gehirnseite entspringenden Empfindungen, die den Worten zugrundelagen, schwirrten an ihm vorüber.

Das rechte Gehirn, in dem die nichtverbale und seelische Kommunikation gespeichert wird, verhält sich auch wie ein Radar. Es nimmt den Ton einer Stimme bei einem Gespräch ebenso auf wie die emotionalen oder bildhaften Botschaften, die gesehen oder gesprochen werden. Hätte Diane ein Wortbild benutzt, um ihre Botschaft weiterzuvermitteln, dann hätte sie Jack zu dem Verständnis dessen, was sie eigentlich sagen wollte, verholfen.

Erinnern Sie sich daran, daß sich Veränderungen bei Erwachsenen vollziehen, wenn sie einen seelischen Vorgang „erleben". Als Norma das erste Mal darüber sprach, ihr Kapitel nicht schreiben zu wollen, wurden ihre Worte nur von meiner linken Gehirnhälfte registriert und blieben daher praktisch ohne Wirkung. Doch als sie ein Wortbild benutzte, da war es, als spreche sie in Farbe anstatt in Schwarz-Weiß. Sofort sah ich die Farben und Schattierungen ihrer Gefühle; die Folge war, daß sich meine Haltung und meine Handlungen änderten.

Wenn eine Frau ernstlich erwartet, mit ihrem Mann eine bedeutungsvolle Kommunikation zu haben, dann muß sie unter allen Umständen seine rechte Gehirnseite aktivieren. Und wenn ein Mann den ernsthaften Wunsch nach einer Kommunikation mit seiner Frau hat, muß er unbedingt ihre Gefühlswelt betreten. In beiden Fällen können Wortbilder eine außerordentliche Hilfe sein.[12] Auf die Menschen, welche die Fähigkeit zur Überbrückung der beiden Gehirnhälften erlernen, wartet eine Welt farbiger Kommunikation. Wortbilder beseitigen die Unterschiede zwischen Männern und Frauen nicht, aber sie können uns in die Lage versetzen, den Zugang zu vertrautem Umgang aufzusperren.

Wohin führt Ihr Weg von hier aus?

Wenn Sie in letzter Zeit nicht gerade kreative Preise errungen haben, dann fragen Sie sich vielleicht, wie man wirkungsvolle Wortbilder gestaltet. Wo findet man sie? Wann ist der beste Zeitpunkt, um sie in den wichtigsten Beziehungen einzusetzen? Diese Fragen werden auf den folgenden Seiten beantwortet. Sie lernen die sieben Stufen zur Gestaltung von Wortbildern und die vier Methoden, um sie in den Alltagsgesprächen möglichst wirkungsvoll anzuwenden.

Wir führen Sie auch zu vier unerschöpflichen Quellen, aus denen Sie Wortbilder entnehmen können, die in Ihrer spezifischen Situation am besten zur Wirkung kommen, und Sie erfahren auch, wie Sie sie einsetzen können, um in Ihrem Ehe- und Familienleben eine umgehende Veränderung herbeizuführen. Falls Sie noch weitere Munition zur Verbesserung Ihrer Kommunikation suchen, dann finden Sie am Schluß dieses Buches einen Schatz von mehr als hundert Wortbildern, die Sie daheim, im Beruf, bei Freunden und in Ihrer Gemeinde verwenden können.

Wortbilder stellen die stärkste Methode der Kommunikation dar, die wir kennen. Doch selbst bei dieser Sprache der Liebe gibt es Menschen, die sich weigern, zuzuhören, und unfähig sind, die Liebe zu erwidern. In einem späteren Kapitel werden wir darüber sprechen, warum manche Menschen gegen jeden Versuch zu einer bedeutsamen Kommunikation resistent bleiben. Wir werden auch sehen, wie die gleichen Menschen die Macht der Wortbilder beherrschen, um andere zu verletzen, zu manipulieren und zu lenken.[13] Doch zum Glück fallen die meisten Menschen nicht in diese schwer zu fassende Kategorie. Fast alle Männer und Frauen sind offen für Wandel und Vertraulichkeit, vor allem wenn sie in einer Weise angesprochen werden, die unmittelbar zum Herzen geht.

Vom nächsten Kapitel an lernen Sie, wie man eine derart kraftvolle Kommunikation gestaltet, und Ihre Beziehungen werden niemals mehr die gleichen sein wie zuvor.

Wie gestalte ich ein Wortbild?

5. Kapitel

Die Gestaltung
eines seelischen Wortbildes

Teil eins

Wenn es um das Kochen geht, stellen sich die meisten Männer an, als seien sie über das Lesen von Anleitungen erhaben. Ich (John) gebe es höchst ungern zu, aber ich falle selbst unter diese Kategorie. Grundsätzlich halte ich es für ein Zeichen von Schwäche, sich nach einem Rezept zu richten.

Bei meinen wenigen Abenteuern in der Küche habe ich aus einem mittelscharfen Chili einen regelrechten Feuerball gemacht, der meine Frau Cindy und meine Tochter Kari Lorraine veranlaßte, in die Küche zu stürzen und sich literweise Wasser hineinzuschütten. Ich habe statt Backpulver Weinstein verwendet, weil „für mich beides gleich aussah!" Ich habe sogar Erdnußbutter dazu hergenommen, einem Hackbraten den „Halt" zu verleihen.

Trotz meiner kulinarischen Kreativität habe ich kaum mehr Schaden angerichtet als Sodbrennen und angebrannte Töpfe. Doch vor Jahren habe ich beinahe einen Appartement-Komplex zerstört, weil ich ein Rezept nicht beachtete.

Es war der Erntedank-Feiertag, und meine Kommilitonen und ich verbrachten den freien Tag in unserem Appartement. Da wir nicht zu unseren Familien fuhren, luden wir uns eine Schar Freunde zu einem selbstzubereiteten Festessen ein.

Als der Tag herannahte, stellten wir eine Einkaufsliste auf, tätigten einen Großeinkauf beim örtlichen Lebensmittelgeschäft und begannen mit den Vorbereitungen für unser üppiges Mahl. Von Anfang an hätten wir uns denken können, daß wir in großen Schwierigkeiten steckten, als mein Zimmergenosse nicht herausfinden konnte, wie man den elektrischen Dosenöffner benutzt. Doch der Schaden, den er der Dose zufügte, war minimal im Vergleich zu dem, was ich dem Truthahn antat.

Hier die Fakten. Ich war mir bewußt, daß ich über einen Intelligenzquotienten verfügte, der zumindest meinem Alter entsprach (mein Trainer im Ringen sagte mir das mehrfach). Und auf jeden Fall wußte ich, daß ich intelligenter war als der Truthahn, den ich zubereiten sollte. Warum also Zeit verschwenden und sich lange mit den Anweisungen für die Zubereitung aufhalten?

Ich hatte einen Riesenvogel ausgesucht, der eher einem kleinen Vogel Strauß als einem großen Truthahn ähnlich sah. Als ich die Umhüllung entfernte, bemerkte ich einen Beutel mit abstoßenden Dingen, die in die Bauchhöhle hineingestopft waren. Ich ging mit mir zu Rate, ob ich den Beutel herausnehmen sollte, doch ich stellte mir vor, der Schlachter habe ihn wegen des Aromas hineingetan. Also ließ ich ihn drin.

Mein nächster Schritt war das „Dressieren" des Kadavers. Ich hatte bei meiner Mutter gesehen, daß sie Truthähne mit Erdnußbutter einrieb, um ihnen eine goldbraune Farbe zu verleihen. Ich wollte meinem Meisterwerk also die gleiche Behandlung angedeihen lassen. Das einzige, was ich finden konnte, war Salatöl, doch ich war schlau genug, das nicht herzunehmen, außerdem war ohnehin nicht mehr genügend in der Flasche. Ich legte unten um den Vogel ein Blatt Alufolie und begab mich zum Backofen, den ich rechtzeitig vorgeheizt hatte. In der Tat hatte ich den Thermostat schon fast eine Stunde vorher auf „Versengen" gestellt, um sicherzugehen, daß das Backrohr auch ja genügend heiß war.

Das nächste in meiner langen Liste von Fehlgriffen war, den „Truthahn-Kong" direkt auf das Metallgitter in der Bratröhre zu legen, ohne Fettpfanne, ohne Backblech. Nichts, um Fett und Bratensaft aufzufangen, nur eine papierdünne Schicht Folie, um einen ansonsten nackten, vierundzwanzig Pfund schweren Vogel von den rotglühenden Heizspiralen wenige Zoll darunter zu schützen.

Ich hatte eigentlich bereits genug unternommen, um Unheil herbeizuführen, doch mein verheerendster Fehler war der Beschluß, daß ich ja noch reichlich Zeit hätte und daher meine Freunde abholen könnte, die zu unserem Festmahl kommen wollten. Mit federnden Schritten ging ich nach draußen, von Stolz geschwellt, daß ich zwei Feiertags-Waisen vor einem Schnellimbiß retten konnte. Ich brach mir beinahe den Arm, so sehr klopfte ich mir selbst auf die Schulter.

Ich schaffte die Fünfundzwanzig-Minuten-Fahrt lässig ohne Zwischenfall und verbrachte die Rückfahrt damit, meinen mir wohl oder übel ausgelieferten Zuhörern von dem großartigen Mahl vorzuschwadronieren, das ihrer harrte. Doch als wir um die letzte Ecke vor unserer „Bankethalle" bogen, erblickte ich die roten Blinklichter mehrerer Feuerwehrautos vor unserem Appartementkomplex.

„Phantastisch!" rief ich. „Ein kleines Drama! Los, schauen wir doch mal, welcher Idiot da seine Wohnung in Brand gesteckt hat!"

Wie ich sehr schnell feststellte, war dieser Idiot ich. Schwarzer Rauch quoll aus der Tür unseres Appartements, die von der Feuerwehr mit Äxten in Zahnstocher zerlegt worden war. Als ob das nicht schon niederschmetternd genug gewesen wäre, zerrten sie das, was von meinem verkohlten, qualmenden Truthahn übriggeblieben war, heraus und beförderten es mit dem Wasserschlauch auf die Wiese hinaus!

Ich schluckte meinen Stolz hinunter und fuhr meine Zimmergenossen und die eingeladenen Gäste zu einem Mahl in einen Schnellimbiß am Ort. Und anstatt die Überbleibsel des Truthahns zu verzehren, mußte ich monatelang den Spott schlucken.

Dieses Fest war einer der peinlichsten Augenblicke in meinem Leben, aber er macht einen wichtigen Aspekt deutlich: Wir möchten nicht, daß Ihr erster Versuch mit einem Wortbild in Flammen aufgeht. Es ist uns klar, daß manche unter Ihnen es nicht erwarten können, diese Kommunikationsmethode anzuwenden, daß Sie bereit sind, sozusagen „den Truthahn in den Ofen zu werfen", ohne zuvor die Gebrauchsanweisung zu lesen. Um zu verhindern, daß Sie Ihre Beziehungen nach Feuer- und Rauchschäden neu anstreichen müssen, sollten Sie besser jeden einzelnen der im folgenden beschriebenen Schritte einhalten.

Das Nächstbeste

Wir würden gerne bei Ihnen am Küchentisch sitzen, mit Ihnen Kaffee trinken und Ihnen bei der Gestaltung eines Wortbildes zur Hand gehen. Da die Chancen hierfür jedoch denkbar gering sind, wollen wir das Nächstbeste tun: Wir werden Ihnen Schritt für Schritt zeigen, wie Sie ein Wortbild ganz nach Ihren persönlichen Erfordernissen schaffen können, und zwar an Hand eines der am meisten lebensverändernden Berichte der Geschichte, genauer gesagt des Berichtes, aus dem die Idee zu diesem Buch geboren wurde!

Sieben Schritte zur Gestaltung von seelischen Wortbildern

1. Eine klare Zielvorstellung

Um wirksame Wortbilder zu gestalten, müssen Sie mit einem wichtigen vorbereitenden Schritt beginnen: Sie müssen sich darüber klar werden, auf welche Weise Sie Ihre Beziehung bereichern möchten. Überlegen Sie, ob Ihre Worte

A. Ihre Gedanken und Gefühle klären
B. Sie auf eine höhere Ebene der Vertrautheit führen
C. Einen anderen loben und ermutigen oder
D. Jemand in liebevoller Form zurechtweisen sollen.

Die Gewinnung einer klaren Zielvorstellung ist genauso, wie wenn Sie vor dem Einkaufen eine Einkaufsliste aufstellen. Die Liste garantiert Ihnen, daß Sie das nach Hause bringen, was Sie wirklich brauchen. Anders ausgedrückt, ein Gewehr abzufeuern, ohne vorher das Ziel ins Visier zu nehmen, mag in Hollywood funktionieren, doch im wirklichen Leben schießt man damit unweigerlich am Ziel vorbei. Nehmen Sie sich doch gleich einmal die Zeit, über einen wichtigen Punkt nachzudenken, den Sie jemand nahebringen wollen. Welcher der genannten vier Gründe hilft Ihnen am ehesten bei der Übermittlung Ihrer Botschaft? Um Ihnen die Notwendigkeit einer klaren Zielvorstellung vor Augen zu führen, wollen wir uns eine Geschichte näher ansehen, die ein Leben von Grund auf veränderte.

Wortbilder können Ihnen helfen, sich über Ihre Gedanken und Gefühle klar zu werden, eine höhere Ebene der Vertrautheit zu erreichen, einen anderen zu loben oder zu ermutigen oder jemand auf liebevolle Weise zurechtzuweisen.

Wie würde es Ihnen gefallen, als königlicher Berater zu einem Kriegerkönig gerufen zu werden — besonders einem König, der kurz zuvor versucht hatte, eine Affäre und einen Mord zu vertuschen? Leute, die in unseren Tagen „Watergates" aufdecken, werden mit Buch- und Filmverträgen belohnt. In den Tagen dieses Beraters jedoch bedeutete die Aufdeckung der Wahrheit etwa, daß man sich das Genick dabei brach. Kein uns bekanntes Wortbild vermag besser als die Geschichte dieses Königs aus dem Altertum die Kraft zur Veränderung eines Menschenherzens zu veranschaulichen.[1]

Lösung eines Problems von königlichem Format

Es war einmal ein Hirtenknabe mit Namen David, der zum König ausersehen war.[2] Als Hüter der Herden mußte er gelegentlich wilde Tiere vertreiben und sogar sein Leben aufs Spiel setzen, um eins seiner Schafe zu retten. Doch diese Jahre, in denen er eine Herde geleitet hatte, verhalfen ihm dazu, viele Fähigkeiten zu entwickeln, die er später benötigte, um eine mächtige Nation zu führen.

Als David später den Thron bestieg, war er überall bekannt als furchtloser Krieger, der seine Heere zu zahlreichen Siegen geführt hatte.[3] In den ersten Jahren seiner Regentschaft blieb er im Herzen der Hirte, doch als sein Ruhm zunahm, begann er auf dem gefährlichen Grat der Macht zu wandern. Was immer er haben wollte, lag in Reichweite seiner Hände.[4]

In dieser Zeit, als das Herz des Hirten erkaltet war, geschah es, daß er auf das Dach seines Palastes ging und über die Stadt hinweg auf all das blickte, was er beherrschte und kommandierte. Als die Sonne sich neigte und eine erfrischende Brise aus den umliegenden Bergen herabwehte, erhaschten seine Augen plötzlich ein Spiegelbild von einem weiter unten liegenden Dach — die letzten Sonnenstrahlen, die sich in einem Wassertümpel spiegelten. Er richtete seinen Blick genauer darauf und erkannte, daß das Spiegelbild von einer badenden Frau hervorgerufen wurde.

Er begab sich zu einer Stelle, von wo er eine bessere Aussicht genoß, und besah sich die bildschöne Frau mit prüfenden Blicken. Sein Puls beschleunigte sich, sein Atem dagegen ging langsamer. Seine Lust war geweckt und ließ einen Plan reifen. Er schickte seine Wachleute aus und ließ die Frau in den Palast bringen. Schon bald erfuhr David, daß diese hinreißende Frau mit Namen Bathseba die Gattin eines seiner Offiziere an der Kampffront war.

David ließ sich davon jedoch nicht aufhalten. Seine Gedanken waren nicht auf ein fernes Schlachtfeld gerichtet, sondern auf eine Eroberung in unmittelbarer Nähe. So ließ er sie in seine Privatgemächer bringen, um eine Nacht verbotener Leidenschaft mit ihr zu genießen.

Am nächsten Morgen wurde das Objekt nächtlicher Unterhaltung wieder nach Hause geschickt. Alles deutet darauf hin, daß der König die Absicht hatte, es bei der einmaligen Begegnung zu belassen — einen Akt, den er unter den Teppich seines kalten Gewissens kehren konnte. Doch einige Wochen später sandte die junge Frau dem König eine private Botschaft zu. Sie war von ihm schwanger geworden und trug sein Kind unter dem Herzen.

In seinen frühen Jahren war König David als aufrechter Mann bekannt gewesen. Doch inzwischen schien ein Fehler den nächsten zu rechtfertigen. Vielleicht befürchtete er, daß seine Machtposition leiden könnte, wenn das Volk von dem Skandal Wind bekam. Alles, was wir darüber wissen ist, daß sein verfinstertes Herz einen weiteren gerissenen Plan ausheckte, anstatt sich zu dem zu bekennen, was geschehen war.

Er schickte nach dem Ehemann der Frau, der sich noch immer im Kampfgebiet aufhielt, und ließ ihn als hochdekorierten Helden in Urlaub nach Hause bringen. David ging davon aus, daß dieser Offizier wie jeder durchschnittliche, heißblütige Soldat, der monatelang von seiner schönen Frau getrennt war, in der ersten Nacht das Lager mit seiner Frau teilen werde. Doch Bathsebas Gatte war einige Nummern über dem Durchschnitt. Da sich die unter seinem Kommando stehenden Männer noch fern von ihren Frauen und Familien im Kampf befanden, verzichtete er auf die ehelichen Rechte.

Der König war verblüfft, daß die Loyalität des Mannes seinen Truppen gegenüber schwerer wog als seine Leidenschaften. Sein Geist entwarf in aller Eile einen zweiten, recht derben Plan. Er lud ihn in den Palast ein, machte ihn betrunken und schickte ihn dann nach Hause. Doch wieder weigerte er sich, sein Haus zu betreten. Wohl wissend, daß der Wein seinen Entschluß schwächen würde, schlief er auf den Stufen seines Hauses. Ohne daß er es wußte, brachte ihn dies in ebenso große Gefahr wie der Aufenthalt im Kampfgetümmel. In der Tat unterzeichnete er damit, daß er eine weitere Nacht seiner Frau fernblieb, sein eigenes Todesurteil.

Mehrere Wochen waren vergangen, seit Bathseba ihm zum erstenmal von ihrer Schwangerschaft Mitteilung gemacht hatte, und es dauerte weitere Wochen, ihren Gatten aus dem Schlachtfeld zurückzuholen. Als Frau mit einer wohlgestalteten Figur konnte sie das Geheimnis nicht länger wahren. David geriet zunehmend in Verzweiflung und ersann einen Plan von besonderer Niedrigkeit, der nicht fehlschlagen konnte.

Durch eine hochgeheime Mitteilung schickte er ihren Mann wieder an die Kampffront und in das dichteste Schlachtgewühl. Genau nach den Anweisungen des Königs zog der kommandierende General seine ganzen Leute zurück und ließ den Offizier vor dem Angesicht des Feindes allein.

Der Plan funktionierte nahtlos. Ohne Flankenschutz und ohne Unterstützung zur Seite focht er tapfer, aber vergeblich. Wie ein von hungrigen Wölfen umzingelter waidwunder Hirsch wurde er auf offenem Feld und allein erschlagen.

Nachdem Bathsebas Mann aus dem Wege geräumt war, ließ der König die Geliebte einer einzigen Nacht als seine neue Gemahlin in den Palast bringen. Ein dünner Firnis von Rechtmäßigkeit überdeckte das finstere Geheimnis. Mit der Zeit lösten sich Davids Befürchtungen, daß die Sache aufkommen könnte. Er schlief ruhiger in dem Wissen, daß es an der Front eine ganze Reihe von Todesfällen gegeben hatte und viele der Witwen sich erneut verheiratet hatten. Verzweifelt hoffte er, daß der General, der das schlimme Urteil ausgeführt hatte, das Geheimnis mit seinem Leben wahren werde. Doch irgendwo sickerte die Wahrheit durch.

Kraftvolle Worte, die ins Herz dringen

Während König Davids Gewissen in Dauerschlaf lag, erhielt ein Berater des Hofes mit Namen Nathan einen göttlichen Auftrag. Er sollte mit einem seelischen Wortbild vor David treten, das den weiteren Fortgang des Königreiches ändern und durch die Jahrhunderte widerhallen sollte.

„Eure Majestät", begann der Berater mit einer tiefen Verbeugung, „mir wurde soeben ein ernsthaftes Problem im Königreich zur Kenntnis gebracht." Nachdem König David schon Dutzende von alltäglichen Berichten anderer Hofbeamter mit angehört hatte, war er plötzlich hellwach. Wie die meisten Herrscher schätzte er Überraschungen ganz und gar nicht — vor allem, wenn sie ernsthafter Natur waren und sein Königreich betrafen.

„Herr, in Eurem Königreich ist eine bitterarme Familie, deren Mittel gerade reichten, um ein einziges Milchlamm zu kaufen", begann er und wog jedes einzelne Wort auf seine seelische Wirkung hin ab. „Als das Tierchen wuchs, übernahmen die Kinder die Aufgabe, es zu füttern und zu bürsten.

Das Lamm wurde der besondere Liebling und ein wichtiger Teil des Haushalts. Sie hingen so sehr an dem Tier, daß es sogar im Haus herumlaufen durfte. Des Nachts, wenn sich kalte Winde erhoben, sprang es sogar auf das Lager der Kinder und half mit, sie zu wärmen.

Der Vater dieser armen Familie bearbeitet das Land eines reichen Farmers. Vor kurzem bekam der reiche Mann spät am Nachmittag unerwarteten Besuch, für den das übliche Festmahl ausgerichtet werden mußte. Doch die Hirten waren mit den Herden weit weg, und das einzige Frischfleisch stand nur in Form der alternden Ziege zur Verfügung, die man wegen der Milch hielt, — doch für ein Mahl für wichtige Gäste war sie viel zu zäh.

In diesem Augenblick sah der Landbesitzer drunten am Fuß des Hügels zwei Kinder mit einem wunderschönen jungen Schaf spielen", fuhr der Berater fort und hielt für einen Augenblick inne, um sich zu räuspern. „Nun, fahrt fort", warf der König ungeduldig ein. „Bringt Eure Geschichte zu Ende."

„Ja, Eure Majestät", sagte er und setzte seine Erzählung in bedächtigem Ton fort. „Wie ich schon sagte, erblickte der reiche Mann das Tier, und da kam ihm ein Gedanke. Er konnte das Schäfchen schlachten lassen und würde nicht einen Diener zu den weit entfernten Herden schicken müssen. Und genau das tat er dann auch. Das Schäfchen wurde geschlachtet und für seine Gäste zubereitet, ohne daß ein Gedanke an die Kinder oder ihre Eltern verschwendet wurde."

Röte schoß dem König ins Gesicht, und seine Augen schossen Zornesblitze. Seine Gefühle riefen Erinnerungen zurück, die ihrerseits tiefersitzende Empfindungen weckten. Auch er hatte Lämmer von Geburt an großgezogen, sie vor Schaden bewahrt, sie von Herzen liebgehabt, und wenn einem von ihnen etwas zustieß, war ihm, als breche sein Herz.

„Wie Ihr wißt, Majestät, haben Kinder vielleicht den Mut zum Kampf, aber sie sind kein ebenbürtiger Gegner für erwachsene Männer. Da der Vater zur Feldbestellung weit weg war, verhallten ihre Hilfeschreie ungehört. Und der kleine Bub, der sich verzweifelt an das Schäfchen klammerte, wurde wie eine lästige Fliege mit einem Schlag beiseitegefegt.

In dieser Nacht kauerten die Kinder in ihren Betten und weinten, als sie die Musik und das Lachen aus dem Haus des reichen Farmers droben hörten. Das Herz brach ihnen bei dem Gedanken, daß anderer Leute Appetit durch das Lieblingstier befriedigt wurde, das –"

„Genug!" schrie der König. „Nichts weiter!" Er sprang in heftiger Erregung auf. „Dieser Mann verdient den Tod! Ich sage Euch, noch heute soll er der Familie Ersatz leisten. Er soll ihnen das Vierfache von dem erstatten, was sie verloren haben. Ich will, daß vier der besten Lämmer aus seiner Herde ausgesondert und zu der Familie gebracht werden, und zwar auf der Stelle", befahl er mit harter Stimme. „Und dann", sprach er weiter mit einem Glitzern in den Augen, in dem sich das Herz des Kriegers in seiner Brust spiegelte, „will ich, daß dieser Mann noch heute abend vor mich geführt wird!"

Der große Thronsaal besaß die Akustik einer gotischen Kirche. Nachdem die Zornesworte des Königs aufgehört hatten, von den Wänden widerzuhallen, legte sich ein bleiernes Schweigen auf den Raum. Ohren waren erwartungsvoll gespitzt. Obwohl der Hofberater seine Stimme niemals über ein Flüstern erhoben hatte, schlugen seine Worte wie ein Donnerschlag ein.

„Eure Majestät", hob er an, „Ihr seid dieser Mann! Das kleine Schäfchen, das Ihr geraubt habt, war die Frau eines anderen Mannes!"

Der König wurde von der Geschichte so unvermittelt und heftig getroffen, daß er auf die Knie niederfiel. Sein von Ehebruch und Mord in stählernem Schweigen verhülltes Herz war unter der Wucht eines einzigen seelischen Wortbildes zerbrochen. Zum erstenmal war er gezwungen, dem Bösen ins Antlitz zu blicken, das er begangen hatte, und etwas von dem seelischen Trauma zu „spüren", das er anderen zugefügt hatte.[5]

Es ist kaum anzunehmen, daß Sie einem zornigen Herrscher gegenübertreten müssen; wahrscheinlich ist Ihnen jemand bewußt, mit dem Sie dringend sprechen müssen. Wie Nathan müssen Sie sich vielleicht mit einem Problem menschlicher Beziehungen auseinandersetzen. Zurechtweisung ist unter den vier wichtigsten Zielen für die Anwendung eines Wortbildes keineswegs das Einfachste und erfordert oft den meisten Mut. Wird sie jedoch auf liebevolle Weise unternommen, um eine destruktive Gewohnheit oder Situation zu verändern, dann ist sie häufig unter allen das Wichtigste. Vielleicht wollen Sie aber auch mehr Klarheit in Ihrer Kommunikation oder größere Vertrautheit in Ihrer Ehe. Vielleicht suchen Sie einfach nach den richtigen Worten der Liebe und Ermutigung für Ihre Kinder.

Ob Sie nun Ihren Beziehungen eine Generalüberholung angedeihen lassen oder nur Ihrer Kommunikation einen kräftigen Schub vermitteln wollen, die Lösung liegt in jedem Falle klar auf der Hand. Wir haben gesehen, daß der erste Schritt zur Gestaltung eines Wortbildes in der Überlegung des Zieles besteht. Wenn wir nach und nach die übrigen sechs Schritte eingehend betrachten, werden Sie merken, wie rasch und einfach Sie Wortbilder erarbeiten können, die einen prägenden Einfluß auf Ihre Familie gewinnen werden.

6. Kapitel

Die Gestaltung eines wirkungsvollen Wortbildes

Teil zwei

Wenn es Ihnen so geht wie den meisten Menschen, dann verschieben Sie wahrscheinlich das eine oder andere Gespräch, weil Sie sich nicht sicher sind, wie Sie Ihre Gefühle am besten zum Ausdruck bringen können. Vielleicht wollen Sie das Büro Ihres Chefs aufsuchen, um wieder einmal einen Strauß um eine Gehaltserhöhung auszufechten, oder Sie müssen mit einer Ihrer halbwüchsigen Töchter über den Kleidungsstil (oder dessen Nichtvorhandensein) reden. Vielleicht müssen Sie Ihrer Frau zum drittenmal nahebringen, daß Ihnen nichts anderes übrigbleibt, als den Urlaubstermin zu verschieben, oder Sie müssen mit Ihrem Mann über das familiäre Chaos reden, das eine solche Verschiebung heraufbeschwört. Wenn Ihnen ein solches unabwendbares Gespräch bevorsteht, dann arbeiten Sie erst einmal das Ziel der Kommunikation klar heraus. Danach sind Sie bereit, den zweiten wesentlichen Schritt zu tun.

2. Prüfen Sie die Interessen des anderen sorgfältig.

Das Wortbild, das Nathan gegenüber König David anwandte, verriet ein intimes Wissen um seinen Hintergrund und seine Interessen. Nathan wählte nämlich eine Geschichte, die sich direkt an Davids Erfahrungen als Viehhirte und als Verteidiger seines Volkes wandte. Damit beschritt Nathan den kürzesten Weg zum Herzen des Königs.

Das gleiche trifft auch auf Kimberleys Wortbild zu, das erheblich mit dazu beitrug, ihren Vater wieder zu seiner Familie zurückzubringen. Ihr ganzes Leben lang hatte sie beobachtet, welch peinliche Sorgfalt ihr Vater auf den Firmenwagen verwandte, um neue Kunden zu beeindrucken.

Indem sie seine lebenslange Liebesbeziehung zu Autos anzapfte, konnte sie ihre Geschichte von einem zerstörten Fahrzeug wirkungsvoll direkt vor der Tür zu seinem Herzen unterbringen.

Unter Umständen kann es Detektivarbeit erfordern, die Interessen Ihres Gesprächspartners ausfindig zu machen, doch selbst die hartnäckigsten Fernseher, die ihre Freizeit ständig vor der Glotze verbringen, geben Ihnen Anhaltspunkte über ihr Leben. Vielleicht gehört Ihr Gesprächspartner zu den Menschen, deren Problemverhalten sich umgehen läßt, wenn Sie Ihr Wortbild unmittelbar mit seinem Lieblings-Fernsehprogramm verknüpfen!

Durchforschen Sie die Vergangenheit des anderen, vergessen Sie dabei aber nicht die Gegenwart. Entdecken Sie, worüber er sich als Kind gefreut hat, was er als Erwachsener nicht ausstehen kann, welche Sportarten, Hobbies, Essen oder Musik er vorzieht, welchen Wagen er fährt und wie er ihn pflegt, was er zur Entspannung unternimmt und was ihn dazu motiviert Überstunden zu machen.

Das gleiche trifft zu, wenn Sie ein Wortbild für ein Gespräch mit einer Frau suchen. Versuchen Sie zu erfahren, warum sie einen Tag als gut oder einen anderen als schlecht empfindet. Wenn sie zu Hause arbeitet, was sind dann ihre Bedürfnisse und wo liegen ihre Frustrationen? Wenn sie außer Haus tätig ist, was macht sie in der Mittagspause?

Ihre Suche nach Anhaltspunkten — ob nun für einen Mann oder eine Frau — kann einige Ermittlungsarbeit erfordern und Sie in Bereiche führen, über die Sie nichts wissen. Geben Sie jedoch nicht auf, bevor Sie nicht ein Interessensgebiet entdeckt haben, das ein Wortbild stützen kann.

Für mich (Gary) führte die Suche nach einem Schlüssel zum Herzen meines jüngsten Sohnes auf einen Golfplatz.

Mit alten Gewohnheiten brechen

Als Michael dreizehn war, hielt ich es für notwendig, einmal mit ihm über seine Eßgewohnheiten zu reden. Offen gesagt, futterte er soviel minderwertiges Zeug in sich hinein, daß ich mich des Gedankens nicht erwehren konnte, er müsse wohl von der Umweltschutzbehörde als Abfallbeseitigungsdepot ausgewählt worden sein. In der Absicht, ihm meine Besorgnis zu vermitteln, machte ich mich auf die Suche nach seinen derzeitigen Interessensgebieten. Da wir ihm kurz zuvor erst einen neuen Satz Golfschläger gekauft hatten, hatte ich einen gewichtigen Anhaltspunkt, wo diese liegen könnten.

Wir leben in Phoenix, einer Stadt mit mehr als 240 Golfplätzen. Das Wetter gestattet es, an wenigstens 360 Tagen im Jahr Golf zu spielen, und man kann beinahe von einem Golfparadies sprechen. Doch wie der Mensch, der direkt am Meer wohnt, aber nie ins Wasser geht, machen meine Golfbälle nur selten mit den Teichen der einheimischen Golfplätze Bekanntschaft. Doch das änderte sich schlagartig, als ich Michaels neue Schläger sah und erkannte, welch großartiger Zugang sich mir damit zum Herzen meines Sohnes bot.

Bei meinem Vorschlag, Golfspielen zu gehen, machte Michael einen Freudensprung. Er war aus dem Häuschen bei der Vorstellung, mich auf dem Golfplatz schlagen zu können, und versuchte mich sogar zu überreden, sein Taschengeld zu verdoppeln, wenn er mich um zehn Schläge überrunden könnte.

Auf dem Platz bemerkte ich, daß Michael ständig seinen Ball zur Seite schlug. Während er sich bemühte, sein Handicap zu verbessern, brachte ich die mächtigen Rasenstücke wieder an Ort und Stelle, die ich bei jedem Ausholen lospflügte. Wir hatten beide schon besser gespielt, aber Vater und Sohn verbrachten eine tolle Zeit zusammen und beendeten die vorderen neun Löcher unentschieden.

Während wir bei den rückwärtigen Löchern auf Runde zwei warteten, probte ich nochmals das Wortbild, von dem ich sicher annahm, daß es die Aufmerksamkeit meines Sohnes einfangen werde. Während wir zusahen, wie vor uns ein Viererspiel den Ball abschlug, wandte ich mich an Michael.

„He, Sportsmann, hast du je von Jack Nicklaus gehört?"

„Natürlich, Dad. Jeder, der schon mal einen Schläger in die Hand genommen hat, kennt den ‚Golden Bear'."

„Angenommen, er würde heute mit uns spielen", sagte ich, „würdest du dann auf ihn hören, wenn er dir erklären würde, wie du's anstellen mußt, den Ball nicht mehr zur Seite zu schlagen?"

„Und ob ich das täte!"

„Nun, Michael, ich bin nicht Jack Nicklaus, aber du weißt doch, daß ich dich liebhabe und dein Bestes will?"

„Gewiß, Dad, aber was hat das mit meinem Golfspiel zu tun?"

Als ich ihn ansah, konnte ich sehen, wie ihm die Gedanken durch den Kopf schossen und zu ergründen versuchten, worauf ich hinsteuerte.

„Weißt du auch, daß es in deinem Leben einen Bereich gibt, der so wirkt, als würdest du jeden einzelnen Ball ins Gebüsch schlagen? Das Problem ist so ernst, daß es sogar dein Leben abbremst, dir einen früheren Tod einbringen und dich sogar für immer vom Golfplatz verbannen kann."

„Was willst du damit sagen?" fragte er, und ein verwirrter Ausdruck verdüsterte sein Gesicht. „Was mache ich denn so Schreckliches?"

„Michael, ich beobachte Tag für Tag, wie du den Rat medizinischer Fachleute in den Wind schlägst. Diese Männer und Frauen sind auf ihrem Gebiet genauso gut wie Jack Nicklaus im Golfspielen. Doch jedesmal, wenn ich mit dir über deine Eßgewohnheiten rede, spüre ich Widerstand und keineswegs Aufnahmebereitschaft."

Ich hob seinen Driver auf und hielt ihn in der Hand. „Wenn du solche Mengen minderwertiges Zeug in dich hineinschaufelst, ist das genauso, wie wenn du deinen Schläger verkehrt hältst und dich weigerst, deinen Schlag zu ändern. Das ist, als ob Jack Nicklaus neben dir steht und dir zeigt, wie du deinen Schlag ändern kannst, aber du weigerst dich, seinen Rat anzunehmen.

Mike, wenn Jack Nicklaus heute hier wäre, würde er auf Dinge hinweisen, die dir helfen könnten, der Beste zu werden. Ich erwähne das, weil ich möchte, daß du die beste Gesundheit genießen kannst, die überhaupt denkbar ist."

An seinem Gesicht konnte ich erkennen, daß mein Wortbild sein Ziel erreicht hatte — und das nur, weil ich ihn bei einem seiner besonderen Interessen gepackt hatte. Dies zusammen mit unserem weiteren Gespräch bildete ein Sprungbrett für die weitere Diskussion darüber, wie der minderwertige Fraß, den er sich zuführte, seinen Schlag auf ein gesundes Leben hin von der richtigen Bahn ablenkte.

Als ich Michael zum Golfspielen mitnahm, hatte ich keineswegs die Absicht, ihn zu manipulieren, vielmehr befaßte ich mich aus Liebe zu ihm mit seinen persönlichen Interessen. Zuvor waren meine warnenden Worte bestenfalls als Schulmeisterei aufgefaßt worden. Doch als wir an jenem Samstag auf dem Golfplatz saßen, erkannte und spürte Michael deutlich die Sorge, die meinen Worten zugrundelag. Ich kann zwar nicht behaupten, daß er seine Eßgewohnheiten umgehend änderte, doch seine Einstellung gegenüber einer Diskussion über dieses Thema wurde schlagartig anders, und in den darauffolgenden Monaten lagen immer weniger Hamburger-Kartons und Verpackungen von Snickers in seinem Zimmer herum.

Wir wissen, daß dem Bemühen, die Interessen eines anderen zu erkunden, Grenzen gesetzt sind. Es mag für Sie völlig unsinnig sein, nun auf einmal mit Petit-Point-Stickerei oder professionellem Ringen anzufangen, und Sie empfinden vielleicht auch keine Neigung, Atomphysik zu studieren. Doch wenn Sie gründlich und eingehend prüfen, finden Sie Interessen, die Ihnen den Zugang zur Welt des Menschen öffnen, den Sie zu

erreichen versuchen ... und können damit zum nächsten Schritt weiter-
gehen.

3. Schöpfen aus unversiegbaren Quellen

Viele erleben zu Beginn eine gemeinsame Reaktion, wenn es um den
Gebrauch von Wortbildern geht: „Nun mal sachte! Ich bin kein schöpfe-
rischer Mensch! Es müßte schon ein Wunder geschehen, daß ich eine
Geschichte bringen könnte, die ihre Wirkung tut." In Wirklichkeit brauchen Sie sich keine Sorgen um Ihre schöpferischen Fähigkeiten zu
machen. Ob Sie es glauben oder nicht, Sie hören und „benützen" Wortbilder seit Jahr und Tag in vielen Bereichen des täglichen Lebens.

Interessanterweise läßt sich die Wurzel vieler alltäglicher Wörter auf
Wortbilder zurückführen. Das hebräische Wort für Zorn bedeutete
ursprünglich „rote Nüstern",[1] denn wenn jemand wütend wird, schießt
ihm das Blut ins Gesicht, und die Nasenöffnungen werden brennend rot.
In ähnlicher Weise leitet sich das ursprüngliche hebräische Wort, das unserem Wort Angst entspricht, von dem Wort für „Nieren" ab.[2] Wenn Sie
jemals im Dunkeln von jemand angesprungen wurden, dann wissen Sie
sehr genau, warum dieser Teil unserer Anatomie als Wortbild verwendet
wurde!

Außerdem haben Sie wahrscheinlich im Laufe der Jahre Dutzende von
„Miniwortbildern" benutzt, ohne es zu merken. Zweifellos haben Sie
schon gehört oder gesagt: „Vorsicht — er ist ein Wolf im Schafspelz",
„jemand zum Narren halten", „einen wunden Punkt berühren", „ein
Hundeleben führen", „wir bewegen uns in ausgefahrenen Gleisen", „er
bewies es über den Schatten eines Zweifels hinaus", „sie gleichen sich wie
ein Ei dem anderen", „sie würde ihm die Stirn bieten, wenn sie Rückgrat
hätte", „sie war weiß wie ein Bettlaken" oder „wir sind um Haaresbreite
davongekommen".

Oder haben Sie schon einmal gesagt: „Der hat nicht alle Tassen im
Schrank", „sie ist dürr wie eine Bohnenstange", „er ist ein Kampfgockel",
„wir sind in einer Pechsträhne", „etwas ist so flach wie ein Pfannkuchen",
„er ist Holz vom alten Stamm"?

Haben Sie den springenden Punkt erfaßt, — daß nämlich die Gestaltung von Wortbildern längst nicht so schwierig ist, wie Sie glauben? Es
bereitet keine Probleme, ein bedeutsames Wortbild zu finden — wenn Sie
wissen, wo Sie suchen müssen. Wenn Sie die nächsten vier Kapitel lesen,
werden Sie vier unerschöpfliche Quellen entdecken, die überquellen von

seelischen Wortbildern. Eine Quelle ist angefüllt mit der Natur und ihren Wundern, eine andere mit Gegenständen des täglichen Lebens. Eine dritte Quelle enthält erdachte Geschichten, während die vierte tief in Erlebnisse der Vergangenheit und Erinnerungen hinabtaucht.

Kimberley wählte ihr Wortbild aus der Quelle der alltäglichen Objekte. In ihrem Falle lenkte sie das Interesse ihres Vaters für Autos zu dieser Quelle. Der königliche Berater Nathan schöpfte aus der Quelle der erdachten Geschichten und entzündete damit Davids Erinnerungen an sein Leben als Hirtenbub.

In den Kapiteln sieben bis zehn werden diese Quellen im einzelnen ausführlich erläutert. Nachdem wir sie nun aber vorgestellt haben, sind wir bereit für den vierten Schritt einer wichtigen Etappe, die, falls sie ignoriert wird, verhindern kann, daß Ihre Kommunikationsversuche voll zur Wirkung kommen.

4. Proben Sie Ihre Geschichte.

Im Laufe der Jahre haben wir gelernt, daß Übung wirklich den Meister macht. Das Durchproben Ihrer Geschichte trägt reiche Frucht. Wenn Sie es unterlassen, nehmen Sie ihr einen Großteil ihrer Kraft.

Erst lange nachdem Kimberley ihren Brief abgeschickt hatte, erfuhren wir, daß sie das Wortbild für ihren Vater mehr als ein dutzendmal neu geschrieben hatte. Bei jeder neuen Fassung nahm sie einen bisher nicht benutzten Aspekt eines Autounfalls mit auf, der die Wunden und Schmerzen ihrer Familie veranschaulichte.

Wir schlagen keineswegs vor, daß Sie alle Ihre Wortbilder im voraus zu Papier bringen müssen; diese Anregung geben wir selten. In vielen Situationen ist das unzweckmäßig oder sogar unmöglich. Doch immer wieder konnten wir erkennen, welch unschätzbaren Nutzen es bringt, eine Geschichte gründlich zu recherchieren und sorgfältig zu durchdenken.

Als frühere Athleten empfehlen wir Ihnen auch, mit einem Trainer zu arbeiten. Wenn Wortbilder für Ihren Freund oder Ihre Freundin ebenso neu sind wie für Sie, dann sollten Sie zuvor mit einem anderen üben. Das stärkt Ihr Selbstvertrauen und vermittelt Ihnen zusätzliche Einsichten, die Ihnen eine große Hilfe sein können, wenn der große Augenblick gekommen ist. Wenn es Ihnen also Ernst ist mit dem Wunsch, daß Ihr Wortbild den angestrebten Zweck erfüllt, dann suchen Sie sich Unterstützung. Sie erzielen dann ein Höchstmaß an Wirkung Ihres Wortbildes und stellen eine stärkere Bindung zwischen Ihnen und Ihrem Freund her.

Auf unserem Weg zur Gestaltung eines Wortbildes haben wir vier Schritte zurückgelegt. Wir haben eine klare Zielvorstellung für die Kommunikation festgelegt, uns auf ein Interessensgebiet des anderen konzentriert, ein Objekt oder eine Geschichte aus einer der vier reichen Quellen geschöpft und das, was wir zum Ausdruck bringen wollen, praktisch geübt. Nun ist der Augenblick für den fünften Schritt gekommen: Die Frage des richtigen Zeitpunktes.

5. Wählen Sie einen geeigneten Zeitpunkt ohne Ablenkung

Vor kurzem sprachen wir auf einem zweitägigen Eheseminar. Am ersten Abend diskutierten wir kurz über seelische Wortbilder. Am nächsten Morgen stürmte knapp vor Beginn der Eröffnungsveranstaltung eine Frau auf uns zu und erklärte uns, daß unsere „wilde Idee" nicht funktioniere.

„Ich ging gestern abend heim und probierte Ihre dämliche Wortbildmethode bei meinem Mann aus, und ich kann Ihnen klipp und klar sagen, daß sie nichts taugt", fuhr sie los, während sie allmählich in Rage geriet. „Sie sollten heute morgen eine öffentliche Erklärung abgeben und allen sagen, daß sie's vergessen sollen. Was soll's — geben Sie mir mal das Mikrophon. Ich werde das selbst verkünden!"

Zum Glück war das Mikrophon noch nicht eingeschaltet, und wir vermochten sie soweit zu beruhigen, daß wir herausfinden konnten, was schiefgelaufen war. Während wir uns ihre Geschichte anhörten, erkannten wir, daß sie keinen der Schritte zur Gestaltung eines Wortbildes begriffen hatte — vor allem nicht Schritt fünf zur Wahl des richtigen Zeitpunktes und Schauplatzes. Sie war nur von der Idee begeistert gewesen, hatte beide Läufe ihres verbalen Schießeisens geladen und in der Sekunde, als sie das Haus betrat, auf ihren Mann losgefeuert.

Diese Frau machte sich zu Recht Sorgen um ihre Ehe. Sie war bekümmert, daß ihr Mann sich im letzten Augenblick entschlossen hatte, daheim zu bleiben und sich ein Footballspiel anzusehen, anstatt an dem Eheseminar teilzunehmen. Wenn man es genau nahm, lag ihm mehr an dem Spiel als an der Achtung, die er in den Augen seiner Frau verlor. Als sie daher Witterung bekam, in welchem Maße Wortbilder eine Ehe verbessern könnten, stürzte sie sich wie ein hungriger Wolf darauf und stieß in ihrer Absicht, sie an ihrem Mann auszuprobieren, alle Hindernisse beiseite.

„Erzählen Sie uns mal genau, was sich abgespielt hat", forderten wir sie auf.

„Nun, mein Mann saß da und schaute sich wieder eins von seinen blöden Fußballspielen an, als ich nach Hause kam", fing sie an. „Sogar ein Spiel, das er in der vergangenen Woche aufgenommen hatte! Ich war so wütend, daß ich mir auf der Stelle ein Wortbild ausdachte.

‚Edward', sagte ich, drehte den Fernseher aus und stellte mich davor, ‚weißt du auch, wie ich mich fühle, wenn du deine blöden Spiele anschaust? Weißt du das wirklich?'

Ich sagte zu ihm: ‚Ich fühle mich wie ein Brotkrümel auf dem Küchentisch, der vom Essen liegengeblieben ist. Als ob das nicht schlimm genug wäre, kommst du daher, um dich vor den Fernseher zu setzen, und streifst mich auf den Boden. Aber damit noch nicht genug, — da kommt doch der Hund daher und schleckt mich einfach auf! Nun, was meinst du dazu?'"

„Was geschah dann?" fragten wir. Er schaute mich an, als ob ich betrunken sei. Schließlich schüttelte er den Kopf und sagte: „Was ich dazu meine? Ich meine, das ist ein ganz blödes Gefühl, das ist meine Meinung! Und nun dreh den Fernseher wieder an und verschwinde vom Bildschirm!' Damit setzte er sich doch wieder vor sein Footballspiel!"

Die Frau hatte große Erwartungen in die Benutzung eines Wortbildes gesetzt. Sie hatte vermutlich geglaubt, ihr Mann würde zumindest auf der Stelle auf die Knie niederfallen und sie um Verzeihung dafür bitten, daß er sie in der Vergangenheit nicht richtig beachtet habe, danach dann mit der Fernbedienung den Fernseher in tausend Stücke zerschmettern.

Doch nichts dergleichen geschah. Die Kluft zwischen ihnen wurde nur noch tiefer. Warum? Sie legte sich auf den ersten Schritt bei der Gestaltung eines Wortbildes fest — die Klarstellung des Zieles. Das heißt, sie wollte ihren Mann mit Worten bearbeiten und ihn gleich an Ort und Stelle festnageln! Sie hatte es so eilig, daß sie nicht einmal bis zur Halbzeit warten konnte. Sie hatte sozusagen den Truthahn in den Ofen gesteckt, ohne die Anleitung zu lesen. Die Folge war, daß sich das Ergebnis in Qualm und Rauch auflöste.

Ihr Irrtum lag darin, daß sie den falschen Zeitpunkt wählte. Sie übermittelte ihre Botschaft im denkbar schlechtesten Zeitpunkt, und sie hatte sich auch nicht die Mühe gemacht, auf die Interessen ihres Mannes abzuheben oder aus der Quelle zu schöpfen, die ihre Botschaft am besten dargestellt hätte. Immerhin lag sein Hauptinteresse klar auf der Hand. Es war sechzig Zentimeter breit, und sein Gesicht haftete daran fest. Dieser Mann war fernsehsüchtig und ein Footballfanatiker. Eine Fülle von Wortbildern aus der Welt des Sports hätte ihn gepackt und ihm sein unvernünftiges Verhalten vor Augen geführt. Kein Wunder, daß ihre Worte an seinem Herzen vorbeigingen. Mit einem zu Boden gefallenen Brotkrümel konnte er nichts anfangen.

Ein weiterer Fehler war, daß sie sich nicht die geringste Zeit nahm, ihr Wortbild zu üben. Zugegeben, manchmal ist es genauso schwer, Worte zurückzuhalten, wie einen Mittelfeldstürmer in vollem Lauf zu stoppen. Trotzdem brauchte sie eine gewisse Übung, um ihr Wortbild in die geeignete Form zu bringen, und eine Freundin, um sie zu ermutigen und mit ihr zu proben. Natürlich hätte das mehr Mühe erfordert, doch dieser Aufwand wäre sinnvoller gewesen, als Gefahr zu laufen, daß ihr die Worte ins Gesicht zurückgeschleudert wurden. Damit, daß sie es unterließ, zu üben und eine wirksame Spielstrategie zu planen, verlor sie ihre Angriffswaffe und wurde aus dem Spiel geworfen, bevor sie überhaupt Punkte sammeln konnte.

Die Wahl des richtigen Zeitpunktes und Ortes zur Übermittlung eines Wortbildes ist der Schlüssel zum wirkungsvollen Einsatz.

Bei all den aus der Sportwelt entlehnten Vorstellungen, die wir gebrauchten, lag es für die Frau eigentlich auf der Hand, ein mit Sport in Zusammenhang stehendes Wortbild zu wählen. Auch wenn sie vielleicht keine Ahnung von Football hatte, konnte sie sich an einen Trainer wenden und sich soweit über das Spiel informieren lassen, um ihrem Mann auf dem ihm vertrauten Terrain gegenüberzutreten. Aber es gehört noch mehr zu wirkungsvoller Kommunikation als die Wahl des richtigen Interessengebietes und dessen Umsetzung. Nicht weniger wichtig ist die Wahl des richtigen Zeitpunktes und Ortes für die Übermittlung eines Wortbildes.

Auch hier kann uns wieder Kimberley als Beispiel dienen. Für sie gab es nie einen passenden Zeitpunkt zum Gespräch mit ihrem Vater. Bei seinen spärlichen Besuchen schlug er die Tür zu ernsthaftem Gespräch von vornherein zu und hängte jeden Abend das Telefon aus. So übermittelte sie ihre Botschaft per Post. Kimberley wußte, daß er sich stets Zeit nahm, in der er nicht gestört wurde, um seine Briefe durchzusehen. Durch die Wahl des richtigen Augenblicks und Rahmens für die Präsentation ihres Wortbildes führte ihr Plan zum Erfolg — genauso wie im Falle von Nathan, der abwartete, bis der geeignete Zeitpunkt gekommen war, um König David entgegenzutreten.[3]

Wenn Ihre Geschichte ein Höchstmaß an Wirkung erreichen soll, müssen Zeitpunkt und Ort gründlich überlegt werden. Der Erfolg eines kunstvoll erdachten Wortbildes stellt sich nicht ein, wenn wir unsere Gedanken so dahersprudeln, wie sie uns in den Sinn kommen. Er stellt sich nur ein, wenn wir vor unserem Mund unseren Geist betätigen.

6. Versuchen Sie es immer von neuem

Sowohl bei Kimberley wie bei Nathan bewirkte gleich das erste von ihnen benutzte Wortbild den gewünschten Erfolg. In manchen Fällen braucht es vielleicht mehr als ein Wortbild, bis der andere unsere Gedanken und Gefühle wirklich vernimmt. Je besser wir die Stufen zwei und drei (Erforschung der Interessen des anderen und Wahl einer der vier Quellen) beherrschen, desto eher wird das erste Wortbild seine Wirkung tun. Wenn sich der Erfolg jedoch nicht sofort einstellt, dann geraten Sie nicht in Panik. Unternehmen Sie einen neuen Versuch!

In einem unserer anderen Bücher berichteten wir die Geschichte einer Frau, die das Haus, in dem sie lebte, nicht ertragen konnte.[4] Obwohl sie und ihr Mann sich ohne weiteres ein hübscheres Heim hätten leisten können, vermochte sie ihren Mann trotz jahrelanger Bemühungen nicht zu einem Umzug zu überreden.

Sooft sie darüber sprach, erklärte er ihre Gefühle einfach weg und beharrte auf seinem eigenen Standpunkt für ein weiteres Verbleiben im alten Haus. Selbst ein von ihr ins Spiel gebrachtes Wortbild stieß auf taube Ohren. Doch sie gab nicht auf, begab sich erneut ans Reißbrett und entwarf ein neues Wortbild aus seiner Interessensphäre, dann noch ein drittes.

Wir erwähnten in unserem Buch nicht, daß es vier Versuche brauchte, bis sie endlich seine Aufmerksamkeit wecken konnte. Vielleicht schlugen die früheren Versuche fehl, weil er sie nicht verstand, vielleicht war auch der Zeitpunkt ungenügend. Was auch die Gründe gewesen sein mochten, ihre vierte Geschichte von einem Fisch in einem rostigen Faß packte ihn endlich.

Ihre Erzählung erregte ihn in einem Maße, daß er unvermittelt aufstand, einen Freund anrief, der Makler war, und das Haus zum Verkauf stellte. Dann zog er sein Scheckbuch heraus. „Reicht das für den Bau eines Hauses, wie du es haben möchtest?" fragte er und überreichte ihr einen Scheck — der die Kosten bestreiten und noch Spielraum für eine finanzielle Reserve bieten würde — über 150.000 Dollar.

Die Ausdauer der Frau mit ihren Wortbildern verhalf ihr zu einem neuen Heim. Natürlich behaupten wir nicht, daß eine ähnliche Ausdauer Ihnen ein netteres Haus einbringen wird, aber wir können Ihnen versichern, daß Sie zu einem Erfolg kommen, wenn Sie nicht aufgeben. Wir haben auf anderen Gebieten gesehen, wie Ausdauer sich bezahlt machte: Bei einer Frau, die eine Stellung in einer Firma bekam, in der sie zuvor zweimal abgewiesen worden war; bei einer anderen Frau, die nach wiederholtem Bitten fünf zusätzliche Urlaubstage genehmigt erhielt; bei Eltern, die ihren halbwüchsigen Sohn überreden konnten, sich mehr mit seinem jüngeren Bruder zu beschäftigen, und bei einem Lehrer, der einer schüchternen Volksschülerin dazu verhalf, allmählich Kontakt zu ihren Klassenkameradinnen zu finden.

Unsere Gesellschaft lebt aus dem Augenblick heraus. Wir erwarten, daß alle Nahrungsmittel mikrowellengeeignet sind und alle Sendungen zur Haupteinschaltzeit innerhalb von fünfundzwanzig Minuten zu einem Happyend führen. Aber im wirklichen Leben geht es anders zu. Es gibt Zeiten, in denen Sie einen anderen nicht auf den ersten Anhieb zum Verständnis dessen bringen können, was Sie ausdrücken, oder wo Sie sich immer noch in den Haaren liegen, obwohl Sie sich solche Mühe mit der Gestaltung des richtigen Wortbildes gegeben haben. Geben Sie jedoch nicht auf! In der wirklichen Welt besteht der Schlüssel zur Kommunikation in liebevoller Ausdauer.

Gewiß, es ist enttäuschend, wenn sich nicht auf ein von uns gebrauchtes Wortbild hin umgehend Ergebnisse einstellen. Aber manche Menschen können wohl hundertmal von den kräftigsten Wortbildern getroffen werden und spüren nicht den geringsten Schlag. Wir haben dieser kleinen Gruppe von Leuten, die von Wortbildern völlig unberührt scheinen, ein späteres Kapitel gewidmet.[5] Stempeln Sie aber nun bitte nicht voreilig Ihren „resistenten" Gesprächspartner als Angehörigen dieser Gruppe ab, bevor Sie der Beharrlichkeit jede nur mögliche Chance eingeräumt haben, doch noch zum Erfolg zu führen.

Wir müssen betonen, daß wir im Laufe der Jahre ganz wenigen Menschen begegnet sind, die seelisch, geistig und geistlich so verhärtet sind, daß sich durch Wortbilder kein Zugang zu ihnen finden läßt. Wir haben gesehen, wie „unmögliche Fälle" — in denen ein Ehemann oder eine Ehefrau darauf beharrten, ihre Frau oder ihr Mann sei jenseits aller Hoffnung — sich durch die Sprache der Liebe dramatisch wandelten.

Lassen Sie also den Mut nicht sinken, wenn Sie gelegentlich mit einem „Was für ein dämliches Gefühl!" konfrontiert werden. In beinahe jedem Fall wird Ihre liebevolle Geduld Sie in die Lage versetzen, zu neuen Höhen der Kommunikation mit Ihrem Freund, Geschäftspartner oder Angehörigen zu finden. Wenn Sie erst einmal soweit sind, dann setzen Sie den siebten und letzten Schritt in die Praxis um.

7. Holen Sie das Äußerste aus Ihrem Wortbild heraus!

Was wollen wir damit zum Ausdruck bringen? Stellen Sie es sich folgendermaßen vor: Wenn Sie mit Ihrem Wortbild erst einmal ein Licht im Hause angezündet haben, dann drehen Sie alle anderen Schalter voll auf! Wir arbeiteten beispielsweise einmal mit einer Frau, die in höchstem Maße frustriert über ihr persönliches Leben war. Nach jahrelanger Tätigkeit in einer Karriere, die sie besonders liebte, heiratete sie und bekam verhältnismäßig spät noch Kinder. Sie führte eine ausgezeichnete Ehe und liebte ihre Zwillingstöchter innig. Doch manchmal machten ihr ihre Gefühle wegen der Aufgabe ihrer beruflichen Stellung, um bei den Kindern daheim zu sein, schwer zu schaffen.

„Ich weiß, ich sollte nicht so empfinden", meinte sie. „Aber manchmal komme ich mir vor wie ein Vogel im Käfig. Ich bin wirklich gern drinnen, und ich weiß, wie wichtig es für meine kleinen Vögelchen ist, einen sicheren Platz zum Heranwachsen zu haben. Aber hin und wieder möchte ich am liebsten den Käfig aufbrechen und davonfliegen!"

Ihr Wortbild vermittelte eine tiefe Einsicht in ihre Frustration, und wir hätten es dabei bewenden lassen können. Da wir jedoch den Verdacht hegten, es stecke noch mehr hinter ihrer Geschichte, faßten wir mit einer Reihe weiterer Fragen nach und „molken" sozusagen ihr Wortbild: „Wenn Sie aus dem Käfig fortfliegen würden, wohin würden Sie sich dann wenden?" fragten wir. „Wie lange würden Sie weg sein? Ist Ihr Mann bei Ihnen im Käfig oder sehen Sie ihn irgendwo anders frei herumfliegen?"

Bei unserer letzten Frage nach ihrem Mann war es, als hätten wir das Schleusentor zu einem seelischen Damm geöffnet, das sie in ihrem Inneren errichtet hatte. Plötzlich drängte monatelange Frustration ans Licht.

Mit einem Schwall von Worten erklärte sie, daß ihr Mann ein Einzelkind gewesen sei, dessen einzige Erfahrung mit jungen Menschen darin bestanden hatte, den Kindern anderer Leute aus der Ferne zuzuschauen. Obwohl ihm sehr daran gelegen war, eine Familie zu gründen, fühlte er sich tief drinnen als Vater unsicher. Dies führte dazu, daß es unbewußt vermied, zu Hause zu sein. Je mehr Zeit er an der Arbeit verbrachte, desto weniger vermochte er seiner Frau und seinen Zwillingstöchtern körperlichen und seelischen Beistand zu geben. Innerhalb von wenigen Monaten hatte seine mangelnde Fürsorge ihre Auswirkungen auf die Beziehungen zu seiner Familie hinterlassen.

Hätten wir ihr Wortbild nicht eingehender unter die Lupe genommen, dann hätten wir sie vielleicht mit einigen aufmunternden Worten gehen lassen wie etwa: „Danke, daß Sie so ehrlich über Ihre Gefühle gesprochen haben. Wahrscheinlich fühlt sich jede junge Mutter gelegentlich, als sei sie in einen Käfig gesperrt, vor allem, wenn ihre Zwillingstöchter gerade eben geimpft worden sind und außerdem noch zahnen!"

Doch das „Ausmelken" ihrer Geschichte half uns (und ihr selbst), die Ängste ihres Mannes besser zu verstehen und ein Problem in den Griff zu bekommen, das sich leicht hätte zu einer größeren Krise auswachsen können. Später erzählte sie uns, eine der ersten Reaktionen ihres Mannes, nachdem er ihr erweitertes Wortbild gehört hatte, sei die Frage gewesen: „Liebling, was kann ich tun, um den Käfig zu öffnen und dir dabei zu helfen, daß du hinaus kannst, um deine Flügel zu bewegen?"

Dadurch, daß Sie mehr Probleme und Gefühle an die Oberfläche fördern, werden auch Sie eine neue Tiefe in Ihren Beziehungen und zusätzliche Nutzeffekte in Ihren Gesprächen entdecken. Holen Sie also aus Ihren Wortbildern soviel heraus wie nur irgend möglich.

Hiermit haben wir alle sieben Schritte für Gestaltung und Gebrauch von Wortbildern untersucht:

1. Legen Sie eine klare Zielvorstellung fest.
2. Erforschen Sie sorgfältig die Interessen des Gesprächspartners.
3. Schöpfen Sie aus vier unversiegbaren Quellen.
4. Proben Sie Ihre Geschichte.
5. Wählen Sie einen geeigneten Zeitpunkt ohne Ablenkungen.
6. Versuchen Sie es immer von neuem.
7. Holen Sie das Äußerste aus Ihrem Wortbild heraus.

Inzwischen haben Sie wohl eine gute Vorstellung von der Anwendung dieses dynamischen Kommunikationsinstrumentes in Ihren wichtigsten Beziehungen gewonnen. Aber es genügt nicht, zu wissen, wie man ein wirkungsvolles Wortbild gestaltet. Sie müssen auch wissen, wo man sie findet. In den weiter oben erwähnten vier unversiegbaren Quellen haben Sie einen nie endenden Strom zur Verfügung. Sie bieten einen unerschöpflichen Nachschub an Wortkraft, wie ein Ehemann feststellen konnte, als er ein Wortbild aus der Quelle der Natur schöpfte und damit die stetige Nörgelei und Kritik seiner Frau beendete.

Vier unerschöpfliche
Quellen voller Wortbilder

7. Kapitel

Die Quelle der Natur

Jim wußte, daß er Hilfe brauchte für ein Problem, das seiner Ehe schweren Schaden zufügte und Probleme mit den Kindern schuf. Doch wer hätte geglaubt, daß ein Objekt aus der Quelle der Natur solch dramatische Veränderungen bewirken könnte?

Dieser Mann entwickelte eine Geschichte, durch die dem Hang seiner Frau zum Kritisieren Einhalt geboten wurde. Sein Wortbild war in der Tat von solcher Kraft, daß wir es bei der Beratung vieler anderer Ehepaare benutzten und die tiefe Auswirkung auf ihr Leben sahen.

Durch das Schöpfen aus der unversiegbaren Quelle der Natur können auch Sie all die erschaffene Welt um sich her benutzen, um die Kraft Ihrer Worte zu steigern. Tiere, Wetter, Berge, Wasser und Hunderte anderer Naturelemente können die Eintrittskarte zum Herzen eines anderen Menschen liefern, genauso wie es bei Jim der Fall war.

Die Woge der Kritik umkehren

Als Lehrer an einer Highschool und Football-Trainer sah Jim seine Familie selten am hellichten Tage. Das hatte seine Vorteile. Er ging bei Tagesanbruch und kehrte nach Einbruch der Dunkelheit heim, und so verschwanden die abblätternde Farbe und das hochschießende Unkraut auf angenehme Weise aus seinem Blickfeld.

Obwohl Jims jährliches Opfer für den Ruhm auf dem Footballplatz dazu führte, daß das Haus etwas litt, bemühte er sich darum, daß dies bei seiner Familie nicht der Fall war. Wenn irgend möglich, nahm er sich jeden Abend ein bißchen Zeit, um mit den Kindern zu spielen und zu reden. Doch nur höchst selten blieb ihm Zeit für seine Frau Susan übrig.

Durch das Schöpfen aus der unversiegbaren Quelle der Natur
können auch Sie sich die Welt ringsum nutzen,
um die Kraft Ihrer Worte zu steigern.

Wenn die Kinder im Bett waren, verkroch er sich allein in seinem Zimmerchen und verbrachte lange Stunden mit dem eingehenden Betrachten von Filmen über die Spielgegner der nächsten Woche. Der Morgen kam immer zu früh. Die Zeit zwischen dem Einstellen des Weckers und dem Klingeln, das ihn in der Frühe hochjagte, schien ihm praktisch nach Nanosekunden zu messen.

Es dauerte nicht lange, da begann Susan darunter zu leiden, daß ihr Mann so wenig Zeit für sie fand. Von Natur aus wich sie nie mehr als drei Punkte von ihrem Tagesplan ab. (Ein Blick darauf, und jede große Buchprüfungsgesellschaft hätte sie auf der Stelle engagiert). Jeder Handgriff war bei ihr auf die Stunde genau festgelegt, und sie begriff nicht, warum Jim es nicht genauso halten konnte. Die Schwankungen seines Zeitplanes erschütterten ihr sorgfältig geordnetes Leben — vor allem, wenn der Herbst kam und die Football-Saison auf dem Kalender stand.

Jedes Jahr, wenn er als Trainer im Einsatz war, stieg ihre Frustration höher als die Begeisterung auf den billigen Rängen im Footballstadion. Je stärker sein Zeitplan Schwankungen unterworfen war, desto mehr neigte sie zur Kritik. Wie ein ungebetener Gast, der nicht weiß, wann es Zeit ist zum Heimgehen, fand sie kein Ende für ihre Mißbilligung.

Jim versuchte alles, um ihre ablehnende Haltung gegenüber den Anforderungen seiner Tätigkeit abzubauen, doch weder ausführliche Darlegungen, Logik, gelegentlich auch lautes Schreien halfen etwas. Schließlich war er Footballtrainer und hatte selbst an einer größeren Universität Football gespielt. Lautstärke fiel ihm nicht schwer, doch erkannte er auch, daß seine vom linken Gehirn diktierten Lektionen und knallharten Erklärungen kläglich versagten und ihr Verhalten in keiner Weise veränderten. In seiner Verzweiflung nahm er endlich seine Zuflucht zum Mittel des Wortbildes, von dem er auf einer Konferenz für Erzieher durch uns gehört hatte.

Am folgenden Abend kehrte Jim vom Training heim. In dem Augenblick, als er das Haus betrat, fiel sein Blick auf den vier Monate alten Golden Retriever. Seine Frau hing sehr an dem wunderschönen Tier. Kaum war Cracker mit wedelndem Schwanz zur Begrüßung an ihm hochgesprungen, da wußte er, daß er einen Schlüssel zu den Empfindungen seiner Frau gefunden hatte.

Zum erstenmal spürte er, daß er ihr etwas „Neues" zu sagen hatte, anstatt immer nur die gleichen abgestandenen Gedanken in unterschiedlichen Lautstärken zu wiederholen.

Bis dahin war er dem Drehbuch für die Gestaltung eines wirksamen Wortbildes Schritt für Schritt gefolgt.[1] Mit aller Sorgfalt hatte er ein klares Ziel für seine Kommunikation gewählt und etwas ausgesucht, woran ihr Herz hing. Er hielt sich auch weiter daran, denn er wartete ab, um am nächsten Tag nach der Schule sein Wortbild, das er der Quelle der Natur entnommen hatte, mit einem engen Freund zu üben. Mit seinem neuen Kommunikationsinstrument ausgerüstet, bereitete er sich darauf vor, Susan seine Geschichte vorzutragen.

Die Kinder waren zu Bett gegangen, und Jim hatte die letzten Abendnachrichten abgeschaltet. Er wußte, daß die Wahl eines Zeitpunkts ohne Eile und Hektik eine wichtige Voraussetzung für die Vermittlung seines Wortbildes war, damit seine Botschaft verstanden wurde. Bei drei Söhnen im Haus würde er keinen ruhigeren Augenblick finden. Wie zu erwarten hatte sich Cracker neben Susans Füßen hingekuschelt, ihrem Lieblingsplatz.

„Liebling", begann er, „ich möchte gerne mit dir reden."

„Es ist schon spät", entgegnete sie kühl. „Ich weiß nicht, ob's mir jetzt noch nach Unterhaltung zumute ist."

„Es dauert nicht lang. Ich will dir nur eine Geschichte darüber erzählen, was ich in letzter Zeit empfunden habe."

Jim machte höchst selten das Angebot, über etwas zu sprechen, was auch nur im entferntesten mit Gefühlen zu tun hatte. Susan nickte daher und lehnte sich zurück.

„Weißt du, Liebling, ich habe mich . . . nun ja, ungefähr so gefühlt wie Cracker, als sie bei deinem Großvater auf der Farm lebte, bevor wir sie bekamen. Mir liegt das Jagen im Blut, und ich möchte so gerne laufen, forschen und umherstreifen!" fuhr er fort. „Doch ich bin im Hinterhof eingesperrt, und die meiste Zeit bin ich an einem Baum angekettet und laufe im Kreis herum.

Eines Tages nun hat man vergessen, mich anzubinden, und die Neugierde überwältigt mich. Also grabe ich unter dem Zaun hindurch ein Loch und schlüpfe hinaus. Wie aus der Pistole geschossen jage ich davon und in den Wald. Das Problem ist jedoch, daß ich vor lauter Aufregung, weil ich frei laufen kann, gar nicht merke, daß ich mich immer weiter und weiter vom Haus entferne.

Auf einmal schaue ich mich um und kriege furchtbare Angst. Ohne es zu merken, bin ich so tief in den Wald geraten, daß ich verloren bin – beinahe verloren. Ich suche wie verrückt nach einem Weg, der mich heimbringt. Doch jeder Pfad endet im Nichts oder führt noch weiter von dort weg, wo ich sein möchte. Ich verbringe den ganzen Tag mit der Suche nach einem Rückweg zu Grandpa, aber statt dessen habe ich nichts als Scherereien.

Am Morgen werde ich von einem Rudel Kojoten gejagt; am Nachmittag gerate ich um ein Haar unter einen Holzlaster, und gegen Abend falle ich in einen schmutzigen Bach — das einzige Wasser, das ich finden kann, um zu trinken. Als der Tag zu Ende geht, sind meine Pfoten wund und bluten, und ich bin naß, erschöpft und völlig verängstigt."

Er warf einen raschen Blick auf Susan und bemerkte, daß ihre Aufmerksamkeit von seiner Geschichte gefesselt war.

„Spät am Abend treffe ich humpelnd auf einen weiteren Pfad. Nachdem ich durch den dunkelsten Wald geirrt war, den ich je gesehen hatte, bemerke ich plötzlich einige vertraute Stellen. Und tatsächlich erkenne ich einen Weg, der mich direkt zu Grandpas Haus zurückbringen wird. Müde und wund, wie ich bin, fange ich an, den Weg hinabzulaufen, schneller und immer schneller. Mein Herz pocht heftig, als ich endlich die Zufahrt sehe. Ich kämpfe mich die letzten paar Meter bis zum Zaun vor.

Ich habe keinen anderen Wunsch, als Grandpa zu sehen und mich wieder warm und geborgen zu fühlen. Ich suche das Loch, das ich am Morgen gegraben habe, und zwänge mich durch. Mit letzter Kraft krieche ich zur hinteren Tür und kratze am Gitter. Müde wie ich bin, jaule und belle ich, damit jemand die Tür aufmacht. Ich kann es kaum erwarten, daß jemand mich hält, trocken reibt und mir zu essen gibt.

In diesem Augenblick geht die Lampe über der hinteren Tür an. Ich bin so aufgeregt und denke: ,Endlich bin ich bei meiner Familie. Endlich wird mich jemand trösten, anstatt mich zu jagen. Ich kriege frisches Wasser, was zu essen und ...'

Doch nichts dergleichen geschah", sprach Jim und hielt einen Augenblick inne, um seine Worte eindringen zu lassen. „Die Fliegentür wird aufgerissen, und ich werde die Treppe hinuntergestoßen. Noch ehe ich mich aufrappeln kann, trifft mich ein langer Stock in die Seite. Ich bin schon ganz wund und matt vom Umherirren den ganzen Tag, doch nun empfinde ich noch mehr Schmerz und Verwirrung, als ich durch den Hof gejagt und von immer neuen Hieben getroffen werde. Und die ganze Zeit hindurch höre ich eine zornige Stimme kreischen: ,Wenn du nochmal wegläufst, dann ist das gar nichts gegen das, was dir dann blüht!' Doch ich vermochte nichts anderes zu denken als: ,Nun hab' ich mich so furchtbar angestrengt, um heimzukommen, und dafür werde ich jetzt noch geprügelt!'

Endlich erwischt er mich, legt mich an eine lange Kette, die an einem eisernen Pfosten befestigt ist, und läßt mich da in Kälte und Tau bis zum Morgen, ohne etwas zu essen und zu trinken. Gewiß ist das gedacht, um mir eine Lektion zu erteilen. Aber es zerreißt mir das Herz, und ich denke mir, daß das Weglaufen doch nicht das Schlechteste war."

Wieder legte Jim eine Pause ein. Das Zimmer war still wie eine leere Kirche. „Susan, wahrscheinlich merkst du's nicht, aber das empfinde ich an den meisten Abenden beim Nachhausekommen. Siehst du, mir machen die Trainingsarbeit und mein Lehrberuf wirklich Freude, aber wenn der Tag zu Ende ist, bin ich völlig ausgepumpt. Entweder ist es etwas, was einer meiner Schüler getan oder ein anderer Lehrer gesagt hat, oder die Mannschaft hat schlecht trainiert oder ein Spiel verloren.

Es ist alles andere als leicht, diese ganzen Stunden hindurch zu arbeiten und so wenig Rücklauf zu haben. Den Tag hindurch denke ich immer, ich kann's kaum erwarten, bis ich in meinen eigenen Hof heimkomme — zurück zu den Kindern, zu dir, zurück zu all denen, von denen ich so gerne möchte, daß sie mich in den Arm nehmen, mir sagen, daß sie mich liebhaben und daß alles seine Ordnung hat. Ich brauche einfach deine Bestätigung, daß du mich liebst und stolz auf mich bist — auch wenn ich kein perfekter Ehemann und Vater bin.

Aber weißt du, Susan, an den meisten Abenden, wenn ich zur Tür komme, werde ich nicht in den Arm genommen, sondern Sarkasmus und Kritik werden mir um die Ohren gehauen wie ,Du hast für alles Zeit, was du tun willst, warum hast du nicht auch mal Zeit, um etwas zu richten, was ich gerichtet haben möchte?' oder ,Ich hab' dich gebeten, Weizenbrot mitzubringen und nicht Weißbrot. Warum kannst du nie behalten, was ich dir sage?' oder ,Wenn du Zeit hast, die Kinder anderer Leute zu trainieren, warum verbringst du dann nicht mehr Zeit mit deinen eigenen?' und so weiter und so fort.

Deine Worte sind wie Peitschenhiebe, die mir über und über Schmerzen bereiten. Wenn ich versuche zu antworten oder ein besseres Verhältnis herzustellen, dann schlägst du mich mit deiner herben Kritik im Schlafzimmer, jagst mich in die Küche und verfolgst mich nach draußen. Und wenn ich den Arm hebe, um einen Schlag abzuwehren, schlägst du mich auf Hände und Ellbogen.

Susan, ich bin so über und über bedeckt mit Striemen von deinen Worten, daß ich einfach lieber mehr Zeit in den Wäldern der Schule verbringen möchte. Dort ist's zwar einsam, und ich muß auch ein paar Kojoten und Holzlaster ertragen, aber wenigstens habe ich dort Ruhe vor deiner Kritik an mir.

Liebling, ich weiß, daß du legitime Gründe hast, dich über meinen Zeitplan während der Spielsaison aufzuregen. Ich mag auch nicht gerne soviel arbeiten. Aber dieses Problem wirkt sich langsam auf unsere Beziehungen aus. Ich erkenne, daß es jeden Tag einen negativen Impuls hat, und die Kinder merken es ebenso.

Ich weiß nicht, wie ich es dir anders sagen soll, aber wo es um unsere Ehe geht, fühle ich mich ein bißchen wie die kleine Cracker, die nach einem Tag, an dem sie in den Wäldern umherirrte, nach ihrer Heimkehr alles andere als ein ‚geliebtes Heim' vorfindet."

Jim war selbst überrascht, welches Maß an Emotionen beim Erzählen seiner Geschichte zum Vorschein kam, aber weit mehr erschreckte ihn die Reaktion seiner Frau. Susan war so aufgewühlt, daß sie in Tränen ausbrach und sich eine halbe Stunde lang nicht mehr beruhigen konnte.

Später erzählte uns Susan: „Jahrelang war mir bewußt, daß ich Jim gegenüber viel zu kritisch war und eine Menge verletzender Dinge sagte. Doch erst, als er mir die Geschichte erzählte, ging mir auf, wie sehr ihn meine Worte trafen. Er fühlte sich sogar ganz elend, weil er sie vorgetragen hatte, und danach nahm er mich in die Arme und sagte mir, er bedaure es, sie überhaupt aufgebracht zu haben. Doch ich war von seinem Wortbild so tief berührt, daß ich nur noch weinen konnte.

Ich bin mir nicht völlig sicher, warum ich seine Geschichte so intensiv fühlte, aber sie hat mich völlig verändert", fuhr sie fort. „An jenem Abend kam ich zu der Einsicht, daß meine Haltung Jim gegenüber verkehrt war. Ich hatte mir zwar immer wieder Gedanken darüber gemacht, daß ich ihn viel zu oft und viel zu hart mit meinen Worten traf. Ich ärgerte mich darüber, daß ich ihn nicht öfter sah. Doch meine ganzen Klagen trieben ihn nur immer weiter von mir fort, anstatt ihn mir näherzubringen.

Es fällt mir zwar immer noch schwer, während der Football-Saison so häufig zurückzustehen, und jeden Herbst müssen wir diese Enttäuschungen stets von neuem durchsprechen", sagte sie. „Aber an jenem Abend habe ich eine wichtige Entscheidung getroffen. Wann immer Jim heimkommt, ganz gleich wie spät es ist oder wie sehr ich frustriert bin, er wird nie mehr mit einem Knüppel empfangen."

Cracker wußte nichts von ihrer Rolle als „bester Freund des Menschen", die sie einfach dadurch erfüllte, daß sie sich zu Susans Füßen hinkuschelte, doch Jim war sich darüber wohl klar. Mit der Verwendung des Hündchens als Grundlage für sein Wortbild wählte er nur eins unter Tausenden von Bildern aus der Quelle der Natur.

Wie Jim können auch Sie aus dieser Quelle schöpfen, wenn es den Interessen eines anderen am besten entgegenkommt. Wir wollen uns drei weitere Leute betrachten, die die Quelle der Natur anzapften, um ihre Beziehungen zum Besseren zu wenden. Diese Beispiele mögen Ihnen einen knappen Ausschnitt vermitteln, wie diese drei die Sprache der Liebe benutzten, um einem unvernünftigen Gast gegenüberzutreten, verlorene Liebe von neuem zu entfachen und einen besonderen Freund zu ehren.

Auseinandersetzung mit einem unvernünftigen Gast

„Jayne, wir stammen doch beide aus Minnesota, stimmt's? Erinnerst du dich, wie es ist, endlos auf den Frühling zu warten?" sagte Beth zu ihrem Hausgast. Jayne hielt sich vorübergehend bei ihr auf, bis der Möbelspediteur ihr neues Haus eingerichtet hatte. „Erinnerst du dich noch, wie müde du warst vom Schneeschippen in deiner Einfahrt und dabei wußtest, daß die Leute in Florida sich in der Sonne aalten? Weißt du noch, wie aufgeregt du warst bei dem Anblick der kahlen Bäume, die nach einem langen Winterschlaf wieder Knospen trieben?

Jayne, wahrscheinlich merkst du's nicht, aber kurz nach deiner Ankunft hier in unserem Haus hörte ich dich etwas sagen, was mich wirklich verletzt hat. Ich fühlte mich, als ob ich wieder da hinten in Minnesota leben und hören würde, daß der Winter noch sechs Monate auf sich warten läßt — daß ich nochmals ein halbes Jahr mit Schnee, Eis und beißendem Wind aushalten müßte.

Ich will dir sagen, welche Äußerung von dir mich so getroffen hat . . . "

Sehnsucht nach verlorengegangener Vertraulichkeit

„Brian, können wir ein paar Minuten miteinander sprechen, bevor wir zum Joggen aufbrechen?" sagte Claudia. Sie saß auf dem Bettrand, während ihr Mann sich die Schuhe band. „Du mußt wissen, daß ich das Gefühl habe, als ob wir auf unserem Lieblingsparcours nebeneinander laufen — du weißt ja, dem Zedernweg, der sich durch den ganzen Park zwischen den hübschen Häusern hindurchwindet.

Wir beide haben großen Spaß an unserem Dauerlauf auf diesem Pfad. Wir können uns während des Joggens unterhalten, es streifen keine großen Hunde herum, und der Lauf bekommt uns beiden hervorragend.

Doch in letzter Zeit habe ich jedesmal, wenn wir zu joggen beginnen, das Gefühl, als ob wir auf ein großes Umleitungsschild stoßen, das uns zwingt, eine andere Route einzuschlagen als unsere Lieblingsstrecke. Statt an den hübschen Häusern entlangzulaufen, trotten wir mitten im Verkehr auf stark befahrenen Straßen. Und anstatt den Park hinauf und hinab zu laufen, mühen wir uns kiesbestreute Abhänge hinauf.

Brian, ich laufe so gerne mit dir. Aber nun ist mir, als ob der Weg, auf dem wir laufen, mit groben Steinen bedeckt sei. Es ist nur eine Frage der Zeit, bis einer von uns stolpert oder stürzt oder gar noch Schlimmeres.

Ich muß dir sagen, warum ich glaube, daß dieses Umleitungsschild hochging und warum wir auf eine so steinige Straße zusteuern ...“

Ehrung eines besonderen Freundes

„Hallo, Don, hast du eine Minute Zeit?“ sagte Bob und beschleunigte seine Schritte, um seinen Kollegen einzuholen. „Ich möchte mich nur wegen letzter Woche bedanken. Ich weiß, daß du das für keine große Sache hältst, aber ich will dir anhand einer Geschichte darstellen, wie sehr ich deine Hilfe zu schätzen weiß.

Wir sind beide Golfspieler, nicht wahr? Wenigstens nennen wir uns so! Nun, als mir der Chef vor ungefähr drei Monaten die neue Aufgabe übertrug, fühlte ich mich, als sei mir der Platz anvertraut worden, auf dem das Masters' Golf Tournament stattfinden sollte. Es war eine unglaubliche Chance, und ich war von dieser Ehre ganz aufgewühlt. Aber du weißt so gut wie ich, daß ich nie in meinem Leben jemals für einen Golfplatz verantwortlich war.

Nun, Don, ich merke, daß du dir die Zeit, die du eigentlich gar nicht hast, nahmst, um mir beizubringen, wie ich den Golfplatz versorgen muß. Du hast mir gezeigt, wie hoch das Gras auf der Spielfläche geschnitten werden muß und wie man am besten die Sträucher stutzt. Du hast mir beigebracht, wo ich die Rasensprenger aufstelle und wieviel Wasser ich benutzen muß.

Ich habe meine Zeit schon voll eingesetzt, aber du hast mir gesagt, wo ich diese Stunden aufwenden mußte. Und als das Turnier vorbei war und die ganzen Profis umherspazierten und sich von dem Platz ganz hingerissen zeigten, da hatte ich keinen anderen Wunsch, als dich anzurufen und dir zu danken.“

Diese Beispiele vermitteln nur einen winzigen Ausschnitt der Möglichkeiten, die sich Ihnen für ein Wortbild aus der Quelle der Natur bieten und einem anderen direkt zu Herzen gehen. Wie in den drei geschilderten Wortbildern haben wir viele Menschen erlebt, die aus dieser Quelle schöpften, um im Leben eines anderen Menschen eine bedeutsame Veränderung herbeizuführen.

Wir kennen eine alleinerziehende Mutter, der es gelang, die Haltung ihres halbwüchsigen Sohnes zu wandeln, indem sie zu ihm über einen Baum in einem Hinterhof sprach; einen Vater, der bei der Probe für die Hochzeit seiner Tochter alle zu Tränen rührte mit seiner Geschichte von einem wunderschönen Schmetterling, und einen Sohn, der seinen Eltern erläuterte, was er hinsichtlich seines Weggangs ans College empfand, und dafür das Bild eines kleinen Bächleins gebrauchte, das sich im Laufe der Jahre zu einem kräftigen Fluß entwickelt hatte.

Die Quelle der Natur ist ein kraftvoller Brunnen für lebensverändernde Wortbilder, doch es gibt noch drei andere Quellen, deren Sie sich bedienen können. Wir glauben sogar, daß einer der erregendsten Aspekte dieses Buches das überwältigende Potential für bedeutsame Kommunikation ist, das sich uns in diesen vier Quellen bietet.

Im nächsten Kapitel wollen wir uns ansehen, wie Susan mit ihrem dringenden Wunsch, mehr Zeit mit ihrem Mann zu haben, Zuflucht bei der Quelle der alltäglichen Objekte nahm. Ihr Wortbild floß über, obwohl das niemals ihre Absicht gewesen war, und veränderte unser Leben gleichermaßen.

8. Kapitel

Die Quelle
der alltäglichen Objekte

Im vorangegangenen Kapitel erlebten wir, wie Jims Wortbild aus der Quelle der Natur die ständige Kritik seiner Frau auf dramatische Weise zum Versiegen brachte. Nun wird es Zeit für den Rest der Geschichte.

Am Tage nach seinem Gespräch mit Susan konnte Jim es kaum erwarten, unser Büro anzurufen und stolzgeschwellt von den Veränderungen in seiner Ehe zu berichten. Wochenlang vernahmen wir danach seine glühenden Ausführungen darüber, wie Susan sich die größte Mühe gab, alle Schärfe aus ihren Worten und ihrer Stimme zu verbannen.

Gerade als wir darangingen, sie in der Gemeinde für die Hervorhebung als „Dramatischste Wendung" zu empfehlen, tauchte Jim unerwartet in unserem Büro auf, während John sich auf einer Konferenz befand. Jims Augen und Gesten verrieten deutlich, daß ihn etwas umtrieb. Ich bot ihm eine Tasse Kaffee an, die er höflich aber bestimmt ablehnte.

„Gary, ich möchte gerne ein paar Minuten mit Ihnen reden, falls Sie Zeit haben", sagte er.

Kaum hatte ich ihn ins Sprechzimmer gebeten, da überfiel er mich geradezu mit Worten.

„Vielen Dank", sagte er. „Sie wissen ja, daß Ihre Wortbildmethode uns wirklich geholfen hat. Zum erstenmal seit Jahren habe ich das Gefühl, daß Susan mich versteht. Sie hat sich im vergangenen Monat in mancherlei Hinsicht dramatisch gebessert. Sie sagt mir sogar Dinge, die ihr an mir gefallen, anstatt mich zu kritisieren."

Jim hielt inne, als erwarte er, daß ich etwas dazu bemerke.„Nun, das hört sich doch nicht schlecht an!" erwiderte ich in der Hoffnung, das sei der ganze Grund für sein Kommen, doch ich wußte, daß das nicht der Fall war.

„Ja, schon, aber das ist nur ein Teil der Geschichte", fuhr er fort. „Vor einer Woche fragte mich Susan, ob sie mir nicht ein Wortbild erzählen dürfe. Was sie dann sagte, traf mich so schlimm, daß es mir Tränen in die Augen trieb, und ich bin immer noch nicht darüber hinweg.

Ich weiß nicht, wie ich das Problem so viele Jahre hindurch übersehen konnte. Aber nun begreife ich, was ihrer Frustration über mich zugrundeliegt. Es gibt einen vollständigen Sinn! Nun erkenne ich, warum sie so sehr auf mich losgefahren ist.

Ich werd's Ihnen sagen", führte Jim seinen Bericht weiter und schüttelte den Kopf. Eine Woche lang wälze ich nun die Dinge in meinen Gedanken herum. Dieses Wortbild läßt mich Tag und Nacht nicht in Ruhe und macht mich seelisch völlig fertig, so oft ich nur daran denke."

Er richtete sich auf und blickte mich blinzend an. „Ich dachte, Sie sind mein Freund, Smalley. Vielen Dank!"

Susan hatte sich auf eine von Jims Interessen konzentriert, den besten Zeitpunkt für ein Gespräch gewählt und damit den Spieß umgedreht. Die Gejagte wurde zur Jägerin, und sie hatte einen blinden Fleck in Jims Leben ausgemacht.

Jim fuhr fort und erzählte das Wortbild, das seine Frau ihm vorgelegt und das sie aus der Quelle der alltäglichen Objekte entnommen hatte.

Während ich der Geschichte zuhörte, gingen mir plötzlich die Augen auf über ein übersehenes Problem in meiner eigenen Ehe. Wie Jim versuchte auch ich nicht bewußt, daheim Probleme zu schaffen. Doch beständig brachte ich Norma und mich um eine reichere, erfülltere Beziehung. Ich erkannte es nur nicht — bis ich ein Wortbild vernahm, das für jemand ganz anderen bestimmt war.

Viele Jahre und Hunderte von Beratungssitzungen vergingen seit dem Tag, als Jim in mein Sprechzimmer kam, doch ich erinnere mich immer noch an das, was an jenem Nachmittag gesprochen wurde, und das aus gutem Grund. Susans Wortbild hat immer noch die gleiche korrigierende Wirkung auf meine Ehe wie damals, als ich es zum erstenmal zu hören bekam.

Die Inszenierung

Es war am späten Sonntagnachmittag. Jim hielt sich in seiner Werkstatt neben der Garage auf. Außer dem Anschauen von Sportereignissen hatte er noch zwei Hobbies, doch für beide fand er nicht viel Zeit. Das eine war das Speisen in einem schicken Restaurant, das sie sich gelegentlich abends leisteten, wenn sie sich keine Sorgen um die Abrechnung der Kreditkarte machen mußten. Sein anderes Steckenpferd lag in Einzelteilen vor ihm.

Wie die meisten Jungen hatte auch Jim das Modellbaustadium durchlaufen, nur hatte er es nie hinter sich gelassen. Vor ihm ausgebreitet lag sein bislang ehrgeizigstes Projekt: Ein Holzmodell eines Klippers aus der Mitte des 19. Jahrhunderts, vollständig mit geschlitzten Planken, Drei-Fuß-Masten, von Hand befestigter Takelage und voller Besegelung, die noch zugeschnitten werden mußte.

Bei all dem Streß von Unterricht und Training fand Jim das Ausgehen zum Essen und das Modellbasteln als ausgezeichnete Methoden zum Abschalten und Entspannen. Susan, die wußte, daß er an einem Tisch im Restaurant oder an seiner Werkbank am ehesten für ein Gespräch aufgeschlossen war, suchte ihn in der Werkstatt auf.

„Wie kommst du mit dem da voran?" fragte sie und hoffte insgeheim, daß es nicht wie so manches andere seinen Weg ins Schlafzimmer finden werde.

„Ganz prima!" erwiderte er. „Das wird ganz perfekt ins Schlafzimmer passen! Ich hab' eben den Platz dafür ausgesucht."

In weiser Voraussicht entschied sie, daß eine Diskussion über den endgültigen Platz, wo der Klipper vor Anker gehen sollte, bis zu einem späteren Zeitpunkt — und einem anderen Wortbild — warten konnte.

„Liebling", sagte sie, „ich möchte nochmals bekräftigen, wie ich die Geschichte zu schätzen weiß, die du mir vor einiger Zeit erzählt hast. Sie hatte wirklich Hand und Fuß, und ich bemühe mich, dir mehr Mut zuzusprechen."

„Das soll wohl ein Scherz sein?" warf Jim ein und blickte von seinem Schiff hoch. „Du hast dich in den vergangenen Wochen großartig verhalten. Ich weiß, daß du dir große Mühe gibst, und das finde ich wunderbar."

Komplimente aus dem Munde ihres Gatten rangierten seit längerem auf der Liste der vom Aussterben bedrohten Arten.

Seine schmeichelnden Worte überraschten sie nicht nur tief, sie wärmten ihr Herz und ließen sie erröten. Gleichzeitig gaben sie ihr auch mehr Mut, mit dem Wortbild weiterzumachen, das sie die ganze Woche hindurch mit der Frau eines anderen Trainers eingeübt hatte.

„Danke, Liebling. Es bedeutet viel für mich, daß dir mein Bemühen nicht entgangen ist. Du weißt ja, daß ich aus einer ziemlich kritischen Familie stamme; daher geschieht es leicht, daß ich so mit dir umgehe.

Jim, als du deine Geschichte erzähltest, da verstand ich sie nicht nur, ich hatte auch das Gefühl, als ob ich sie erlebte. Solange ich denken kann, hatte ich immer den Wunsch, beim Heimkommen von meinem Vater geliebt und in den Arm genommen zu werden, doch alles, was ich empfing, war Ärger oder Vernachlässigung. Ich will nicht, daß unsere Familie auch so ist. Ich weiß, daß ich nie vollkommen sein werde, aber ich verspreche dir, daß ich mir große Mühe geben werde, das zu überlegen, was ich zu dir sage."

„Das ist phantastisch!" sagte Jim mit breitem Lächeln, beugte sich über sein Modellschiff und dachte bei sich, daß Wortbilder die tollste Sache nach Schokoladeneis seien.

„Aber Jim, kann ich mit dir über etwas reden?" fuhr Susan fort.

„Sicher, schieß nur los."

„Ich möchte dir mein eigenes Wortbild vorlegen, in dem ich zum Ausdruck bringen möchte, was ich über unsere Beziehung empfinde."

In Jims Kopf begann eine kleine Alarmglocke zu läuten. Er blickte auf den tragbaren Telefonapparat in der Hoffnung, er würde klingeln und ihm Rettung bringen. Er hielt sogar Ausschau nach den Buben, die ständig dem Haus oder sich gegenseitig etwas mehr oder weniger Destruktives antaten. Mehr als einmal war er einem ernsthaften Gespräch ausgewichen, indem er ihnen nachlief. Doch Susan hatte sich ihre Zeit gut ausgesucht.

Zögernd zuckte er die Schultern. „Sicher", meinte er, lehnte sich auf seiner Bank zurück und fiel in ein Wortbild hinein, das sein Leben verändern sollte.

Mehr als nur Überbleibsel

Susan ignorierte den „besonderen Ausdruck" auf Jims Gesicht, holte tief Luft und begann: „Liebling, du arbeitest wirklich hart, deshalb bleibst du abends immer lange auf, wälzt Papiere, schaust dir Filme von Spielen an oder machst sonst irgend etwas Wichtiges. Das bedeutet aber letzten Endes, daß du zu der Zeit, da du zu Bett gehst, völlig ausgepumpt bist.

Weil du so wenig Schlaf bekommst, findest du morgens nur schwer aus dem Bett. Eines gibt es allerdings, was dich immer unter die Dusche und aus der Tür treibt, und das ist dein Käse-Omelette und eine Tasse Kaffee."

Jim mußte unwillkürlich lächeln. Der Delikatessenladen, in dem sich die ganzen Uni-Trainer trafen, servierte ein ausgezeichnetes Frühstück.

„Ich möchte dir eine Geschichte erzählen, die ich mir über deinen Tagesverlauf ausgedacht habe", fing Susan an. „Nach ein paar Stunden Schlaf rennst du los zum Frühstück und läßt dir's mit den anderen Trainern zusammen gut gehen. Du sprichst über irgendeinen neuen Trick, den du beim nächsten Spiel anwenden willst, über die Entscheidung des neuen Inspektors der Schulbehörde hinsichtlich Überstundenbezahlung, und gewiß werdet ihr darüber sprechen, wieviel besser die Spiele waren, als ihr noch selbst gespielt habt, und ähnliches."

Bis jetzt stimmt alles, mußte Jim im stillen zugeben.

„Ich weiß nicht genau, was du dir bestellst, aber ich wette was, daß dein Lieblingsomelette mit geschnittenen Avocados auf einer Seite dabei ist und dazu selbstgebackenes Honigweizenbrot dick mit Butter und Marmelade bestrichen. Ach, fast hätte ich's vergessen, das ganze wird natürlich abgerundet mit einem großen Glas eiskalter Milch und einem kleinen Glas frischgepreßtem Orangensaft. Stimmt's?"

Susan stellte auf der Grundlage von Hunderten von Frühstücksmahlzeiten, bei denen sie ihn beobachtet hatte, einfach gescheite Vermutungen an. An seiner begeisterten Reaktion konnte sie erkennen, daß seine Gedanken zu seinem bevorzugten Frühstückslokal zurückdrifteten.

„Wenn euer Treffen beendet ist, klopft ihr euch alle gegenseitig auf den Rücken und streitet darüber, wer die Rechnung bezahlt. Doch bevor du zum Auto gehst, machst du noch etwas anderes: Du bittest den Mann hinter der Theke um eine Papiertüte. Dann kehrst du zum Tisch zurück, klaubst ein paar Brocken Ei und Toast von deinem Teller und läßt sie in die Tüte fallen, die du dann in deinen Tennissack steckst, den du statt einer Aktentasche bei dir hast — dann machst du dich auf den Weg zur Schule."

Bis zu der Stelle mit der Tüte und den Brotkrumen war Jim einig mit ihr. Nun rasten seine Gedanken, um herauszufinden, welche Bedeutung die Papiertüte in ihrem Wortbild haben mochte. Doch noch ehe er fragen konnte, fuhr sie fort.

„Den ganzen Vormittag hindurch unterrichtest du Geschichte, was dir großen Spaß macht. Und noch ehe du es bemerkst, ist die Zeit zum Lunch gekommen. Da dein Büro drüben beim Spielfeld liegt, gehst du mit den anderen Trainern weg vom Campus in ein nettes Kaffeehaus. Dort bestellst du eine Pastete aus Truthahnschnitzel mit hausgemachter Blätterteigkruste, zartestem frischem Gemüse und sahniger weißer Soße. Natürlich wäre das kein Lunch, wenn du dazu nicht das Salatbüffet mit seinen fünfzig verschiedenen Schüsseln und ein Riesenglas geeisten Tee hättest.

Ihr habt viel Spaß, redet über Sport und erzählt euch Witze. Und dann bittest du genau wie nach dem Frühstück um eine Papiertüte, als du deine

Mahlzeit beendet hast. Die Kellnerin bringt sie dir an den Tisch, du läßt die Überbleibsel hineinfallen und steckst sie in deinen Tennissack, bevor du zur Schule zurückkehrst.

Nach einem langen Nachmittag mit Algebra-Unterricht heißt es wieder zur Schule zurückkehren, um das Footballtraining zu beginnen. Ist das erledigt, dann ist es schon später Nachmittag. Ihr habt aber immer noch Verschiedenes zu besprechen, und deshalb begebt ihr euch alle zusammen in die Eisdiele gleich beim Einkaufszentrum.

Du ringst kurz mit deinem Kalorienzähler im Gewissen, doch als die Kellnerin erscheint, bestellst du den Riesenbecher Schokoladeneis – den mit Löffeln bestem Sahneeis und mehreren Schöpfern Soße und Krokant drüber. Neben dir hast du ein Schüsselchen mit gehackten Mandeln und ein Diät-Pepsi stehen. Selbstverständlich nimmst du das Diätgetränk, weil es die Kalorien der Eiskreme ausgleicht", bemerkte sie grinsend.

„Selbstverständlich", erwiderte Jim und grinste ebenfalls. Das war einer seiner Standardscherze, wenn er sich mächtige Ladungen Sahneeis zu Gemüte führte.

„Und zum drittenmal sammelst du wieder ein, was auf dem Tisch übriggeblieben ist. Du schabst ein bißchen was vom Schlagrahm ab, auch von der Eiskreme und den Nüssen. Das füllst du wiederum in eine Tüte, die du im Tennissack verstaust."

Jim bekam nicht nur Hunger beim Anhören ihrer Geschichte, er war völlig verwirrt darüber, wohin sie eigentlich steuerte.

„Warum mußte ich ihr bloß erzählen, wie man Wortbilder gestaltet?" brummte er innerlich vor sich hin. Endlich konnte er die Spannung nicht länger ertragen.

„Willst du damit andeuten, daß ich soviele Essensflecke an meinem Tennissack habe, daß es Zeit ist, einen neuen zu kaufen?" fragte Jim mit hoffnungsvollem Lächeln. „Oder soll das ein Wink sein, daß ich dich heute abend zum Essen ausführen soll?"

Es war ein schwacher Versuch, die Dinge zu beschleunigen oder wenigstens die Anspannung etwas zu lösen, die sich in seinem Inneren aufbaute. Unglücklicherweise funktionierte sein Rauchvorhang nicht.

„Ach komm, laß mich fertig reden", fuhr Susan fort. „Ich bin fast zu Ende. Den ganzen Tag, während du an der Arbeit warst, wünschte ich mir, daß du bei mir wärest. Ich denke daran, gemeinsam irgendwo hinzugehen, wo wir beieinandersitzen und über alles reden können. Aber es geht nicht nur um mich. Die Buben hängen so sehr an dir und möchten auch an deinem Leben teilhaben.

Nun, nachdem wir den ganzen Tag gewartet haben, hören wir endlich die Garagentür aufgehen. Wir freuen uns so, daß du dir nun Zeit nimmst für uns, daß wir uns an der Hintertür einfinden. Vielleicht führst du uns sogar zu einem netten Essen aus, wo wir uns über alles mögliche unterhalten und lachen und uns besser kennenlernen können.

Und dann geht die Tür auf, doch du bleibst nicht stehen, um mit uns zu sprechen oder uns von dem zu berichten, was du den Tag über erlebt hast. Du gehst einfach vorbei und drückst den Buben und mir jeweils eine Tüte in die Hand. Dann gehst du weiter und schaltest den Fernseher ein oder begibst dich gleich an deine Werkbank. Statt daß wir uns mit dir zusammen an einem gemeinsamen Essen freuen können, werden wir einfach an der Hintertür stehengelassen mit den aufgeweichten, zerdrückten Hundefuttertüten in der Hand.

Es ist gewiß nicht so, daß ich dir deine Hobbies nicht gönne, Jim. Das ist nicht der Grund für meine Geschichte. Du brauchst Zeit zum Abschalten und Entspannen, und die wünsche ich dir von Herzen. Doch die ganze Zeit hindurch haben sich die Kinder und ich darauf gefreut, daß du heimkommst. Wir haben darauf gewartet, zu erfahren, was sich bei dir den Tag über zugetragen hat. Aber du hast bereits den Tag mit Leuten zugebracht, die für dich besonders wichtig sind — deinen Spielern und den anderen Trainern. Anstatt nun bei deiner Heimkehr das Beste von dir zu bekommen, werden wir mit Überbleibseln abgespeist.

Ich glaube, das ist der Grund, warum ich mich im Laufe der Jahre in unserer Beziehung so betrogen fühlte und warum ich während der Football-Saison soviel Kritik an dir geübt habe. Ich erinnere mich, wie meine Mutter sich immer so sehr nach einer sinnvollen Kommunikation mit meinem Dad sehnte. Und nun stehe ich an der Tür meiner Ehe, genau wie sie einst, warte auf eine befriedigende Mahlzeit mit dir, hoffe auf Zeit zu einem Gespräch, Zeit zum Lachen und dich kennenzulernen und sehne mich nach einer Kommunikation, wie du sie jeden Tag mit deinen Kollegen und Freunden hast. Das wünschen wir uns, die Buben und ich, doch alles, was wir bekommen, sind die Tüten mit den schäbigen Überresten. Liebling, begreifst du nicht? Wir brauchen keine Überreste. Wir brauchen dich!"

Das letzte, was ich an diesem Nachmittag erwartet hatte, war die Konfrontation mit einem Wortbild, noch dazu einem, daß mich abrupt zum Halten zwang. Als Jim mit seiner Erzählung zu Ende war, hatte nicht nur er feuchte Augen. Ich wußte, daß ich mich der Botschaft, die sie für mein eigenes Leben barg, nicht entziehen konnte. Wegen meiner Reisen und all den Stunden, die ich damit verbrachte, anderen Menschen zu helfen, war mein Stundenplan wahrscheinlich doppelt so prall gefüllt wie der von Jim. Genau wie er gab ich meiner Frau und den Kindern die Überbleibsel vom Tisch am Abend und an den Wochenenden. Tief in meinem Inneren wußte ich das. Norma und die Kinder wußten es auch.

Als ich an diesem Abend nach Hause ging, begannen sich die Dinge in meiner Familie zu wandeln, so wie es bei Jim der Fall war. Ich erzählte Norma von dem Wortbild, das ich gehört hatte; ihre Reaktion bestätigte mir, daß da ein Problem bestand. Ich hatte an meine Familie Überreste ausgeteilt, anstatt ihnen ein nahrhaftes Mahl an seelischer Zuwendung zuteil werden zu lassen.

In den Wochen danach konnte ich abends nicht durch die Tür treten und dem Fernseher zusteuern, ohne mich selbst kleine braune Tüten austeilen zu sehen. Ich gab es nur sehr ungern zu, doch meine Tage vor der Glotze waren gezählt.

Noch etwas anderes änderte sich als Folge dieses Wortbildes. Ich rief meinen Vorgesetzten an und teilte ihm mit, daß ich meine Reisetätigkeit einschränken müsse. Nachdem mir vor Augen geführt worden war, daß ich unbedingt meiner Familie mehr Zeit widmen mußte, war ich darauf vorbereitet, mir eine Stellung zu suchen, falls meine Firma die Tätigkeitsdarstellung für meinen Posten nicht ändern konnte. Präzise ausgedrückt, wollte ich mir eine Stellung suchen, die mich nicht von meiner Familie entfremdete.

Alltägliche Objekte können,
wenn sie mit den Interessen eines anderen verknüpft werden,
die Kommunikation mit Sinn erfüllen.

Essensüberreste sind nur eines unter Tausenden von alltäglichen Objekten, die in dieser zweiten der vier Quellen zu finden sind. Jedes dieser Objekte kann, wenn es mit den Interessen eines anderen Menschen verknüpft wird, die Kommunikation mit Sinn erfüllen.

Es kann auch ungeheure innere Kraft und Ermutigung bringen, wie ein anderer Mann erkannte. Für ihn brachte ein alltäglicher Gegenstand Lebenshoffnung in einer hoffnungslosen Lage. Darüber hinaus vermittelte er seinen Söhnen lebenslangen Respekt vor ihm und ihrem Land.

Ein Bild der Hoffnung in einer Grube der Verzweiflung

Von dem Augenblick an, als das Landungsboot auf dem Strand zum Stillstand kam, hatte Jerry das Gefühl, direkt vor den Toren der Hölle angelangt zu sein. Rings um ihn lag schwarze vulkanische Asche, die ihm in den Augen brannte und sich nicht von der Haut abwischen ließ. Überall bot sich der Anblick und Geruch des Todes.

Als Jerry zum erstenmal das Wort Iwojima hörte, sagte ihm das überhaupt nichts, doch die Zeit änderte das rasch. Als Neunzehnjähriger in der Fünften Marineinfanteriedivision erkannte er, daß dieses Wort den schlimmsten Alptraum bedeutete, der sich je vor seinen Augen abspielen sollte.

Die Landschaft war von Kratern übersät, da eine ganze Flottille von Kriegsschiffen die Insel im Vorfeld der Landung der Marines unter Beschuß genommen hatte. Der Feind hatte allerdings vier Monate Zeit gehabt, um seine Stellungen zu wählen, so daß der Dauerbeschuß kaum Wirkung zeigte. Bei der langen Zeit, in der sie sich auf die amerikanische Invasion einstellen konnten, hatten die Japaner jeden Zoll Strand mit Gewehr-, Maschinengewehr- und Artilleriefeuer abgedeckt.[1]

Jerry verbrachte die ersten Stunden am Strand damit, ein Schützenloch auszuheben, das tief genug war, um sich vor dem mörderischen Feuer in Sicherheit zu bringen. Doch der vulkanische Sand rieselte ebenso rasch in das Loch zurück, wie er ausgeschaufelt wurde, und gab ihn dem anhaltenden feindlichen Beschuß preis. Als der Tag heißer und feuchter wurde, warf Jerry Umhang und Uniformjacke ab. Doch nach Eintritt der Dunkelheit fiel die Temperatur so rasch, daß er die ganze Nacht vor Kälte zitterte.

Ein mit Blut und rohem Draufgängertum bezahltes Wunder war es, daß er und die anderen Marines sich je von diesem Ufer vorankämpfen konnten. Ihr Vormarsch forderte jedoch einen hohen Blutzoll. Von beiden Seiten türmten sich bis zur Unkenntlichkeit zerfetzte und verzerrte Leichen, ein stummes Zeugnis für das, was ihnen noch bevorstand. Während wir mit diesem Veteranen von drei Landungsoperationen sprachen, füllten sich seine Augen mit Tränen in der Erinnerung an jene grauenvollen Tage. Die Zeit ließ einiges von den Schrecken verblassen, doch fünf Worte, die ein Kamerad zu ihm sagte, haften in seinem Gedächtnis so hell und klar wie das Sonnenlicht.

Es war der 21. Februar 1945, zwei Tage nach der Landung. Jerry hatte in einem kleinen Krater, der von einer explodierenden Artilleriegranate aufgerissen worden war, Deckung gefunden. Das Geschützfeuer aus den

Bergen hinten hatte sie alle fast die ganze Nacht über wachgehalten. Der Morgen war angebrochen mit einsetzendem Regen. An den fernen, höheren Berghängen wogte der Nebel hin und her. Doch als sich der Himmel aufklarte und die Japaner ihre Ziele wieder im Blickfeld hatten, mischte sich unter das Donnern der Artillerie das Bellen von Handfeuerwaffen.

Jerry hatte bereits jede Hoffnung aufgegeben, die Insel lebend wieder verlassen zu können. Von den vierzehn Mann seines Schützenzuges waren nur er und fünf weitere nicht verwundet oder gefallen. In nur zwei Tagen hatte er bereits viel zu viel vom Tod gesehen. Doch dessen grausame Hand fing erst an, zuzuschlagen: Auf Iwojima sollten mehr Marineinfanteristen fallen als auf allen anderen Schlachtfeldern des Zweiten Weltkriegs zusammen.[2] Um ihn herum waren bereits soviele gefallen oder verwundet worden, daß er seine Überlebenschance ungefähr so hoch einschätzte wie die einer Seifenblase im Wind.

In diesem Augenblick kam sein Feldwebel zu ihm herangekrochen und grinste ihn an. „Noch am Leben, Jerry?" meinte er in seinem Südstaaten-Akzent und bot Jerry einen Schluck aus einer unbezahlbaren wassergefüllten Feldflasche an. „Wir gewinnen gegen die."

„Wie willst du das wissen?" fragte Jerry mit gequältem Lächeln zurück.

„Heut' Nacht ist keiner mit einer weißen Fahne zu mir rübergekommen."

„Hör mal, mein Sohn, ich hab' das aus guter Quelle. Morgen wirst du unsere Jungs droben auf dem Berg dort sehen. Wir werden's schaffen." Er blickte zu dem Vulkan mit seiner nebelverhangenen Spitze hinüber und sprach die Worte, die Jerry niemals vergaß: „Morgen siehst du die Flagge."

Von dem Augenblick an, als die Marines zum erstenmal vom Deck ihrer Schiffe aus Iwojima sahen, richteten sie ihre Blicke auf den höchsten Punkt der Insel. Es war die Spitze des Mount Suribachi, eines erloschenen Vulkans. Er war nur rund 180 Meter hoch, doch so, wie von seinen Flanken der Tod herabregnete, schien er dem Mount Everest ähnlicher. Wenn dort oben die amerikanische Flagge wehte, würde das bedeuten, daß — zumindest von diesem Berg aus — der Tod seine furchtbare Stellung verloren hätte. Es wäre auch der großartigste Anblick für jeden Marineinfanteristen, seit er den Fuß auf die Insel setzte.

Wie sich die Dinge entwickelten, sah Jerry die Fahne noch zwei Tage lang nicht, und sein Feldwebel würde sie nie mehr zu Gesicht bekommen. Er fiel in jener Nacht bei einem Gefecht. Doch am 23. Februar 1945 wurde der Berg gestürmt.

Als das Sternenbanner zum erstenmal über ihnen flatterte, sprangen die Männer überall auf der Insel hoch und jubelten ohne Rücksicht auf die Gefahr, ihre Position preiszugeben.

Als Jerry die Fahne sah, fielen ihm ganz deutlich die Worte wieder ein, die sein Feldwebel in jener Nacht zu ihm gesagt hatte. Die Worte gaben ihm auch die Kraft, die nächsten acht Tage durchzustehen. Dann wurde er schwer verwundet und von der Insel fortgebracht.

„Als ich dort lebend herauskam, hatte ich das Gefühl, das Leben sei mir neu geschenkt worden", sagte Jerry. „Etwas Derartiges vergißt man nie mehr, und immer, wenn in den folgenden Jahren die Dinge sich nicht so entwickelten, wie ich es mir wünschte, erinnerte ich mich an die Worte meines Feldwebels. Wenn's mir am dicksten eingeht, denke ich an damals zurück und sage mir: ,Halt durch, Jerry. Morgen siehst du die Fahne'."

Im Laufe der Jahre rief sich Jerry in Zeiten tiefster Anfechtung die Worte ins Gedächtnis, die ihm wieder Mut verliehen. Er gebrauchte sie auch oft seinen Söhnen gegenüber, als sie heranwuchsen. Wenn sie ein wichtiges Spiel verloren, in einer Prüfung durchfielen oder mit einer Freundin Schluß machten, sprach er diese Worte zu ihnen und nahm sie dabei in die Arme. Stets gab ihnen das wieder Mut für den nächsten Tag.

Jerry hat seinen Söhnen niemals all die entsetzlichen Einzelheiten seiner elf Tage auf Iwojima erzählt, aber doch soviel, daß sie ein Stückchen dieser verlassenen Insel in ihren Gedanken bei sich tragen — das seelische Wortbild, das er von „dem Felsen" mit heimgenommen hat. Sie erinnern sich der fünf hoffnungsvollen Worte, die von einem kommenden besseren Tag sprachen und den Mut spendeten, darauf zu warten.

In den späten sechziger Jahren wurde es an vielen Schulen Mode, amerikanische Flaggen zu verbrennen. Doch Jerrys Söhne, die zu der Zeit Collegestudenten waren, hätten niemals einen solchen Akt in Erwägung gezogen. In ihrem Leben flatterte die Fahne viel zu stolz und hatte viel zuviel persönliche Bedeutung. Sie symbolisierte für sie nicht nur ein stolzes Land, sondern war auch ein Symbol für Hoffnung, Mut und Ausdauer.

Sie konnten keine Fahne sehen, ohne zu erkennen, was dahinter stand, und das können sie auch heute noch nicht. Für sie besteht die Fahne nicht nur aus einem Muster von Sternen und Streifen. Sie stellt ihren Vater dar, der auf Schlachtfeldern wie Iwojima lebte, und für viele andere, die dort starben.

Die Verwendung von Gegenständen aus dem täglichen Leben (wie die Tüte mit Essensresten, eine amerikanische Flagge, eine Uhr, ein Stuhl und so weiter) kann im Herzen Ihres Zuhörers einen lebendigen und dauerhaften Eindruck hinterlassen.

Nehmen Sie sich gleich jetzt Zeit, über Ihre Beziehungen nachzudenken. Gibt es jemand, der eine schwierige Zeit durchmacht und dem Sie Mut schenken sollten? Ein Wortbild vermag zu helfen. Gibt es jemand, der sich immer weiter von seiner Familie entfernt, und Sie möchten ihn gerne zurückbringen? Ein Wortbild vermag zu helfen. Die Quelle der Natur und die Quelle der alltäglichen Objekte sind zwei Quellen, um Hilfe oder Hoffnung zu schöpfen. Sie können aber auch beim dritten Brunnen, der Quelle der Phantasiegeschichten, Zuflucht suchen.

Lesen Sie im nächsten Kapitel, wie der Präsident einer Firma einen dramatischen Wandel bei einer allzu aggressiven Handelsvertreterin herbeiführte.

9. Kapitel

Die Quelle
der erdachten Geschichten

Ein weiteres Vierteljahr hatte sich der Verkauf kräftig entwickelt. Jay Campbell saß zufrieden an seinem Schreibtisch, während er die glänzenden Berichte studierte, die man ihm heute vorgelegt hatte. Als Gründer und Präsident hatte er seine Firma wachsen sehen mit Fortschritten und Rückschlägen. Besonders kam ihm seine Geschäftsbeziehung zu einer größeren Firma zustatten, die riesige Mengen seiner Erzeugnisse kaufte.

„Ich könnte vielleicht den Nachmittag frei nehmen und versuchen, ein bißchen Golf zu spielen", dachte er bei sich, als seine Sekretärin den Summer betätigte.

„Verzeihung, Sir, aber Mr. Devlin ist am Apparat", sagte sie. „Ich dachte mir, daß Sie das wissen wollen."

Vor weniger als einer Stunde hatte Jay seiner Sekretärin kategorisch erklärt, sie solle das Schild „Ich-bin-in-einer-Besprechung" hinaushängen. Doch wie alle erfahrenen Chefsekretärinnen wußte sie, daß bestimmte Namen schwerer wogen als jedes Schild an der Tür.

Mr. Devlin war Präsident von Valco, der bedeutenden Firma, auf deren Konto ein Großteil der glänzenden Umsätze ging. So wich Jays momentane Gereiztheit rasch seinem üblichen brummigen Respekt für die Klugheit seiner Sekretärin.

Er drückte den Knopf neben dem blinkenden Licht, nahm den Hörer auf und sagte: „Hallo, Mark, was machen Sie heute nachmittag?"

„Was ich mache?" Die Stimme am anderen Ende der Leitung spuckte die Worte geradezu von sich. „Ich werde Ihnen sagen, was ich tue. Ich versuche, mich wieder zu beruhigen, nachdem ich einer Ihrer Vertreterinnen erklärt habe, sie solle aus meinem Büro verschwinden, und es gelingt mir nicht besonders gut!"

„Was hat sie getan?" fragte Jay, dessen sämtliche fünf Sinne augenblicklich in höchste Alarmbereitschaft versetzt wurden. In seinen Gedanken explodierten bereits Vorstellungen von Umsatzzahlen, die in den Keller purzelten, während die Stimme im Hörer mit ihrer wütenden Tirade fortfuhr.

„Diese Frau da aus Ihrem Büro hat meiner Bürovorsteherin über eine Stunde Zeit geraubt, weil sie sie mit allen Mitteln zum Abschluß eines neuen Auftrags nötigen wollte. Und das, nachdem sie bereits abschlägig beschieden worden war. Als ich dann herauskam und sie zum Gehen aufforderte, weil sie uns so lang von der Arbeit abhalte, da sagte sie mir doch, ich sei grob, weil ich mir ihr Angebot für ein neues Produkt nicht anhören wollte!

Hören Sie gut zu, Jay. Es ist mir ganz gleich, wieviel Geld Sie uns ersparen können. Wenn ich zu jemand nein sage, dann meine ich auch nein! Und ich sage Ihnen, wenn diese Frau noch einmal unser Büro betritt, dann können Sie unsere laufenden Aufträge streichen und jede weitere Bestellung in Zukunft vergessen."

Klick! Der Hörer am anderen Ende klang, als sei eine Tür zugeschlagen worden.

Jay war hin und wieder anständig zusammengestaucht worden. Er erinnerte sich der zornigen Worte seines Vaters, als er seiner Lieblingstaube ein Schaumbad verpaßt hatte, das Geschrei seines Trainers, als er während der Filme über die Spiele eingeschlafen war, die wütenden Vier-Buchstaben-Freundlichkeiten, die ihm sein Spieß als Rekrut aus praktisch jedem Anlaß ins Gesicht geschleudert hatte. Selbst seine Frau konnte gelegentlich in Rage geraten. Doch von seinem wichtigsten Kunden wegen des Verhaltens einer seiner Vertreterinnen derart angeblafft zu werden, — das war zuviel.

In heller Wut stürmte er in seinem Büro auf und ab und dachte über das Problem nach, das da vor ihm lag. Ohne daß ein Name gefallen war, wußte er, wer den Vertreterbesuch gemacht hatte. Schließlich gab es bei seinem Vertriebspersonal nur eine einzige Frau.

Sally war seine produktivste Vertreterin. In den letzten vier Monaten hatte sie die Spitze im Auftragsvolumen besetzt. Sie besaß großes Geschick und Entschlossenheit beim Abschluß von Aufträgen. Doch in letzter Zeit war sie so penetrant geworden, daß sie genauso viele Türen zuwarf wie öffnete. Jay mochte ihre Begeisterung und einsatzfreudige Natur und wollte sie keineswegs entlassen. Doch er war sich darüber im klaren, daß er drauf und dran war, einen Kunden zu verlieren, der das Herzblut seines Geschäfts bedeutete. Er wußte, daß er sich Sally noch am gleichen Nachmittag vorknöpfen mußte.

Bei der Vorbereitung für diese Zusammenkunft suchte Jay Zuflucht bei der Quelle der Phantasiegeschichten. Nachdem er das richtige Wortbild gewählt hatte, das auf einem der unangenehmsten Vorgänge beruhte, die seiner Ansicht nach geschehen konnten, ging er die Geschichte im Geiste mehrfach durch und wartete auf Sallys Rückkehr.

Sally war sich nicht darüber im klaren, doch seine Worte sollten sie im tiefsten Inneren treffen. Seine Phantasiegeschichte erschütterte ihre Welt so sehr, daß die einfache Erwähnung ihres Gesprächs sie in Zukunft auf der Stelle davon abhielt, allzu aufdringlich zu werden.

„Kommen Sie herein", forderte Jay sie auf, als Sally ihren Kopf durch die Tür streckte. Es kam nur selten vor, daß sie ins Büro des Präsidenten gerufen wurde. Diesmal war auf seiner Notiz, die sie auf ihrem Schreibtisch vorgefunden hatte, das Wort „Dringend" gestanden.

„Ich kam, sobald ich Ihre Mitteilung erhielt, Mr. Campbell", sagte Sally. Erleichtert bemerkte sie, daß er beim Aufstehen von seinem Stuhl lächelte.

„Bitte kommen Sie rein und machen Sie die Tür zu. Nehmen Sie den Stuhl dort. Ich möchte etwas mit Ihnen besprechen." Nachdem sie Platz genommen hatte, stürzte er sich in sein Wortbild.

„Wissen Sie, Sally, als ich die Firma auf die Beine stellte, besorgte ich selbst die ganzen Vertreterbesuche. Und wissen Sie, was ich mir in dieser Zeit als das absolut Schlimmste vorstellte?"

Jay wartete keine Antwort ab, sondern steuerte sofort mitten in seine Geschichte. „Malen Sie sich folgendes aus: Ich befinde mich im Sitzungssaal eines unserer wichtigsten Kunden, voller Lampenfieber, weil ich gleich eine Vorführung zu machen habe. Ich habe alle meine Tabellen und Diagramme zur Hand. Ohne Zweifel bin ich hundertprozentig darauf vorbereitet, den Ball ins Tor zu schießen und an Ort und Stelle einen Auftrag abzuschließen.

Nun, der Geschäftsführer der Gesellschaft sitzt neben mir. Er spricht ein paar freundliche Einführungsworte, und dann ist die Reihe an mir, aufzustehen und dem gesamten Vorstand unser neues Produkt vorzustellen.

Ich knie mich richtig hinein in die Präsentation, ich rede laut und gestikuliere wie wild, als meine Hand plötzlich die vor mir stehende Kaffeekanne trifft und sie dem Präsidenten in den Schoß schleudert! Ich spreche von einer ganzen Kanne kochendheißem Kaffee.

Können Sie sich die Szene vorstellen? Er schreit auf und hüpft hin und her. Alle rings um den Tisch bemühen sich, nicht zu lachen, aber innerlich hat es sie beinahe zerrissen. Ich schnappe mir eine Handvoll Papiertücher und bemühe mich, den Präsidenten wieder trocken zu bekommen. Dieses Vorhaben ist aber wegen der Stellen, auf die sich der Kaffee ergossen hatte, recht peinlich. Schließlich packt er angewidert die Papiertücher und macht sich selbst ans Werk.

Die ganze Zeit hindurch bemühe ich mich, ihn zu beruhigen, um meine Verkaufsvorführung zu retten. Ich verweise auf die Tabellen und Diagramme, die ich mit soviel Zeit und Mühe ausgearbeitet habe, und hebe hervor, wieviel Geld sie mit diesem neuen Produkt einsparen könnten. Doch er hat kein Interesse daran, noch mehr darüber zu hören. Es fällt ihm recht schwer, neben mir zu sitzen, und gar noch, mir zuzuhören."

Das Bild, das ihr Chef vor ihr hatte erstehen lassen, war so komisch, daß Sally wider Willen lachen mußte. Nachdem das Gelächter verstummt war, entstand eine lange Pause. Endlich fragte Sally: „Mr. Campbell, haben Sie mich rufen lassen, nur um mir diese Geschichte zu erzählen?"

„Nun, in gewisser Weise schon, Sally", erwiderte er. Seine Stimme und Haltung wurden ernst. „Sehen Sie, heute morgen haben Sie jemand brühheißen Kaffee direkt auf den Schoß geschüttet."

Wieder breitete sich Schweigen zwischen ihnen aus. Es dauerte eine ganze Weile, bis Sally die Augen niederschlug und mit unsicherer Stimme fragte: „Was wollen Sie damit sagen?"

Tief in ihrem Innern wußte sie wohl, wovon er sprach, doch sie fühlte sich im Recht, so hart darauf hinzuwirken, daß die Bürochefin ihre Vorführung zu Ende hören sollte. Schließlich hatte sie hart daran gearbeitet, die Sachen zusammenzustellen, und in ihrem Herzen fand sie, daß die Frau im Unrecht war, als sie sich nicht die Zeit zum Zuhören nahm.

„Sally, als Sie heute morgen im Büro von Valco waren, da waren Sie so aufgeregt mit Ihrer Präsentation, daß Sie der Bürochefin von Valco eine ganze Kanne kochendheißen Kaffee in den Schoß geschüttet haben.

Ich weiß, daß Sie bei der Vorführung unserer Produkte ausgezeichnete Arbeit leisten. Sie arbeiten auch intensiv an der Überwindung von Widerständen bei der Auftragsgewinnung. Doch bei all Ihren guten Absichten haben Sie uns um ein Haar um unseren wichtigsten Kunden gebracht, weil Sie zu penetrant waren. Die Bürovorsteherin hat Ihnen klar zu verstehen gegeben, daß sie im Augenblick kein Interesse hat, etwas zu bestellen. Trotzdem haben Sie eine Stunde lang auf sie eingeredet und sie in eine Entscheidung zu drängen versucht, die sie nicht treffen konnte.

Aber damit noch nicht genug! Als der Präsident herauskam und Sie zum Gehen aufforderte, begossen Sie auch ihn noch mit heißem Kaffee. Er rief mich an und sprach davon, als Sie gegangen waren."

Jay trat neben ihren Stuhl und blickte ihr direkt ins Gesicht. „Sally, wenn man die Leute mit kochendem Kaffee vollschüttet, ruiniert man nicht nur Beziehungen und verliert Geschäftsverbindungen, bei denen es Jahre gedauert hat, bis sie geknüpft waren, — Aufträge bringt man damit gewiß nicht herein. Ich muß Ihnen sagen, daß ich mir um Sie als Mitarbeiterin und als Mensch Sorgen mache. Sehen Sie, Sally, die Leute reden. Ich weiß, daß Sie Schwierigkeiten in Ihren Beziehungen zu den anderen Vertretern haben. Ich weiß, daß es immer Konkurrenzneid und kleinliche Eifersüchteleien gibt, und ich will gewiß nichts von den Scherereien abwerten, die Sie haben. Aber damit, daß Sie die Leute mit Kaffee verbrühen, machen Sie Ihre Beziehungen im ganzen Büro kaputt. Ich möchte zwar nicht allzu persönlich werden, aber ich könnte mir vorstellen, daß Sie sich wahrscheinlich Ihren Freunden außerhalb des Büros gegenüber genauso verhalten.

Wenn Sie den Leuten einmal Kaffee über den Anzug schütten, halten sie es noch für eine Panne. Wenn Sie das aber fortgesetzt tun, werden Sie der einsamste Mensch auf der Welt sein. Wenn Sie sich in Ihrem privaten Leben zur Einsamkeit verurteilen wollen, dann ist das Ihre Sache. Aber wenn Sie weiterhin unsere Kunden mit Kaffee verbrühen, dann wird Sie das Ihren Job kosten."

Andere hatten bereits mit Sally über ihre allzu heftige Aggressivität gesprochen, — bei der Arbeit und in ihren privaten Beziehungen, doch sie hatte das immer als Eifersucht abgetan. Jedesmal rechtfertigte sie sich mit dem Ausspruch: „Die begreifen die Situation nicht" oder „Es ist doch nichts Unrechtes, eine ausgeprägte eigene Meinung zu haben".

Sally stammte aus einer Familie, in der ihr Wut und Streiterei bereits in Fleisch und Blut übergegangen war. Ein „Nein" von einem Kunden entfesselte all ihre alten Emotionen und verleitete sie zu Überreaktionen mit ihrer Methode des verbalen Angriffs. Sie war nie bereit gewesen, sich mit ihrer übermäßig aggressiven Natur auseinanderzusetzen, denn das hätte sie gezwungen, gleichzeitig auf allzu viele schmerzliche Erinnerungen zurückzublicken.

Jahre hindurch vermochte nichts ihre stahlharte Abwehr zu durchbrechen. Doch ein bedeutungsvolles Gespräch schaffte es — als ihr Chef sie mit der vollen Breitseite eines seelischen Wortbildes traf. Es war, als hätte man am Rande der Landstraße eine zwanzig Meter hohe Reklametafel abmontiert und direkt vor ihrer Haustür aufgestellt. Diesmal konnte sie die Botschaft, daß sie in ihrer Art zu aggressiv war, nicht übersehen.

Jay erzählte uns später: „Sally ist nach wie vor meine beste Vertreterin, und sie ist immer noch ziemlich aggressiv. Allerdings ist sie im Umgang mit unseren Kunden wesentlich einfühlsamer. In den zwei Jahren hat sie sozusagen niemand mehr verbrüht — auch nicht bei Valco."

Was dieser Unternehmer nicht wußte — er hatte Sally nicht nur ihren Job gerettet, sondern ihr auch ein gewaltiges Geschenk gegeben. Ihr Verhalten gegenüber Mitarbeitern und Freunden hatte sich geradezu revolutioniert.

Das in ein Wortbild verpackte Ultimatum ihres Chefs hat sie nicht nur erschreckt, — es hat sie gewandelt. Sein klares Wortbild packte ihre Emotionen derart, daß sie niemandem mehr mit übermäßiger Aggressivität entgegentreten konnte, ohne sich selbst mit einer Kanne brühendheißem Kaffee in der Hand zu sehen.

Erdachte Geschichten öffnen die Grenzen, die alltäglichen Worten oft anhaften.

Bei dieser dritten Quelle zapfte Jay einen Born an, dessen Grenzen nur durch die Vorstellungskraft eines Menschen gegeben sind. In der Tat öffnen erdachte Geschichten die Schranken, die alltäglichen Geschichten häufig anhaften.

Wie wir schon weiter oben erwähnten, hören sich die Leute furchtbar gerne eine Geschichte an. Der Anfang einer Geschichte ist eine offene Aufforderung, das Ende zu erraten. Sie packt ihre Aufmerksamkeit und hinterläßt einen dauerhaften Eindruck dessen, was wir sagen.

Erdachte Geschichten können alltägliche Objekte oder Gegenstände aus der Natur verwenden, wie wir bei den beiden vorgenannten Quellen gesehen haben. Darüber hinaus vermögen sie ein Ereignis, eine Situation oder eine Beschäftigung zu skizzieren und so den Zuhörer mit in das Geschehen einzubeziehen.

Schon mit diesen drei unversiegbaren Quellen haben Sie Tausende von Möglichkeiten für Wortbilder zur Verfügung. Die Bilder aus der vierten Quelle können das Herz eines Menschen aber noch weit schneller packen als alles andere.

Bei der Quelle, die wir mit „Erinnerst du dich, als ..." bezeichnen, werden Sie sehen, wie ein Wortbild für uns beide in unserer Zusammenarbeit bei Büchern und Konferenzen eine ungeheure Hilfe darstellt. „Erinnerst du dich, als ..." ruft etwas furchtbar Unangenehmes ins Gedächtnis zurück, und auf der Stelle ändern sich Haltung und Handlungen.

10. Kapitel

Die Quelle
„Erinnerst du dich, als ..."

Die drei bisher besprochenen Quellen können unsere Kommunikation zwar außerordentlich bereichern, doch diese vierte Quelle besitzt den anderen gegenüber den großen Vorteil, daß sie auf ein Bild zurückgreifen kann, das bereits im Gedächtnis eines Menschen verankert ist. Da der Betreffende veranlaßt wird, sich an ein früheres Ereignis zu erinnern, werden außerdem lebhafte Gefühle geweckt, die er oder sie zu jener Zeit empfunden hat.

In einer kürzlichen Studie versuchten Ärzte, die Bereiche des Gehirns zu finden, welche die Erinnerungen steuern.[1] Bei ihrer Arbeit mit Freiwilligen stimulierten die Ärzte Teile der Hirnrinde mit elektrischen Impulsen und stellten fest, daß ihre Testpersonen sich plötzlich an Dinge wie einen Geruch oder etwas, was sie gegessen hatten oder ein besonders erfreuliches Erlebnis erinnerten. Nach einiger Zeit entdeckten die Ärzte einen unerwarteten Nebeneffekt bei den Freiwilligen: Wenn eine bestimmte Erinnerung ausgelöst wurde, dann wurden auch die bei dem damaligen Erlebnis aufgetretenen „Gefühle" wieder ins Gedächtnis zurückgerufen.

Auf persönliche Weise bemerkte ich (John) dieses Phänomen bei meinem Vater und anderen Kriegsveteranen. Mein Vater sprach mit uns nur bei einer einzigen Gelegenheit ausführlich über seine Kriegserlebnisse. Das war seinerzeit im Jahre 1969, als mein Zwillingsbruder Jeff und ich vor unserer Einberufung in den Vietnamkrieg standen. Fast zwei Stunden lang erzählte er eine Geschichte um die andere aus dem Zweiten Weltkrieg. Er wollte uns damit, falls wir eingezogen würden, vor Augen führen, daß der Krieg keineswegs so war, wie es im Film dargestellt wurde.

Viele Kriegsteilnehmer erfahren bei der Erinnerung an die Schrecken des Krieges eine unangenehme Nebenwirkung. Bei der Erzählung von seelischen Bildern spüren sie noch einmal Angst, Wut und Schmerz. Kein Wunder, daß sie es vermeiden, über den Krieg zu sprechen. Doch welche Auswirkung hat diese Entdeckung für eine bedeutungsvolle Kommunikation?

Durch die Verknüpfung einer gegenwärtigen Botschaft mit einem Erlebnis oder Ereignis der Vergangenheit beschreiten Sie einen direkten Weg zu den Gefühlen und Empfindungen eines Menschen und vervielfachen damit den Eindruck Ihrer Botschaft.

Durch die Verknüpfung einer gegenwärtigen Botschaft mit einem Erlebnis oder Ereignis der Vergangenheit beschreiten Sie einen direkten Weg zu den Gefühlen und Empfindungen eines Menschen. Dabei vermischen sich Ihre Worte mit früheren Gefühlen und vervielfachen so den Eindruck Ihrer Botschaft. Die Worte, die Sie übermitteln wollen, werden mit einer unvorstellbaren Lebendigkeit und Klarheit aufgeladen.

In der Regel stehen Männer ihren Gefühlen weit ferner als Frauen. Wenn daher Männer in Beratungen vor der Aufgabe stehen, Ereignisse und Erinnerungen aus der Vergangenheit ans Tageslicht zu fördern, sehen sie sich einer Flut von Empfindungen gegenüber. Das ist zu einem beträchtlichen Maße auch der Grund dafür, warum so viele Männer sich am Anfang einer persönlichen oder Eheberatung widersetzen. Wenn sie diese Bedrohung überwinden können, hat die Verknüpfung von Erinnerungen mit Gefühlen durchaus ihre positive Seite. Dies trifft besonders für die bedeutsame Kommunikation zu.

Nehmen wir zum Beispiel an, daß Sie größere Schwierigkeiten mit jemand erlebt haben. Durch Verwendung eines Wortbildes aus der Quelle „Erinnerst du dich, als …" können Sie die Emotionen, die mit diesem Erlebnis verbunden waren, unmittelbar anzapfen. Damit schaffen Sie eine emotionale Verbindung, die dem Gespräch ein höheres Maß an Verständnis verleiht.

Müssen Sie ein Problem bereinigen? Müssen Sie eine Beziehung vertiefen? Einen wichtigen Punkt in einem Gespräch klären? Jemandem für eine Freundlichkeit danken? Dann birgt Ihre Erinnerung an ein gemeinsames Erlebnis in der Vergangenheit den Schlüssel zum Auffinden und Benutzen eines wirksamen Wortbildes.

Im Laufe der Jahre hielt uns ein spezielles lebendiges Wortbild aus der Quelle „Erinnerst du dich, als ..." in unserem Büro auf der richtigen Spur und hinderte uns daran, aus dem Augenblick entsprungene Entscheidungen zu treffen, die sich als verhängnisvoll hätten erweisen können.

„Erinnerst du dich, als wir in Forest Home waren?"

Wenn Sie sich je in Hörweite unseres Büros aufhalten, dann wird es nicht lange dauern, bis einer von uns beiden sagt: „Erinerst du dich noch, als wir in Forest Home waren?" Wenn diese Worte mitten in einem Gespräch oder einer vor uns liegenden Entscheidung plötzlich eingeworfen werden, bringen sie immer neues Licht — und mehr Überlegung und Realität — in den Gegenstand. Der Grund liegt darin, daß dieser Satz für uns ein starkes Wortbild darstellt, das einem der peinlichsten, demütigendsten Augenblicke in meinem (Johns) Leben entstammt.

Forest Home, in den herrlichen Bergen Südkaliforniens gelegen, ist eines der schönsten Konferenzzentren des Landes.[2] Wegen seines hervorragenden Essens, dem überragenden Programm und der Naturschönheiten rings um das Zentrum ist es im Sommer stets bis unters Dach belegt.

Vor mehreren Jahren wurden wir aufgefordert, mit unseren Familien zu kommen und dort zu sprechen. Da Gary eine lange Praxis im öffentlichen Sprechen hatte, wurde er gebeten, jeden Morgen vor der ganzen Gruppe von mehr als 450 Leuten zu reden. Und ich wurde gebeten, am Nachmittag vor einer ausgewählten Gruppe das Wort zu ergreifen — eine außerordentliche Ehre, denn dies war mein erster Auftritt in Forest Home.

Monatelang arbeitete ich daran, meine Botschaft zu vervollkommnen. Man hatte mir gesagt, ich hätte so zwischen vierzig und sechzig Leute zu erwarten, und ich trat auf, beladen mit Fakten, Ordnern und Fußnoten. Tief drinnen wußte ich, daß dies ein bedeutsamer Schritt vorwärts in meiner Karriere als Redner sein würde. Wie wenig wußte ich davon, daß dies auch eine Bananenschale war, auf der ich ausrutschen und voll auf die Nase fallen sollte!

Gary illustrierte bei seinem ersten morgendlichen Gespräch einen Punkt, wie man Menschen helfen kann, gegenseitig die Unterschiede zu akzeptieren und zu achten. Dabei erklärte er, daß wir oft einen ausgezeichneten Persönlichkeitstest —Performax[3] genannt — benutzen, um

Ehepaaren zu besseren gegenseitigen Beziehungen zu verhelfen. Da geschah es.

In einer augenblicklichen Inspiration sagte er vor den versammelten Zuhörern: „Dieser Test kann in einer Ehe oder Familie eine solche Hilfe sein, daß John ihn heute nachmittag bei Ihnen allen durchführen kann. Ich bin sicher, daß er gerne sein Programm umstellt und statt seines Vortrags am Nachmittag mit jedem von Ihnen das Performax macht!"

Der Gedanke klang noch besser, nachdem er ihn laut ausgesprochen hatte. Daher fuhr er mit erhöhtem Stimmaufwand und besonderer Eindringlichkeit fort: „Das läßt sich ohne weiteres machen, Leute. Dr. Trent ist für diesen Test qualifiziert. Ein wirklich zuverlässiger Experte! Ich weiß nicht, was Sie sich für heute nachmittag vorgenommen haben, aber disponieren Sie auf jeden Fall um. Ich garantiere Ihnen, die Zeit, die Sie mit John zubringen, wird die wichtigste Stunde der ganzen Woche sein!"

Ich erstarrte auf meinem Stuhl im Hintergrund des Saales zur Salzsäule. Mein Gehirn ließ seine Worte immer von neuem ablaufen. Ich konnte meinen Ohren nicht glauben. Die Angst packte mich. Ich wollte aufspringen und schreien: „Einen Augenblick, Gary! Was sagst du da? Ich habe mich seit Monaten auf etwas anderes vorbereitet! Außerdem reicht die Zeit überhaupt nicht, um die riesigen Stapel Testformulare und Fragebogen zu bestellen, die ich von einer Gruppe von dieser Größe brauche!"

Während Gary weitersprach, wurde ich mir klar, welche Motive ihn bewegten. Er glaubte nicht nur, daß die Absolvierung dieses Tests den Leuten eine enorme Hilfe bringen werde, er wollte gleichzeitig Unterstützung für mein Wahlseminar am Nachmittag zusammentrommeln und mir gleich im ersten Anlauf einen großen Erfolg in Forest Home bescheren!

Noch ehe ich den Mut (und die Intelligenz) hatte, aufzuspringen und etwas zu sagen, beendete Gary seine Darbietung mit einem weiteren bewegenden Appell an jeden Mann und jede Frau, an meiner Sitzung teilzunehmen. Er trug so dick auf, daß man jeden, der sich nicht bei mir einstellte, als introvertierten Psychopathen bezeichnen mußte.

Obwohl ich vom Kopf bis zur Zehenspitze wie benommen war, versuchte ich mit heroischer Anstrengung, nach vorn zu stolpern und zu sehen, ob Gary plötzlich vom Wahnsinn befallen war. Das konnte der Grund sein, der ihn zu seinen Äußerungen bewogen hatte. Auf meinem Weg zum Rednerpult schoben sich die Menschen in Massen an mir vorbei, klopften mir auf den Rücken und sagten Dinge wie: „He, ich kann's kaum erwarten bis zu Ihrer Sitzung!" und „Unsere Familie wollte heute einen Jeep-Ausflug machen, aber wir haben das abgesagt, um Sie sprechen zu hören!" Bis ich bei Gary anlangte, hatte ich bereits zehnmal soviel positives Feedback empfangen als je zuvor für eine Botschaft. Und das, noch bevor ich in Forest Home überhaupt zum erstenmal den Mund aufgemacht hatte!

Wie ein Präsidentschaftskandidat, der in einem Staat nach dem anderen immer mehr Delegierte mobilisierte, wurde ich von dem ungeheuren Impuls mitgetragen, der von der Erwartung der Leute erzeugt wurde. Als ich endlich mit Gary sprechen konnte, pumpte er mich noch zusätzlich voll.

„Du schaffst das, John! Du brauchst nicht den Testbogen selbst auszugeben. Erklär den Leuten einfach, was drinsteht und schieß los. Ich weiß, das wird phantastisch funktionieren! Nichts wie los, Sportsfreund!" Zu dem Zeitpunkt, als Gary fertig geredet hatte, war ich bereit, auf das Podium zu stürmen und den Leuten auf der Stelle alles darzulegen. Die anderthalb Stunden zwischen Lunch und meinem Seminar schienen mir wie eine Ewigkeit. Ich malte mir aus, wie meine Darbietung Leben verändern, Ehen wieder ins Lot bringen und alle zwischen Eltern und Kindern bestehenden Konflikte, von denen die Menschheit überhaupt wußte, lösen werde.

Ich sah auch im Geiste den Leiter des Camps bereits auf mich zukommen. Da würde ich nun auf dem Podium stehen und versuchen, so bescheiden wie möglich auszusehen, während der donnernde Applaus einer zweiten — nein dritten — stehenden Ovation zu mir heraufbrandete. Er würde mir die Hand schütteln und mir anbieten, lebenslang jeden Sommer in Forest Hill zu sprechen, während er den Beifall für meine Ausführungen anführte.

Während ich wartete, bis alle vom Lunch zurückkamen, ging ich auf und ab und dachte darüber nach, was ich bei der Preisverleihung als „Sprecher des Jahres" sagen würde. Stattdessen hätte es mir besser angestanden, angesichts der fürchterlichen Schwierigkeiten, in denen ich mich befand, von Panik ergriffen zu sein. Gary hätte es mit seinen Fähigkeiten in Kommunikation und seiner jahrelangen Erfahrung an diesem Nachmittag ohne Zweifel geschafft, und die Leute wären mit dem Gefühl fortgegangen, die beste Stunde der Woche erlebt zu haben. Ich verfiel in den Fehler, zu glauben, ich könnte das gleiche Resultat erzielen.

Ich hatte mich monatelang darauf vorbereitet, eine kleine Gruppe im Rahmen eines Klassenzimmers anzusprechen und zu unterweisen. Doch bald stand ich da und sah voller Entsetzen, wie mehr als 500 Leute sich im Hauptauditorium drängten. Alle bis auf eine Handvoll hatten ihre Nachmittagsunternehmen wie Reiten, Golfspielen, Familienausflüge oder Mittagschlaf sausen lassen, um etwas über einen Test zu erfahren, der ihr Leben verändern könnte.

Nicht nur die ganzen Camper von Forest Home und das Personal waren anwesend. Viele hatten auch Freunde in den nahegelegenen Orten angerufen. Der Parkplatz war mit Wagen überfüllt, aus denen sich Ströme von Menschen ergossen und dem Vortragssaal zuquollen, um diese „unglaublich wichtige" Veranstaltung zu hören. Statt vor einer kleinen Gruppe sprach ich vor einer der größten Versammlungen des Sommers!

In der vordersten Reihe saßen der Leiter des Camps, meine Frau und meine Tochter. Viele in dem überfüllten Raum hatten den Lunch ausfallen lassen und warteten schon fast eine Stunde, um Plätze für Angehörige und Freunde freizuhalten.

Das aufgeregte Schwatzen wich einer erwartungsvollen Stille, als ich zum Podium ging und über das Gesichtermeer hinwegblickte. Wie kurz vor dem Anpfiff eines Superspiels oder dem letzten Konzert eines Starsängers war die Luft wie elektrisch geladen — eine Spannung, die schon bald in einen massiven Schock umschlagen sollte. Es war meine einmalige Chance, meine Bestimmung als öffentlicher Redner zu erfüllen und da zu stehen, wo die „Spitzen" der Redner zuvor gestanden hatten. Doch plötzlich ging mir auf, daß ich in großen Schwierigkeiten steckte.

Das Schweigen, das sich zu Beginn meiner Ausführungen über die Menge senkte, wurde rasch zur Totenstille. Je mehr ich mich bemühte, die Art des Testes zu erklären — wenn wir ihn ausgeben könnten — und was in den Paketen war — wenn wir sie hätten verteilen können — ich konnte spüren, wie Stimmung und Gesichtsausdruck der Zuhörermenge sich vom Fragen . . . zu Unglauben . . . zu Erschrecken . . . und schließlich zu tiefer Abneigung wandelten.

Am Rande des Auditoriums fingen die Leute an aufzustehen und hinauszugehen. Ein paar trampelten auch aus den vorderen Reihen hinaus. Eine Stunde lang war ich den Mißhandlungen der Blicke der übrigen Zuhörer ausgesetzt. Und ich wußte, daß zu jedem Augenpaar ein Mund gehörte, der allen Angehörigen und Freunden im Lande berichten würde, man habe die Unterhaltung in der frischen Luft draußen preisgegeben, um drinnen zu sitzen und sich von mir verwirren und langweilen zu lassen. Nach mehr als einer Stunde beendete ich endlich meine Erläuterungen über den Test und sagte allen, sie könnten gehen, wenn sie wollten — sofern es nicht noch Fragen gebe.

Mein erster großer Fehler war, daß ich zugestimmt hatte, über dieses

Thema zu sprechen, ohne darauf vorbereitet zu sein. Mein zweiter Fehler war, daß ich mir nicht hätte die Mühe machen sollen, mich nach Fragen zu erkundigen. Die einzige Frage, die gestellt wurde, lautete, warum der Campleiter mich überhaupt zum Sprechen eingeladen hatte. Als die Leute aus dem Gebäude liefen, warfen sie mir Blicke zu wie die Einwohner von Paris dem Naziabschaum, der ihre Stadt jahrelang besetzt gehalten hatte.

Sobald ich zu Ende gesprochen hatte, wußte ich, daß ich mehr als meine Ansprache beendet hatte. Für mich war Forest Home beendet und mehr als das, ich war überall sonst in der freien Welt erledigt. Wenn die Nachricht von diesem Fiasko die Runde gemacht hatte, würde ich nicht einmal mehr vom Kaninchenzüchterverein eine Einladung zum Sprechen erhalten, selbst wenn ich sie mit vorgehaltener Pistole dazu zwingen würde!

Meine Frau setzte ihr tapferstes, ermutigendstes Lächeln als Ehefrau auf, doch sie war die einzige, die lächelte. Hätte ich seinerzeit im Wilden Westen gelebt, dann hätte man mich zweifellos aus ihren Armen gerissen und am nächsten Baum aufgehängt.

Als ich in unsere Hütte lief, um die Koffer zu packen, betete ich darum, daß die Erde sich auftun und mich mit einem einzigen riesigen Schluck verschlingen möge. Da fiel mir plötzlich etwas ein, was meine Misere noch vervielfachte.

Das war erst der erste Tag im Lager! Ich konnte nicht einfach packen und abreisen. In anderthalb Stunden war Dinner; ich mußte hineingehen und mich den Blicken aller stellen! Und dann kam noch morgen das Seminar!

Worte können das Gefühl von Verwirrung und Demütigung nicht wiedergeben, das wie ein Zweitonnengewicht auf mir lastete. Ich konnte mir die schneidenden Worte und bissigen Bemerkungen der Leute — zumindest in ihren Gedanken — für den Rest der Woche ausmalen.

Das Abwarten auf das Ende des Lagers ließ mir die Zeit zwischen dem 26. Dezember und nächstem Weihnachten wie einen Pulsschlag erscheinen. Statt der vierzig bis sechzig Menschen, die normalerweise mein Seminar im Verlauf der Woche besucht hätten, sprach ich praktisch vor leeren Sitzreihen. Die wenigen, die trotzdem kamen, waren mein liebendes Weib, meine Tochter, die für Einwände noch zu jung war, und einige Frauen mit einem Maß an Sympathie und Mitgefühl, das einer Mutter Teresa glich.

Endlich ging die Woche zu Ende, und unser Wagen kroch vom Parkplatz und nahm seinen Weg zurück nach Phoenix. Tief in meinem Inneren hatte ich das Empfinden, was die Atombombe Hiroshima angetan hatte, das habe mein Auftritt in Forest Home meiner Rednerlaufbahn zugefügt.

Seit jenem Tag der Schmach in Südkalifornien sind mehrere Jahre vergangen. Überraschenderweise gab es einige positive Resultate. Erst einmal muß wohl von Forest Hill eine aktive Verschleierungskampagne ausgegangen sein, denn es kamen nach wie vor Einladungen zu Ansprachen.[4] Außerdem fühlte sich Gary so elend über das, was geschehen war, daß wir mehrere lange Aussprachen hatten, die unsere persönlichen und beruflichen Beziehungen weiter stärkten. Die Diskussionen führten mich zu der Erkenntnis, daß der qualvolle Nachmittag genauso mein eigener Fehler war. Ich hätte energisch dastehen und meine Gefühle zum Ausdruck bringen sollen. Wir bekannten auch, daß wir beide fähig sind, die gleichen Dinge füreinander zu tun.

Darüber hinaus lernte ich eine außerordentliche Lektion über Optimismus gegen Realität. Es gibt Berge, die so steil sind, daß das „Ich glaube, ich kann's, ich glaube, ich kann's, ich glaube, ich kann's" besser abgelöst werden sollte durch ein „ich kann's nicht", und dann nichts wie Koffer packen und rein in den Bus.

Schließlich zogen Gary und ich noch einen weiteren großen Nutzen aus dieser Erfahrung. Jahre vergingen, ehe ich wieder nach Forest Home eingeladen wurde, doch fast jede Woche gebrauchen wir einmal die Wendung „Erinnere dich, als wir in Forest Home waren". Das ist unsere Methode, einander daran zu erinnern, daß wir niemals mehr etwas unternehmen, wenn wir nicht darauf vorbereitet sind, die Sache erstklassig durchzuführen. Es bedeutet „Nun mal langsam", „Wir haben noch nicht alle Fakten beisammen", „Vielleicht sind wir unrealistisch oder zu optimistisch" oder „Wir müssen das gründlich überlegen, bevor wir ja sagen."

Dieses eine Wortbild sagt all das und noch mehr aus. Da es uns zu einem gemeinsamen Erlebnis zurückführt, kehren auch die Gefühle wieder zurück. Die Mischung aus Worten und Gefühlen — die Wechselwirkung zwischen rechter und linker Gehirnhälfte — wirkt sich in unseren Gesprächen unverzüglich aus. Den Nutzen haben wir beide, — weil wir immer wieder einmal aus der Quelle „Erinnerst du dich, als . . ." schöpfen.

In den vorangegangenen Kapiteln haben wir dargestellt, wie kraftvoll Wortbilder sein können, wie sie gestaltet werden, und wir haben Ihnen die vier Quellen gezeigt, aus denen Sie die Wortbilder schöpfen können. Trotzdem sagen vielleicht manche: „Alles schön und gut, das sind wunderbare Geschichten. Aber ich sehe immer noch nicht genau, wie ich persönlich ein Wortbild im Umgang mit meiner Frau oder meinen Kindern verwenden kann."

Wenn Sie die nächste Seite umschlagen, betreten Sie eine Brücke, die auf fünf wichtigen Pfeilern ruht. Bei diesen fünf Pfeilern handelt es sich um Dinge, die wir als Stützen für eine erfolgreiche und erfüllte Ehe ansehen. Wir werden uns nun im einzelnen betrachten, wie Mann oder Frau persönlich Wortbilder innerhalb der Ehe anwenden können, um die Vertrautheit zu vertiefen und größere wie kleinere Differenzen zu überbrücken.

Wie können Wortbilder meinem Ehe- und Familienleben helfen?

11. Kapitel

Tragende Säulen
für eine erfüllte Ehe

Teil eins

Vor einigen Jahren bestiegen wir ein Flugzeug, um auf einer Konferenz in Süd-Missouri zu sprechen. In den Nachrichten hatten wir gehört, daß der nördliche Bundesstaat seit Tagen von Stürmen und wolkenbruchartigen Regenfällen heimgesucht wurde. Doch es dämmerte uns auch nicht einen Augenblick, daß wir auf dem Weg zu unserem Bestimmungsort — viele Meilen weiter im Süden — in enge Berührung mit den Nachwehen des Sturmes kommen würden.

Wir landeten am späten Nachmittag bei klarem Wetter und bestiegen den Flughafenbus, um unseren Mietwagen in Empfang zu nehmen. Von einigen verstreuten Wolken abgesehen hatte es den Anschein, als hätten wir uns einen idealen Vorfrühlingsabend ausgesucht, um das letzte Stück unserer Reise zurückzulegen. Wir machten uns auf den Weg und rechneten uns zwei Stunden für die Fahrt aus.

Das Unwetter, das weiter nördlich von uns zugeschlagen hatte, hinterließ über weite Strecken Verwüstungen und Gefahr. Felder waren in kleine Seen verwandelt worden und ergossen ihre unerwünschte Last in die bereits angeschwollenen Flüsse. Bald vermochten alle größeren Zuflüsse und Ströme den tagelangen Regen und die Schlammassen nicht mehr aufzunehmen — und donnerten stromabwärts auf eine Brücke zu, die wir bald überqueren mußten!

Die letzten Sonnenstrahlen verloschen und wichen der Dunkelheit, als wir über eine Anhöhe kamen und auf eine schmale Brücke eine halbe Meile vor uns blickten. Plötzlich leuchtete das grelle Rot der Bremslichter eines vor uns fahrenden Wagens auf. Das Fahrzeug schlingerte, als der Fahrer es zum Halten zu bringen versuchte.

Rasch bremsten wir ab und fuhren seitlich heran, wo der Wagen des Vordermanns am Rande der Straße zum abrupten Stehen gekommen war. In diesem Augenblick bemerkten wir, in was wir beinahe hineingefahren wären. Vor uns waren die tobenden Wassermassen für die Brückenträger zuviel geworden. Mehrere Pfeiler hatten seit Jahren das Gewicht der Brücke getragen, doch in der vergangenen Stunde hatte sich der Mittelträger verschoben, wodurch die Brücke in einem verwegenen Winkel nach unten durchgesackt war.

Wir stiegen aus und betrachteten das, was einmal ein ruhiger Fluß im Hinterland gewesen war. Wir erkannten, wie nahe wir dem Unheil geraten waren. Den Mann vor uns trennten nur wenige Meter vor einem Sturz in das mit Trümmern angefüllte Wasser. Hätte er nicht angehalten, dann wären er und sein Fahrzeug ohne Zweifel in den Fluten versunken.

An diesem Abend lernten wir eine dramatische Lektion über Brückenbau, nämlich daß eine Brücke nur so stark ist wie die Pfeiler, die sie tragen. Das gilt nicht nur für eine Brücke, sondern in gleichem Maße auch für eine Ehe.

Eine Brücke der Vertrautheit, die nicht weggespült wird

Im Laufe der Jahre haben wir Hunderte von Ehepaaren beraten. In all unseren Gesprächen ist uns bis heute kein Mann und keine Frau begegnet, die nach ihrer Verheiratung nicht den Wunsch hatten, eine starke Brücke der Vertrautheit zu bauen. Doch nach einigen Jahren stehen viele Ehemänner und Ehefrauen allein da, gestrandet auf der einen Seite eines von Problemen verstopften Flusses, während der andere am jenseitigen Ufer steht. Zwischen ihnen liegt ihr sterbender Traum von Vertrautheit, zerfällt, verzerrt sich und stürzt in eine Flut von Bitterkeit.

Wollen Sie sich solche Qual in Ihrer Ehe ersparen? Möchten Sie einen soliden Träger bedeutungsvoller Kommunikation errichten, der jedem Sturm widersteht, der sich im Laufe der Zeit erheben kann? Wir haben erkannt, daß vertrauensvolle, erfüllte Ehen von mindestens fünf größeren Säulen gestützt werden. Wenn sie tief im Zement der bedingungslosen gegenseitigen Hingabe verankert sind, widerstehen diese Pfeiler jedem Unheil und jeder Enttäuschung. Doch wenn auch nur eine der fünf zu zerbröckeln beginnt, kann die gesamte Brücke, auf der die Träume der Ehe ruhen, gefährlich durchsacken.

Eine Ehe, die sich auf den Pfeiler der Sicherheit gründet,
hält den unvermeidlichen Stürmen des Lebens am besten stand.

Sicherheit: Eine wärmende Decke der Liebe ...
und das beste Geburtstagsgeschenk überhaupt

Der erste Träger bei der Errichtung einer bedeutungsvollen Beziehung läßt sich in einem Wort ausdrücken: Sicherheit. Eine auf den Pfeiler der Sicherheit gegründete Ehe hält am besten den unvermeidlichen Stürmen des Lebens stand. Umgekehrt kann Unsicherheit einer Ehe schweren Schaden zufügen und die gesamte Struktur erschüttern und zerbröckeln.

Was meinen wir mit dem Wort „Sicherheit?" Für uns bedeutet Sicherheit die Gewißheit, daß sich jemand dazu verpflichtet, uns ein Leben lang zu lieben und zu achten. Sie ist das fortbestehende Bewußtsein, daß wir gemeinsam an der Lösung unserer Probleme arbeiten, ganz gleich, welchen Schwierigkeiten wir gegenüberstehen. Sicherheit bedeutet, daß wir der Wahrheit voll verpflichtet sind und uns keiner Korrektur verschließen.

In einem unserer Bücher führen wir aus, daß Liebe in ihrer Wurzel eine Entscheidung ist — nicht ein Gefühl. Unter diesem Gesichtspunkt ist eine der liebevollsten Handlungen eines Ehegatten die Entscheidung, seine oder ihre Ehe auf das Fundament der Sicherheit zu stellen.

Wir wollen uns eingehender mit einem besonderen Geschenk befassen, das eine Frau mit Namen Charlotte ihrem Mann machte, um zu erkennen, wie Wortbilder dieses Ziel erreichen helfen. Jahrelang hatte sie mitangesehen, wie Zweifel und unvernünftige Ängste gegen den Pfeiler der Sicherheit in ihrer Beziehung donnerten. Doch innerhalb von fünf Minuten hatte sie diese Gefühle der Unsicherheit den Strom hinabgeschickt.

Der Unsicherheit die Tür weisen

Alan, Charlottes Mann, war bereits vorher verheiratet gewesen. Schon in seinen Highschool-Tagen hatte er sich Hals über Kopf in seine spätere Frau verliebt, und dieses Gefühl war bis zu ihrem viel zu frühen Tod im Alter von zweiunddreißig Jahren nicht erloschen. Neun Jahre lang fühlte er sich nach ihrem Tod wie eine leere Hülse — bis zu einem Frühlingstag, als er Charlotte traf, eine kluge, zierliche Blondine mit hellen Augen und energischem Wesen. Ihr nicht erlöschendes Lächeln und ihre strahlende

Persönlichkeit gaben ihm das Gefühl, zehn Jahre jünger zu sein. Für ihn deckte die Beziehung vergessene Hoffnungen auf, förderte verborgene Gefühle der Liebe zutage und führte ihm seine tiefe Einsamkeit vor Augen.

Nach einer längeren Zeit der Werbung heirateten sie in Charlottes Heimatkirche. Alan versuchte sein Bestes, um seiner Frau Mut zu schenken und ihr eine liebevolle Stütze zu sein. Er war geduldig, wenn sie allzu aufgeregt war, lobte sie dauernd für große und kleine Leistungen und sorgte sich genügend um sie, um auf Gebiete aufmerksam zu machen, in denen sie noch wachsen mußte. Er half ihr sogar, einen lebenslangen Traum zu verwirklichen — einen Studienurlaub von ihrer Vollzeitarbeit zu nehmen, um ihren Collegeabschluß zu absolvieren. Er nahm dazu eine Nebenbeschäftigung auf, um den finanziellen Ausfall aufzufangen. Seine zusätzliche Tätigkeit ermöglichte ihr nicht nur ein Studium ohne finanzielle Sorgen, sie ebnete ihr auch den Weg für die Worte „magna cum laude" in ihrem Diplom, das in der Diele hing.

Alan war in vielerlei Hinsicht ein Mustergatte, aber so sehr er sich auch Mühe gab, er fühlte sich in ihrer Beziehung nie völlig sicher. Es ging nicht um fehlendes Engagement, denn er hatte geschworen, sie sein Leben lang zu lieben. Charlotte ihrerseits hatte nie den geringsten Anlaß zu Zweifeln an ihrer Treue gegeben. Immer wieder brachte sie ihre Liebe und Verpflichtung ihm gegenüber zum Ausdruck.

Dennoch trug Alan tief in seinem Herzen große Angst mit sich herum. Nachdem er seine erste Frau durch Krebs verloren hatte, fürchtete er nun, daß Charlotte dasselbe zustoßen könnte. Und da sie eine fröhliche, kecke Persönlichkeit besaß und zehn Jahre jünger war als er, dachte er sicher, daß sie ihn eines Tages um eines jüngeren, besser aussehenden Mannes „mit College-Bildung" verlassen könnte.

Jedesmal, wenn er durch den Flur des Hauses ging, mußte er unwillkürlich denken, wie klein und schäbig sein altes, abgeblaßtes Handelsschulzeugnis gegen ihr brandneues, eingerahmtes Diplom wirkte. Auch wenn er noch so sehr dagegen ankämpfte, hatte er das Gefühl, eines Tages würden seine Ängste Wirklichkeit werden. Er hätte dann nur die alten Bilder und eine neue Schicht seelischer Pein zu den neun Jahren vergangenen Schmerzes behalten.

Wie ein tief im Fleisch sitzender Splitter blieb die nagende Unsicherheit eine unaufhörliche seelische Irritation — bis zu seinem fünfzigsten Geburtstag. An diesem Tag schenkte ihm seine Frau die Gabe eines seelischen Wortbildes, das seine Zweifel und Ängste innerhalb weniger Augenblicke hinwegschmelzen ließ.

In den Wochen vor seinem Geburtstag vermied Alan jede Erwähnung dieses Tags der Schande. Den vierzigsten hatte er ohne die üblichen traumatischen Gedanken hinter sich gebracht. Aber fünfzig? Konnte er wirklich schon so alt sein?

Als der gefürchtete Tag endlich heranrückte, war ein Teil seiner Person froh, daß Charlotte nichts von seinem Geburtstag erwähnte, bevor er zur Arbeit ging. Der andere Teil stach mit langen Fingern der Unsicherheit nach ihm und versuchte, an seinen empfindlichen Stellen von Furcht und Unsicherheit zu kratzen und zu stochern.

„Natürlich hat sie heute morgen nichts von deinem Geburtstag gesagt", flüsterte die innere Stimme. „Es ist ihr genau so peinlich wie dir selbst, daß du schon so alt bist. Begreifst du das nicht? Was hast du ihr denn schon zu bieten, jetzt, da du fünfzig bist?"

Diese Gedanken gingen Alan im Kopf herum und bewogen ihn, länger im Büro zu bleiben. Als er endlich aufbrach, ging er mit langsamen Schritten zum Auto und nahm die längere Strecke nach Hause.

Trotz seines bedächtigen Tempos war er wie üblich vor Charlotte zu Hause. Beim Einbiegen in die Einfahrt sah alles so aus wie immer. Der Zeitungsjunge hatte wie gewöhnlich seinen dreimaligen Versuch, die Haustür zu treffen, verfehlt, und ein Stapel Briefe wartete darauf, ins Haus gebracht zu werden. Und so sicher wie Sonnenauf- und -untergang stand sein Retriever Casey vor der Haustür. Er wedelte aufgeregt mit dem Schwanz, als wolle er ihn abwerfen.

Alan liebte den Hund. Casey war sein letztes lebendes Band zu den glücklichen Jahren mit seiner ersten Frau. An den langen, düsteren Tagen nach ihrem Tode, wenn er jeden Abend hinten am Haus saß und weinte, kuschelte sich sein stummer Freund mit den sanften braunen Augen neben ihn. Alan war sicher, daß der Hund seinen Schmerz spürte, und Caseys wärmende Gegenwart war seinem wehen Herzen ein ungeheurer Trost.

Auf seinem Weg nach innen blieb Alan einen Augenblick stehen, tätschelte Casey den Kopf und schaute ihm zu, wie er sich voller Wonne am Kinn kraulen ließ. Nachdem er Post und Zeitung an sich genommen hatte, öffnete er die Tür und wollte nach dem Lichtschalter greifen. Doch bevor er den Schalter erreichen konnte, blitzte ein anderes Licht auf, und eine ganze Schar von Angehörigen und Freunden kamen aus ihren Verstecken zum Vorschein.

„Überraschung!" riefen sie. „Höchste Zeit, daß du kommst!"

An diesem Abend gab es viel Spaß und Unterhaltung, aber auch nachdenkliche Zeit. Jeder der Gäste schrieb einen Beitrag für Alan und bezeugte, wie sein liebevoller Sinn in seinem oder ihrem Leben über die Jahre hin gewirkt hatte. Doch wie Alan uns später erzählte, bekam er das schönste Geschenk überhaupt von Charlotte – ein Geschenk, das ihm nicht nur half, die unbegründeten Ängste und Ungewißheiten in seiner Ehe zu vertreiben, sondern sie auch durch ein felsenfestes Vertrauen zu ersetzen.

Es begann damit, daß sie allen bedeutete, ihr die volle Aufmerksamkeit zu widmen. „Es ist nun an mir, Alan sein Geschenk zu überreichen", sagte Charlotte. „Es besteht aus zwei Teilen."

Zuerst übergab sie ihm ein Schächtelchen mit einer neuen Uhr. Ringsum erhob sich Applaus und viel Oohs und Aahs, als er seinen neuen Chronometer hochhielt.

„Ich weiß, daß du das brauchen kannst, und immer, wenn du draufschaust, sollst du an mich denken", sagte sie und zwinkerte ihm zu. „Aber ich hab noch ein anderes Geschenk für dich – eine kleine Geschichte, die ich gerne in Anwesenheit unserer Familie und Freunde vortragen möchte.

Den meisten von euch habe ich nie etwas von meiner Herkunft gesagt, aber ich glaube, ich war immer wie ein ständig aufgedrehter junger Cokkerspaniel – einer, der dauernd herumtobt und alles Mögliche anstellt, was er nicht darf", begann sie.

Ringsum im Zimmer gab es verständnisvolles Nicken und Lächeln. Jeder wußte, daß sie selbst an einem freien Tag ein Ausbund an pausenloser, quirliger Aktivität war.

„Aber ich wuchs in einer Familie auf, in der es nicht akzeptiert wurde, wie ein Cockerspaniel zu sein. Ständig stieß ich auf Mißfallen, weil ich so war, wie ich war, und ständig gab man mir das Gefühl, daß ich ganz anders sein sollte. Nie wurde ich gebürstet und gekämmt, und jedesmal, wenn ich Aufmerksamkeit heischend aufsprang, wurde ich zu Boden gestoßen und an eine Würgeleine angekettet.

Ich will mich nicht in Einzelheiten verbreiten, aber zu dem Zeitpunkt, als ich in der Highschool war, wurde es wirklich schlimm für mich. Einmal erklärte man mir, ich sei ein Bastard, der nie etwas wert sein werde. Man steckte mich sogar in ein Auto, fuhr mich zum örtlichen Tierheim und warf mich am Eingang heraus.

Ich lief weg, bevor die Leute vom Asyl mich erwischten. Aber noch Jahre nach diesem Erlebnis streifte ich durch die Straßen und konnte niemals richtig glauben, daß jemand mich so, wie ich war, als Cockerspaniel, gernhaben könnte.

Aber eines Tages sah Alan mich vorübergehen – mit struppigem Haar und so weiter — und er nahm mich liebevoll auf. Ich weiß nicht wie, aber er glaubte, daß unter dem schmutzigen, struppigen Fell ein reinrassiges Exemplar zum Vorschein kommen werde. Er nahm mich mit nach Hause, bürstete mein Fell und band mir sogar ein hübsches Band um. Mein ganzen Leben lang hatte man mir das Gefühl gegeben, ich sei ein Straßenköter, doch als ich erkannte, wie sehr er an mich glaubte und sich um mich kümmerte, da fing ich selbst an, mir vorzustellen, daß ich vielleicht doch einen Stammbaum habe."

Charlotte hielt einen Augenblick inne, um sich die Haare zurückzustreichen. Ein rascher Blick in die Runde verriet ihr, daß sie die allgemeine Aufmerksamkeit fesselte — ganz besonders bei Alan.

„Seit sechs Jahren nun werde ich geliebt und beschützt. Ich erkannte sogar, daß ich einen lebenslangen Freund habe, bei dem ich leben kann. An manchen Tagen kommt der tollpatschige Hund in mir immer wieder einmal zum Vorschein, ich renne herum und werfe gelegentlich auch Sachen um. Aber auch dann werde ich geliebt und nicht etwa geschlagen und vor die Tür geworfen", sagte sie und wandte sich mit Tränen in den Augen Alan zu.

„Nachdem ich jahrelang das Gefühl hatte, ein Bastard zu sein, habe ich endlich ein Zuhause gefunden, wo ich für einen Rassehund angesehen werde. Endlich weiß ich, wo ich hingehen kann, ohne mich ändern zu müssen, ohne gezwungen zu werden, jemand anderes zu sein, als ich in Wirklichkeit bin.

Alan, ich weiß, du bist das Geburtstagskind, du wirst beschenkt, aber ich glaube, ich habe das größte Geschenk von allen bekommen. Jeden Tag darf ich mit einem Mann zusammenleben, der mir auf tausenderlei verschiedene Weisen sagt: ‚Niemals mehr werde ich dich wegschicken und auf die Straße jagen.' Liebling, ich liebe dich von ganzem Herzen."

Charlotte hatte weniger als eine Stunde damit zugebracht, sich ihr Wortbild, das sie der Quelle der Natur entnommen hatte, auszudenken und einzuüben. Sie wußte, daß Alan Tiere liebhatte, ganz besonders Casey. Ursprünglich hatte sie sich ihre Geschichte als besondere Note für die Überraschungsparty gedacht, aber für Alan bedeutete sie weit mehr. Sie wühlte ihn so tief auf, weil sie sechs Jahre der Unsicherheit und unbegründeten Furcht hinwegschwemmte.

Wenn Sie daran denken, eine Brücke der Vertrautheit in Ihrer Ehe zu bauen, besitzt Ihr Pfeiler der Sicherheit dann genügend Festigkeit? Wenn Sie Ihren Ehemann oder Ihre Gattin fragen würden — ohne Drängen oder nichtverbale Drohungen — wie sicher er oder sie sich in Ihrer Beziehung fühlen, wie würde die Antwort wohl ausfallen?

Fragen Sie doch Ihren Ehepartner einmal, auf der Grundlage einer Zehn-Punkte-Skala, welchen Grad an Sicherheit Ihre Handlungen und Ihr Verhalten ihm (oder ihr) gibt. Wenn „eins" absolute Unsicherheit und „zehn" vollkommene Sicherheit bedeutet, wie hoch würden Sie werten? Haben Sie Ihrem Ehepartner je die Frage gestellt, was notwendig wäre, um innerhalb der nächsten sechs Wochen eine Annäherung an vollkommene Sicherheit zu erreichen oder — wenn Sie an diesem Ziel bereits angelangt sind, um diesen Zustand zu wahren?

Eine Brücke zwischen Mann und Frau kann tosenden Wassern nicht standhalten, wenn der Pfeiler der Sicherheit aus Sandstein besteht. Durch den Einsatz von Wortbildern zur Stärkung des Selbstbewußtseins Ihres Ehepartners helfen Sie ihm oder ihr nicht nur, ein neues Niveau des Vertrauens zu erreichen, sondern festigen Ihre Ehe zugleich mit Pfeilern aus Granit.

Selbstverständlich sind wir uns darüber klar, daß es mehr als diese Sprache der Liebe braucht, um Sicherheit in einer Ehe aufzubauen. Wortbilder müssen auch mit alltäglichen Handlungen verknüpft werden, die Vertrauen und Wahrhaftigkeit fördern. In anderen von uns verfaßten Büchern bieten wir ausführliche Anleitungen für die Heranbildung besonderer Eigenschaften, die dauerhafte Sicherheit in eine Beziehung bringen können.[1] Wenn solche Fähigkeiten in Ihrer Ehe fehlen, können diese Bücher als „Gebrauchsanweisung" für Ihre Bemühungen um eine Neuorientierung dienen.

Auch wenn Taten lauter sprechen mögen als Worte, sind diese für eine gesunde Ehe von elementarer Bedeutung. Mit einfachen Worten: Unser Ehepartner muß „hören", daß er unsere Wertschätzung genießt, und wir müssen ihm „sagen", daß er geliebt wird. Unter allen Möglichkeiten, Lob und Unterstützung zum Ausdruck zu bringen, sind Wortbilder am besten, denn sie senken eine unverrückbare Pflanze in das Herz eines Menschen. Vergessen Sie auch nicht, daß Wortbilder Sicherheit in mehr als einer Weise schaffen können.

Erinnern Sie sich noch an Jim und Susan, die jeder eine Geschichte erzählte, durch die der andere bis zu Tränen aufgewühlt wurde?[2] Während Tränen über zornige oder unvernünftige Worte die Sicherheit in einer Ehe aushöhlen können, vermögen sie auch Liebe und gegenseitige Verpflichtung zu binden.

Mancher von uns sollte nun auf der Stelle einhalten und die alltäglichen Handlungen gründlich unter die Lupe nehmen. Wir müssen uns objektiv betrachten, was wir hinsichtlich des Aufbaus oder der Zerstörung der Sicherheit in unserer Ehe zustandebringen. Diese Prüfung kann dazu führen, daß wir mehr Wissen und mehr Geschick zur Schaffung von Sicherheit gewinnen, sie kann uns aber auch zu einem Beratungsgespräch zu einem Pfarrer oder einem anderen Berater führen.

Wenn dieser erste Pfeiler einmal steht, müssen wir die zweite wichtige Stütze für eine gesunde Ehe genauer betrachten. Dazu gehört die bedeutsame Kommunikation, für die Wortbilder geradezu maßgeschneidert sind.

Bedeutsame Kommunikation: Sprechen von Herz zu Herz

Das Wort „Kommunikation" leitet sich vom lateinischen „communis", gemeinsam, ab. Mit anderen Worten ausgedrückt, wenn Mann und Frau je eine sinnvolle Kommunikation führen wollen, müssen sie einen gemeinsamen Grund finden, der ihre Unterschiede umspannt.

In Kapitel vier entdeckten wir genug natürliche Unterschiede zwischen Mann und Frau, um ein Pferd darunter zu begraben — geschweige denn eine Ehe. Doch wir fanden auch heraus, daß seelische Wortbilder eine der wirksamsten Methoden sind, um diese Differenzen zu überbrücken. Aus diesen und allen anderen, in früheren Kapiteln genannten Gründen sollten wir in der Kommunikation Wortbilder verwenden,

– um Klarheit und Lebendigkeit unserer Gespräche zu steigern,
– um die Aufmerksamkeit eines Menschen zu fesseln,
– um die Emotionen eines anderen einzufangen,
– um sicherzustellen, daß andere sich unserer Worte erinnern,
– um an die Stelle einer Schwarz-Weiß-Konversation ein Gespräch voll lebhafter Farbe zu setzen
– und noch vieles mehr.

Wortbilder sind für die Erzeugung von Vertraulichkeit und die Lösung von Konflikten von ausschlaggebender Bedeutung. Nur wer diese Sprache der Liebe beherrscht, kann zu klarer und kraftvoller Rede gelangen. Sicherheit und bedeutungsvolle Kommunikation sind unabdingbare Notwendigkeiten, wenn eine Brücke der Vertrautheit halten soll. Im folgenden Kapitel werden wir die übrigen drei Pfeiler untersuchen, die eine sinnvolle Beziehung stützen. Tief in den Grund der Ehe eingelassen, tragen sie ihr Gewicht über Jahre hinweg ohne Schäden.

12. Kapitel

Tragende Säulen für eine erfüllte Ehe

Teil zwei

Um die unvermeidlichen Differenzen und Meinungsverschiedenheiten im Laufe einer Ehe zu überbrücken, sind drei weitere Pfeiler vonnöten. Bei den meisten erfolgreichen Ehen, in die wir Einblick gewinnen konnten, hat jedes Paar beschlossen, eine wichtige Flamme am Leben zu erhalten, — eine Flamme, die durch ein seelisches Wortbild entzündet und angefacht werden kann.

Zeiten voll Gefühl und Romantik: Die Erzeugung von Stimmungen, die verbinden

Es mag den Anschein haben, daß es für eine Beziehung weniger wichtig ist, die Flammen der Romantik am brennen zu halten, als Sicherheit oder bedeutsame Kommunikation, doch das ist nicht der Fall. Dieser dritte Pfeiler kann dazu beitragen, einer Familie Stabilität zu verleihen, vor allem in schwierigen Zeiten.

Wir legen keineswegs nahe, daß ein Ehepaar an jedem Wochenende ein Dinner bei Kerzenlicht begehen sollte. (In vielen Familien würden die Kinder die Kerzen lange vor Beendigung der Mahlzeit ausblasen, ausdrücken oder abbeißen!) Vielmehr wollen wir sagen, daß kluge Ehepaare niemals die Bedeutung der Romantik für ihr eheliches Wohlbefinden aus den Augen verlieren. Sehen Sie sich beispielsweise Rick an.

Als er alt genug war für Verabredungen mit Mädchen, nahm ihn seine Mutter beiseite und erklärte ihm die Wichtigkeit der Romantik. Nachdem er sein Leben lang die liebevollen Dinge gesehen hatte, die sein Vater für seine Mutter tat — und wie sich dies in der engen Beziehung zwischen beiden niederschlug —, nahm er ihren Rat gerne an.

In der Highschool nahm er ein paar Meter extra in Kauf, um Autotüren zu öffnen und für besondere Gelegenheiten hübsche Blumensträußchen zu besorgen. Er legte großen Wert darauf, auf eindrucksvolle Weise an Geburtstage zu denken und zu besonderen Leistungen Glückwunschkarten zu schicken. Als er nach dem Abschluß einem Mädchen in seiner Englischklasse im ersten Semester in die tiefblauen Augen blickte, wußte er, daß sich sein Verhalten auszahlte.

In den vier Jahren, die sie miteinander gingen, bildete der ständige Strom von Briefchen, Karten, Blumen und schöpferisch gestaltete Verabredungen für Nancy eine romantische Einleitung für eine lebenslange Liebe. Als im letzten Collegejahr die Zeit für einen Heiratsantrag heranrückte, ließ sich Rick etwas Besonderes einfallen.

Er begleitete Nancy in den Weihnachtsferien zu ihren Eltern. Ihm entging nicht, daß sie allmählich erwartete, er werde die Frage jederzeit auf den Tisch bringen, doch er hatte andere Pläne.

Am Tag vor ihrer Abreise hatte er ihren Verlobungsring besorgt und sprudelte innerlich vor Aufregung, als sie am Schalter der Fluggesellschaft eincheckten. Doch als sie zu den Sicherheitsschleusen kamen, erstarrte er beinahe. Er wußte, daß der Ring in seiner Jackentasche den Metalldetektor ansprechen lassen würde. Der kreischende Alarmton würde ihn zwingen, alle Taschen auszuleeren, und damit wäre seine ganze Planung hinfällig.

Glücklicherweise wahrte der Detektor sein Geheimnis, und sie setzten ihren Weg fort zum Flugsteig. Doch selbst nach dem Einsteigen war Rick so nervös wie ein werdender Vater. Kaum hatte er sich hingesetzt, da entschuldigte er sich, er wolle die Toilette aufsuchen. Doch in Wirklichkeit ging er zur Küche. Am ganzen Leibe zitternd trat er auf die nächste Stewardeß zu und schob ihr verlegen ein schwarzes Schmucketui in die Hand. Doch er war so nervös, daß sie es mit der Angst zu tun bekam und es ihm auf der Stelle wieder zurückgab! Nachdem er ihr schließlich glaubhaft versichert hatte, daß es sich um keinen Sprengsatz handelte, überredete er sie dazu, Nancy anstelle des Dinners ein Tablett mit dem Verlobungsring zu servieren.

Jeder einzelne vom Flugpersonal tat sein Bestes, das Geheimnis zu wahren. Sie widmeten Nancy in keiner Weise mehr Aufmerksamkeit als den übrigen Fluggästen, um sie nicht mißtrauisch zu machen. Sie gingen ihrer Arbeit nach, brachten die Passagiere an ihren Plätzen unter, und nach dem Start begannen sie den Gang entlang die Mahlzeit zu servieren.

Nancy nahm den Mittelsitz zwischen einer älteren Frau am Fenster und Rick neben dem Gang ein. Die Stewardeß servierte erst der Frau, dann Rick ihr Essen, danach trat eine längere Pause ein. Als Nancy schließlich merkte, daß etwas nicht stimmte, sah sie auf und erblickte die ganze Crew um sich herum. Von einem Ohr zum anderen grinsend stellten sie ein von Hand aus Alu-Folie gefertigtes Körbchen vor sie hin. Darin lag ein Schmucketui, das sie mit einem überraschten Aufschrei öffnete.

„Ja, ich will dich heiraten!" rief sie und umarmte Rick strahlend. Die ältere Frau gratulierte ihr gemeinsam mit der Crew. Plötzlich erwachte der Bordlautsprecher krächzend zum Leben, als der Kapitän Rick und Nancy gratulierte und alle an Bord zu ihrer Hochzeit einlud! Die ganze Maschine brach in spontanen Beifall und Gelächter aus, und Nancy lachte und weinte zugleich.

Sooft in späteren Jahren die Geschichte ihrer Verlobung hoch in den Lüften erzählt wurde, bemerkte Rick kichernd, mit ihrer Beziehung sei es seitdem immer weiter abwärts gegangen. In Wirklichkeit festigte sich ihre Ehe im Laufe der Jahre immer mehr. Sie wurde eigentlich nur noch übertroffen durch Ricks Erfolg im Ölgeschäft. In dieser ganzen Zeit, als sein Geschäft blühte, gab er sich auch weiterhin große Mühe, um einen Funken Romantik am Leben zu erhalten.

Er besorgte Babysitter und „entführte" seine Frau zu einem ganz besonderen Rendezvous. Oder er nahm einen Teddybären, klebte ein Zettelchen mit den Worten „Ich liebe Dich" daran und steckte ihn, in Alufolie verpackt, in die Gefriertruhe. Früher oder später, manchmal erst nach Monaten, kramte Nancy dann unter den eingefrorenen Lebensmitteln auf der Suche nach etwas, was sie zum Essen auftauen konnte, und stieß dabei statt eines Hähnchens oder Bratens auf einen Teddybären mit der Notiz ihres Mannes.

Für viele ihrer Nachbarn waren sie das ideale Ehepaar, das selbst Ken und Barbie in den Schatten stellte. Da brach in einem Staat, in dem die Ölpreise noch nie nachgegeben hatten, praktisch über Nacht der Markt zusammen. Im Laufe von beinahe fünfundzwanzig Jahren hatte Rick ein Vermögen verdient, doch in weniger als vierundzwanzig Monaten sah er die Früchte seiner Arbeit an Gläubiger und für Verfallserklärungen dahinschmelzen.

Die Lage wurde so verzweifelt, daß Rick etwas Unvorstellbares tun mußte — etwas, was er nicht im Traum hätte für möglich gehalten. Um die monatliche Abzahlung auf ihr Haus aufzubringen, mußte er ihren Diamant-Verlobungsring verkaufen, um das dringend benötigte Bargeld hereinzubekommen.

Rick war schließlich gezwungen, sich völlig aus dem Ölgeschäft zurückzuziehen. Sie verloren alles, was sie besaßen. Zum erstenmal seit ihrer Verheiratung war er nicht mehr der heitere, zu Scherzen aufgelegte Gatte, der er immer gewesen war. Unter dem furchtbaren Druck und Schmerz, den ihm der Verlust seines Geschäfts bereitete, schwanden seine romantischen Einfälle fast auf Null.

Doch als die Lage am schlimmsten schien, fand Rick eine aussichtsreiche Stellung in einem anderen Industriezweig. Langsam besserten sich die Aussichten der Familie, als seine neue Firma Ricks geschäftliche Fähigkeiten erkannte und zu schätzen wußte. Doch es dauerte zwei Jahre, als Rick und Nancy zum Dinner ausgingen, um eine neue Beförderung in seinem Beruf zu feiern, bis sie wieder den alten Rick erlebte. An diesem Abend tat er etwas so Romantisches und Bedeutsames, daß ihre Seele bald höher flog als die 12 000 Meter, wo ihre Verbindung begonnen hatte.

„Nancy", sagte Rick, als sie aus dem Fenster des Restaurants auf die blinkenden Lichter der Stadt drunten blickten, „meinst du nicht, daß die Lichter heute wie Diamanten funkeln?"

Lächelnd nickte sie. „Es ist schön, wieder einmal hier zu sein."

In seinen Zeiten im Ölgeschäft hatten sie häufig in diesem hochgelegenen Restaurant des Stadtzentrums verkehrt. Vor einigen Jahren hatten sie hier sogar eine Feier zum Hochzeitstag seiner Eltern gegeben, bei der über achtzig Leute mit einem üppigen Mahl bewirtet wurden. Doch das lag Jahre zurück, und heute waren sie seit dem Verlust ihres Geschäftes zum erstenmal wieder hier.

Nancy saugte den Anblick von ihrem Platz so hoch über der Stadt geradezu ein. Die Lichter drunten tanzten und funkelten wirklich wie Diamanten.

In diesem Augenblick erschien der Kellner mit ihrem Hauptgang. Er und seine Gehilfen waren so aufmerksam wie in früheren Jahren. Es bereitete ihr Freude, ihren geschickten Händen zuzusehen. Immer waren sie zur Stelle, um ein Glas aufzufüllen oder eine Schüssel wegzutragen, doch nie so nahe, daß sie die Unterhaltung gestört hätten.

Sie hatte ihr Lieblingsgericht bestellt, und es wurde ihr genauso serviert, wie sie es in Erinnerung hatte — zugedeckt mit der glänzenden silbernen Warmhalteglocke, die der Kellner mit einer eleganten Handbewegung abnahm. Nur befand sich diesmal, als er den silbernen Deckel abhob, nichts weiter auf der Platte als ein kleines, schwarzes Schmucketui.

Ihr Geist brauchte eine Weile, um zu erkennen, was da vor ihr stand.

Immerhin waren seit ihrer Verlobung fast fünfundzwanzig Jahre vergangen. Sie fürchtete sich beinahe, die Schachtel zu berühren. Ganz langsam streckte sie die Hand aus und öffnete vorsichtig den Deckel. Der Verlobungsring, den sie vor Jahren bekommen hatte, war ein schöner, einkarätiger Brillant gewesen. Nun starrten ihre Augen auf einen herrlichen, zweikarätigen Stein, der von zahlreichen kleinen Brillanten eingefaßt war.

Rick nahm die Hand seiner Frau. „Nancy", sagte er mit bewegter Stimme, „du bist wie dieser Diamant – schön, exquisit und kostbar. Du besitzt viele Facetten, die ich an dir liebe – deine Wärme, deine Treue, deine Freundlichkeit. In jeder Lage, in der wir einander begegnen, fängt eine deiner Facetten einen Lichtstrahl ein und wirft ein Farbenbündel auf mich. Selbst in den härtesten Zeiten tust oder sagst du helle, gute, ermutigende Dinge, und du nimmst dieses Licht und reflektierst es in herrlichen Regenbogenfarben auf mich. Du bist der unbezahlbarste Schatz, den Gott mir je geschenkt hat.

Der glücklichste Tag meines Lebens war, als ich dir den ersten Brillanten schenkte. Der dunkelste Tag war, als ich ihn zurückerbitten mußte. Jedesmal, wenn du diesen neuen Brillantring anschaust, sollst du dich daran erinnern, daß er ausdrückt, was ich für dich fühle. Herzliche Glückwünsche zum Hochzeitstag, mein Liebling – wenn's auch ein bißchen früh ist."

Es fehlten noch acht Monate bis zu ihrem nächsten Hochzeitstag. Umso größer war die Überraschung über sein Geschenk. Wie schon einmal, erfuhr ein ganzer Raum voller Fremder, daß sie sich gerade „verlobt" hatten, und brach in spontanen Beifall aus. Doch gerade als Nancy den Gipfel ihrer Gefühle erreichte, wurde sie von der Wirklichkeit des Preisschildes wieder auf die Erde zurückgeholt.

„Rick", sagte sie zitternd, als erwache sie aus einem Traum, „ich bin zutiefst gerührt, aber . . . wo hast du denn das Geld hergehabt?"

„Ich wußte, daß du das fragen würdest", meinte er zwinkernd. „Ich hab' eins von den Kindern verkauft."

„Im Ernst, ich möchte es wirklich wissen", sagte sie, und in ihrer Stimme klang eine Spur von Angst auf. Auch wenn nicht länger die hungrige Wolfsmeute vor ihrer Tür lauerte, wußte sie doch, daß sie sich Schulden für einen Ring kaum leisten konnten, schon gar nicht für ein so prächtiges Stück.

„Nun, ich hab' das Geld von meinem Dad bekommen."

„Was hast du?" Selbst in ihren finstersten Zeiten hatte sich Rick nie um Unterstützung an seinen Vater gewandt. Sein Dad war ein erfolgreicher

Geschäftsmann gewesen und hätte ihnen alles gegeben, was er besaß. Aber Rick zog es vor, einen eigenen Weg aus seinen Problemen zu finden, und hatte die Hilfe seines Vaters zurückgewiesen.

„Du kennst doch die Gewehre, die ich bei Dads Tod einmal bekomme — die er nie benützt? Nun, vor einigen Wochen hatten wir ein langes Gespräch, und da keiner von uns mehr auf die Jagd geht, habe ich sie gegen Bargeld für den Ring verkauft."

Ricks Vater war früher ein begeisterter Jäger gewesen und besaß eine Schußwaffensammlung, die mehrere tausend Dollar wert war. Sie stellte einen persönlichen Schatz dar, den er seinem Sohn einmal weitervererben wollte. Nancy konnte geradezu vor sich sehen, wie die beiden erwachsenen Männer sich wie Kinder benahmen und einen Plan ausheckten, um den Ring zu beschaffen. Rick hatte seinen praktischen Witz und seine romantische Ader nicht von ungefähr — er hatte sie direkt von seinem Vater geerbt.

Nun, da sie wußte, daß die beiden etwas Kostbares aufgegeben hatten, um den Ring zu kaufen, vermochte sie das Geschenk fast nicht anzunehmen. Sie konnte ihren Blick nicht von dem Diamanten wenden, und in ihr war das Wissen, daß er Symbol für eine Liebe war, die weit über den Preis hinausging, den der Ring im Juwelierladen kosten würde.

Ricks Worte drangen unmittelbar zu Nancys Herz, weil er einen Gegenstand wie auch ein verbales Bild benutzte, um ihr seine Liebe zu vermitteln. Seine Worte zusammen mit dem sichtbaren Symbol seiner Liebe schufen in Nancys Geist ein nicht verlöschendes Bild. Sooft sie die Regenbogenfarben ihres Brillanten funkeln sah, hörte sie Ricks bekräftigende Worte, die sie immer von neuem mit innerer Wärme erfüllten und Vertrauen und Stärke in ihrer Ehe schufen. Der Ring und Ricks Worte würden immer eine unbezahlbare Erinnerung daran sein, wie hoch seine Wertschätzung für sie war und auf welch besondere Weise er romantische Ereignisse und Gedanken in ihre Ehe einbaute.

Selbstverständlich besitzen die meisten von uns keine Waffensammlung, die sie gegen einen Brillanten eintauschen können, um einen romantischen Abend zu gestalten. Doch es gibt einen köstlichen Schatz, den wir unserem Ehepartner schenken können und der nicht mehr kostet als einen Atemzug, — ein Wortbild aus einer der vier Quellen. Seit Jahrhunderten haben Männer und Frauen, die Romantik in ihre Beziehung gebracht haben, sehen können, wie sich ihre Worte in Gold verwandeln.

Nehmen Sie als Beispiel König Salomo und seine Braut. Hören Sie sich die Wortbilder an, mit denen er ihr Herz eroberte:

Deine Augen sind wie Taubenaugen hinter deinem Schleier ...
Deine Lippen sind wie eine scharlachfarbene Schnur ...
Deine Schläfen ... sind wie eine Scheibe vom Granatapfel.[1]

Sie bietet ihm ein Wortbild dar in ihrer eigenen Sprache der Liebe und spricht von ihrem Bräutigam:

Wie ein Apfelbaum unter den wilden Bäumen, so ist mein Freund unter den Jünglingen. Unter seinem Schatten zu sitzen, begehre ich, und seine Frucht ist meinem Gaumen süß.[2]

Oder hören Sie Romeo und Julia zu, den Geschöpfen William Shakespeares. Ihre Liebesworte — in Wortbilder eingefangen — wurden über Generationen hinweg unsterblich. Romeo spricht:

Doch still, was schimmert durch das Fenster dort?
Es ist der Ost, und Julia die Sonne!- [3]
O wie sie auf die Hand die Wange lehnt!
Wär ich der Handschuh doch auf dieser Hand
und küßte diese Wange![4]
Komm, milde, liebevolle Nacht! Komm, gib mir meinen Romeo!
Und stirbt er einst,
nimm ihn, zerteil in kleine Sterne ihn,
er wird des Himmels Antlitz so verschönen,
daß alle Welt sich in die Nacht verliebt
und niemand mehr der eitlen Sonne huldigt ...[5]

Eine der romantischsten Beziehungen in neuerer Zeit verband Elizabeth Barrett Browning und ihren Mann, Robert Browning. Sie sandten einander ein Wortbild um das andere zu. Ein geradezu vollkommenes Beispiel aus ihrer Feder beginnt mit den oft zitierten Worten: „Wie ich dich liebe? Laß mich die Weisen zählen."[6]
Anstatt die Weisen zu zählen, wissen wir wohl, was einige unter Ihnen — vor allem männliche Wesen mit linkslastigem Hirn — denken werden:

„Nun mal sachte! Das ist ja Dichtung! Wollen Sie vielleicht sagen, ich solle mein Wortbild in Reime gießen, um Romantik in meine Ehe zu bringen? Das geht wirklich zu weit!"

Wollten wir das vorschlagen, dann würde wohl auch nicht ein Mann unter hundert dieses Buch in die Hand nehmen und ein Wortbild ausdenken. Bedenken Sie, daß Dichtung und schöne Künste vorwiegend Fähigkeiten der rechten Gehirnhälfte sind. Wir fordern deshalb keineswegs den typischen, von der linken Gehirnhälfte gesteuerten Mann auf, ein Shakespeare zu werden, um seine Ehe mit Romantik zu bereichern.

Die größten Liebenden aller Zeiten waren Menschen, die Wortbilder benutzten, um ihre Gefährten zu gewinnen.

Dennoch gilt auch heute noch, daß die größten Liebenden aller Zeiten Menschen waren, die Wortbilder benutzten, um ihre Gefährten zu gewinnen.[7] Ob Sie nun ein Wortbild gestalten wie Rick — in unmittelbarer, alltäglicher Sprache — oder ein Gedicht wie Shakespeare, in jedem Falle wirken Sie dauerhafte Bande der Liebe.

Bedenken Sie, wenn Salomo weise genug war für die Erkenntnis, daß eine Frau Liebe und Sicherheit durch romantische Worte gewinnt, dann sollten wir ihm auf diesem Wege folgen. Sicherheit, bedeutsame Kommunikation und seelisch-romantische Bindungen — alle drei bieten eine starke Stütze für eine enge Beziehung, und alle drei werden am besten durch die Sprache der Liebe zustandegebracht.

Außer den drei Pfeilern, die wir schon betrachtet haben, gibt es noch zwei weitere. Beide können dazu beitragen, eine Brücke enger Vertrautheit zu schlagen, die ein Ehepaar sicher durch die rauhen, gefährlichen Wasser auseinanderklaffenden Denkens und seelischer Distanz zu leiten vermag.

Bedeutungsvolle Berührung

Eine Untersuchung um die andere kommt zu demselben Schluß. Ein wesentlicher Bestandteil für eine enge eheliche Beziehung liegt direkt in unseren Fingerspitzen. Gemeinsam mit vielen anderen kamen Forscher der UCLA (University of California at Los Angeles) zu der Erkenntnis, daß die bedeutungsvolle Berührung von entscheidender Bedeutung für die Schaffung und Erhaltung einer engen Beziehung ist.[8] F.B.Dresslar hat sogar bewiesen, daß eine Frau im besonderen acht bis zehn bedeutungsvolle Berührungen pro Tag braucht, um körperlich und seelisch gesund zu bleiben.[9]

Da die meisten Ehemänner von der linken Gehirnhälfte gesteuert werden und Berührung — genauso wie Romantik und bedeutsame Kommunikation — Handlungen der rechten Gehirnhälfte sind, kann eindeutig festgestellt werden, daß die Bedürfnisse vieler Frauen unerfüllt bleiben. Die Folge ist, daß eine Frau sich außerhalb des Schlafzimmers oft bei Kindern, Angehörigen oder nahestehenden Freunden die bedeutungsvolle Berührung holen muß, die ihr der Ehemann schuldig bleibt.

Viele Ehemänner begreifen nicht, daß sie, wenn sie ihrer Frau die nichtsexuelle Berührung vorenthalten, die Tür für einen anderen Mann öffnen, der ihr diese fehlende Erfüllung bietet.[10] Diese Tür braucht nie aufzugehen. Männer müssen jedoch erkennen, daß die Wünsche einer Frau nach bedeutungsvoller Berührung nicht sexueller Art sind.[11]

Wenn der Mann seine Frau bei der Hand faßt, während sie gemeinsam irgendwo warten, ihr den Rücken tätschelt, sanft über ihr Haar streicht (in der richtigen Richtung!) und sie zärtlich in die Arme nimmt, nutzt er lauter Wege zur Knüpfung enger Vertrautheit in einer Beziehung.

Nicht nachlassende sanfte Berührung ist eine der wirkungsvollsten Weisen, Gefühle der Sicherheit zu steigern, eine bedeutsame Kommunikation einzuleiten und die Szene für seelische Bindungen und romantische Ereignisse vorzubereiten. Doch was hat bedeutungsvolle Berührung mit Wortbildern zu tun? Eine ganze Menge. Eine liebevolle Umarmung beispielsweise kann eines der stärksten „nichtverbalen Wortbilder" der Liebe sein.

Untersuchungen über Kommunikation zeigen, daß nichtverbale Botschaften in der Tat eindrucksvoller sind als verbale![12] Wegen des außergewöhnlichen seelischen Gewichts einer bedeutsamen Berührung kann das nichtverbale Bild, das eine Umarmung in den Gedanken eines Menschen hinterläßt, eine Beziehung festigen — genau wie bei einem Mann, der uns eines Tages bei der Rundfunk-Talkshow anrief und seine bemerkenswerte Geschichte erzählte.

Wir befanden uns in einem der von uns besonders geschätzten Rundfunkprogramme, bei dem Hörer direkt anrufen können. In seinem einfühlsamen Stil forderte uns der Moderator auf, das Prinzip einer Beziehung zu erläutern und die Hörer dann aufzufordern, mit ihren Problemen, Fragen oder Kommentaren anzurufen.

Wir hatten gerade die Ausführungen über die Bedeutung der bedeutsamen Berührung beendet, als ein Mann anrief, den wir George nennen wollen.

„Ich war einundfünfzig, als ich einen schweren Herzanfall erlitt", sagte er. „In aller Eile wurde ich ins Krankenhaus gebracht. Wegen der Schwere des Anfalls rief meine Frau meinen Vater an, er möge zu mir in die Klinik kommen.

Soweit ich mich erinnern kann, hatte mein Dad mir nie gesagt, daß er mich liebe, auch nicht, daß er stolz auf mich sei. In seiner ruhigen Art war er immer zur Stelle und half, aber die Frage, ob er mich wirklich liebe, bohrte ständig in mir.

Doch als ich im Krankenhaus lag und die Ärzte mir sagten, daß ich es vielleicht nicht schaffen werde, da flog mein siebzigjähriger Vater quer übers Land, um bei mir zu sein. Er traf am Tag nach meinem Herzanfall ein, und als er ins Zimmer kam, da tat er etwas, was ich nie vergessen werde. Er zog sich einen Stuhl ans Bett, setzte sich und nahm meine Hand in seine. Ich konnte mich nicht entsinnen, daß er mich je in den Arm genommen oder geküßt hatte, doch als ich da in der Intensivstation lag, überall mit Schläuchen versehen, blieb er mehrere Stunden, und die meiste Zeit über hielt er meine Hand."

Bis zu diesem Punkt dachten wir, daß wir einfach ein weiteres dramatisches Beispiel für das starke symbolische Bild hörten, das die bedeutsame Berührung hinterlassen kann. Auf das, was er weiter sagte, waren wir nicht vorbereitet.

„Bis zu einem gewissen Grade schmerzt es mich, daß mein Vater mir niemals sagte, daß er mich liebe, doch damit, daß er zu mir kam und meine Hand hielt, brachte er zum Ausdruck, was er niemals hatte in Worte fassen können. Und es war genau das, was ich wissen mußte, denn zwei Tage, nachdem er wieder zurückgeflogen war, starb er an einem Schlaganfall."

Wir justierten unsere Kopfhörer, um sicherzugehen, daß wir ihn richtig verstanden hatten.

„Ich war es, dessen Tod man erwartet hatte, doch ich erholte mich, und mein Vater starb", sagte er. „Doch als er in mein Krankenzimmer kam, hinterließ er mir etwas, für das ich immer dankbar sein werde. Als er meine Hand hielt, schrie er die Worte hinaus, die er nie hatte sprechen können — Worte der Liebe, die ich aus seinen Augen las und in seinen Händen fühlte."

Der Definition nach umfaßt ein Wortbild tatsächlich „Worte". Doch im Falle dieses Mannes sprach die Berührung seines Vaters Bände und ließ ein dramatisches Bild von Liebe und Zuneigung zurück, das Jahre der Unsicherheit und des Zweifels heilte.

Auch in einer Ehe können Sie dauerhafte Bilder der Liebe für Ihren Mann oder Ihre Frau prägen. Eine sanfte Berührung, auch wenn sie noch so leicht ist, kann ein unzerstörbares Bild der Verpflichtung und bedingungslosen Zuwendung vermitteln, das für ein ganzes Leben lang eine enge Beziehung in einer Ehe stützt.

Sicherheit, bedeutsame Kommunikation, romantische seelische Erfahrungen und bedeutungsvolle Berührung — das sind vier Pfeiler, auf denen eine erfüllte Ehe ruht. Alle vier können, wenn sie durch Wortbilder gestützt werden, dazu beitragen, Differenzen und Meinungsverschiedenheiten zu überbrücken, die häufig die Ehegelübde hinwegspülen können.

Es gibt noch einen weiteren Pfeiler, von dem alle anderen abhängen — der Pfeiler der geistlichen Vertrautheit, ohne die einem Ehepaar Gottes Kraft zur Wandlung von Herzen und Leben entgehen kann. Hören Sie sich das wunderbare Wortbild aus der Bibel, der vielfältigsten Quelle von Wortbildern, an, das als musikalischer Chor gedacht war:

Wohl dem, der den Herrn fürchtet
und auf seinen Wegen geht ...
Dein Weib wird sein wie ein fruchtbarer Weinstock,
drinnen in deinem Hause,
deine Kinder wie junge Ölbäume
um deinen Tisch her.[14]

Welch eine wortgewaltige Beschreibung für die Belohnung, die einen Ehemann und eine Ehefrau erwarten, deren Energien von der Kraft Gottes gespeist werden! Wir selbst sind von der Wichtigkeit dieser ehelichen Stütze so überzeugt, daß wir ein ganzes Buch darüber geschrieben haben. Es beschreibt, wie man Erfüllung finden kann — weit mehr, als wir in unserem Becher aufzufangen vermögen. Ein solches Leben kann uns von unserer Selbstsucht befreien, um eine Brücke der engen Vertrautheit zu bauen, die immerwährt.

Menschen, denen eine tiefe, sichere, romantische Ehe beschert ist, haben die Errichtung einer solchen Brücke gelernt. Das wichtigste Werkzeug hierfür sind, wie schon erwähnt, Wortbilder. Auch im Umgang mit unseren Kindern sind sie wichtig. Aus der Erfahrung mit unseren eigenen

Kindern und mit Familien in der ganzen Welt haben wir gelernt, daß Wortbilder nicht etwa eine Möglichkeit sind — sie sind eine notwendige Voraussetzung. Wir wollen unsere Aufmerksamkeit nun den Müttern und Vätern zuwenden, um darzulegen, was wir damit meinen. Eltern, die der Sprache der Liebe mächtig sind, besitzen ohne Zweifel einen Schlüssel, der die Tür zum Herzen ihrer Kinder aufsperren kann.

Viele Male beobachteten wir erstaunt, wie unsere Kinder auf seelische Wortbilder von Lob, Zucht und Liebe reagierten. Deshalb werden wir im nächsten Kapitel besprechen, wie sie eingesetzt werden können, um zwei wesentliche Fähigkeiten von Eltern auszugleichen.

13. Kapitel

So gewinnen Sie einen besseren Stand als Eltern

Unsere Erfahrung in den vergangenen fünfzehn Jahren hat ergeben, daß zwei Aspekte der Erziehung in den Familien die meiste Frustration erzeugen. Sie führen die Liste unter den Briefen an, in denen wir um Rat gefragt werden, und halten uns pausenlos in den Kaffeepausen bei Konferenzen in Atem.

Worum handelt es sich nun im einzelnen? Der erste Aspekt ist in vielen Familien zu einem schmutzigen Wort geworden — nämlich Disziplin. Disziplinäre Probleme können zwischen einem nachgiebigen und einem restriktiven Elternteil zu einem ungesunden Pendel werden. Sie können dazu führen, daß die Mutter sich wie eine Polizistin und der Vater wie eine zerbrochene Schallplatte fühlt.

Gibt es keine bessere Methode, Kinder zu erziehen, als den Stimmaufwand zu steigern? Gibt es eine Alternative zu Lektion Nr. 202, welche die Kinder bereits auswendig können? Sie werden Sie sogar verbessern, wenn Sie etwas davon auslassen!

Wir empfehlen nachdrücklich eine Reihe von Büchern zu diesem Thema.[1] Doch zu diesem kritischen Bereich der Erziehung gibt es noch ein weiteres Instrument, das oft übersehen wird: Das Wortbild. Es ergreift die Gefühle der Kinder und senkt in ihr Herz eine Botschaft von dauerhafter Überzeugung.

Klingt das zu einfach? Wenn Sie das nächstemal wieder versucht sein sollten, Ihre Zuflucht zu harter Disziplin zu nehmen, dann probieren Sie erst einmal ein Wortbild. Es kann einen ungeheuren seelischen Widerhall hinterlassen.

Diese Entdeckung machte ich (Gary) vor Jahren bei meinem ältesten Sohn Greg. Obgleich mir das damals nicht zum Bewußtsein kam, beendete die Geschichte, die ich ihm erzählte, eine unerwünschte Verhaltensweise und trägt noch immer dazu bei, die Beziehung zwischen uns positiv zu gestalten.

Ins Team zurückgekehrt

Als Greg zwölf war, erhob sich ein Problem zwischen uns, das ich nicht übersehen konnte. Es handelte sich um seine Reaktion, sooft ich nach auswärts mußte, um meinen Verpflichtungen mit Ansprachen nachzukommen.

Am Tag meiner Abreise half die ganze Familie mir beim Packen. An der Tür verabschiedeten sie mich immer mit einem „Viel Erfolg, Dad!" oder „Wir werden dich sehr vermissen!"

Als Greg jedoch ins sechste Schuljahr kam, bemerkte ich, daß er nicht länger zum Stamm der Abschiedsparty gehörte. Anstatt mit der übrigen Familie an der Tür zu verweilen, ging er jedesmal fort. Bald beschränkte sich sein Verhalten nicht mehr darauf, mir vor meiner Abreise auszuweichen. Auch nach meiner Rückkehr blieb er noch stundenlang auf Distanz.

Im Laufe der Zeit fand er immer umfangreichere, kreative Gelegenheiten, mir die kalte Schulter zu zeigen. Selbst wenn ich ihn für einen Augenblick zu einem Gespräch erwischte, waren seine Worte recht frostig. „Später, Dad", fertigte er mich ab. „Ich muß jetzt gleich zu einem meiner Freunde rüber."

Als Berater erkannte ich, daß seine Handlungen großenteils seine Gefühle wegen meiner Reisetätigkeit widerspiegelten. Aber es war mir auch klar, daß ich meine monatlichen Reisen nicht einfach aufgeben und trotzdem die Familie ernähren konnte. Außerdem tat es keinem von uns gut, wenn ich es zuließ, daß er mich zu Hause ignorierte und seinen Ärger aufstaute, wenn ich abreiste.

Außerdem wollte ich nicht, daß er sich das Verhaltensschema aneignete, andere einfach nicht zur Kenntnis zu nehmen, wenn ihm irgend etwas an ihnen nicht paßte. Auch wünschte ich nicht, daß er sich eine negative Gewohnheit aneignete, die sich leicht auf seine Freundschaften und späterhin womöglich in seiner Ehe auswirken konnte. Am meisten ging mir jedoch seine Freundschaft ab, und ich wollte unter keinen Umständen, daß dieses Problem sich zu einem dauernden Keil in unseren Beziehungen auswuchs.

So beschloß ich, anzuwenden, was ich anderen beibringe. Auf meinem nächsten Heimflug dachte ich mir ein Wortbild für ihn aus. Ich wußte, daß es seine Wirkung tun würde, denn ich hatte im Leben Hunderter von Erwachsenen den Erfolg gesehen. Doch nie zuvor hatte ich versucht, sie als Erziehungsmittel bei meinen Kindern einzusetzen.

Nach dem Gespräch, das ich mit meinem Sohn führte, wurden Wortbilder zu einem festen Bestandteil unseres Erziehungskonzepts. In den darauffolgenden Jahren benutzte ich sie bei jedem meiner Kinder — und tue das immer noch. Ich beobachtete mehr positive Veränderungen in weniger Zeit mit Wortbildern als bei jeder Strafpredigt.

Wenn Sie als Eltern zusätzliche Munition für die Auseinandersetzung mit einer problematischen Situation brauchen, dann können Wortbilder Ihnen eine Hilfe sein. Ich weiß Bescheid, weil die erdachte Geschichte von einem Spitzenbaseballspieler die Aufmerksamkeit meines Sohnes bis zum Schlußpfiff fesselte.

Zwei Tage waren nach der Rückkehr von meiner letzten Geschäftsreise vergangen, und Greg spielte wieder einmal sein seelisches Versteckspiel, wollte sich aber nicht von mir finden lassen.

Nach meiner Gewohnheit wecke ich oft am frühen Samstag morgen eines der Kinder auf, und dann gehen wir miteinander aus zum Frühstücken. An diesem Morgen war Greg an der Reihe.

Als ich ihn zuerst aufweckte, ließen der Blick seiner Augen und die Art, wie er vor meiner Berührung zurückzuckte, keinen Zweifel daran aufkommen, daß er immer noch verärgert war. Doch als ich erwähnte, daß wir zu seiner Lieblings-Frühstücks-Stube gingen, erstickte ich damit alle Gedanken im Keim, die er gehegt haben mochte, um mir aus dem Wege zu gehen.

Später, als wir am Tisch saßen und es uns bei Stapeln von Pfannkuchen und Sirup wohl sein ließen, begann ich mein Wortbild vorzutragen.

„Greg", sagte ich und blickte ihn an, „ich muß dir etwas erklären, und ich möchte gerne mit einer kurzen Geschichte beginnen. Bist du bereit, zuzuhören?"

„Sicher, Dad, schieß los", erwiderte er und schluckte einen Mundvoll Pfannkuchen hinunter.

„Nehmen wir einmal an, du seiest ein Spitzen-Basketballspieler der Junior High Squad."

Wir hatten gerade die Zeit im Jahr, in der die College-Basketball-Meisterschaften abgehalten wurden. Genau wie ich selbst war auch Greg ein glühender Fan und hockte vom Anspiel bis zum Schlußpfiff wie angenagelt vor dem Fernseher. Mit einer Schüssel Popcorn in der Hand sah er sich fast jedes Spiel des NCAA Tournament an.

Jahrelang hatte ich mit ihm gemeinsam gespielt und beobachtet, wie er an der Rückfront unseres Hauses übte, übte, übte. Ich wußte, daß das Ziel dieser ganzen Anstrengungen war, eines Tages so gut zu sein, daß es zum Star der Uni-Mannschaft reichte.

Das alles hatte ich bedacht, als ich ein Wortbild aussuchte und einübte, von dem ich annahm, daß es sein Interesse packen werde. Zweifellos traf ich damit den Nagel auf den Kopf.

„Während der halben Saison bist du der Spitzenmann eures Teams und gleichzeitig führst du beim Zuspielen. Deine Mitspieler und die Fans sind so begeistert von dir, daß sie jedesmal losbrüllen: ‚Greg-O! Greg-O!‘, sobald du aufs Spielfeld kommst!"

Als ich seinen Namen in dieser Weise im Restaurant anstimmte, huschte ein Lächeln über sein Gesicht, während er sich einen weiteren Pfannkuchen zu Gemüte führte.

„Doch bei einem Spiel verdrehst du dir den Hals, und am nächsten Tag schmerzt er so, daß Mom dich nicht in die Schule läßt und stattdessen mit dir zum Arzt fährt. Nachdem er dich gründlich untersucht hat, eröffnet er dir, daß du eine Plastikhalskrause tragen mußt und für die nächsten drei Wochen nicht an den Spielen teilnehmen kannst. Auf der Bank zu sitzen und nur zuzuschauen, was auf dem Spielfeld geschieht, ist für dich das Schlimmste, was dir je passiert ist. Du kannst nur deine Mitspieler mit den Blicken verfolgen und sehnsüchtig wünschen, dabei sein zu können.

Einundzwanzig Tage und Nächte später ist es endlich soweit, daß du die Halskrause los wirst und wieder mit dem Team spielen kannst. Aber am ersten Tag beim Training geschieht dir etwas.

Statt daß die Spieler sich um dich scharen und laut ihre Freude kundtun, daß du wieder mitmachen kannst, ignorieren sie dich! Vor allem der Bursche, der deine Stelle eingenommen hat, zeigt dir die kalte Schulter. Sogar der Trainer benimmt sich so, als hättest du für das Team nie irgendeine Bedeutung gehabt, und setzt dich nicht so ein wie vor deiner Verletzung."

Von dem Augenblick an, da ich Basketball erwähnte, konnte ich in seinen Augen ablesen, daß ich „das" Thema gewählt hatte, das ihn noch stärker interessierte als sein Essen. Ich hatte das Unmögliche geschafft. Er hatte tatsächlich die Gabel hingelegt und hörte sich meine Geschichte hingebungsvoll an.

„Wenn dir so etwas passieren würde, Sportsfreund, wie würdest du dich da fühlen?"

„Schrecklich, Dad. Ich möchte wieder im Team sein."

Ich erwiderte seinen Blick und überlegte eine Weile, bevor ich sagte:

„Greg, merkst du eigentlich, daß du mich mindestens einmal im Monat so behandelst, wie dieser Trainer in der Geschichte da dich behandelt hat?"

„Nein! Sowas tue ich nicht", entgegnete er nachdrücklich.

„Ich hab' dich lieb, Dad. Nie würde ich versuchen, dir etwas so Schreckliches anzutun."

„Greg, ich weiß, daß du's nicht merkst, aber jedesmal, wenn ich verreisen muß, verhältst du dich wie einer von diesem Team. Noch stundenlang nach meiner Heimkehr weist du mich zurück und hältst dich vom Familienteam fern.

Wenn mein Chef mir sagt, daß ich nach auswärts fahren und drei Tage von zu Hause weg sein muß, dann hältst du mich oft aus dem Spiel fern, wenn ich wieder heimkomme. Wie bei dem Burschen in der Geschichte tut es auch mir weh, nur von der Bank aus zuschauen zu müssen — vor allem, wenn ich nicht verstehe, warum du mich nicht ins Spiel zurückkehren läßt.

Greg, ich will an deinem Leben teilhaben. Ich möchte in dein Team zurückkehren, wenn ich wieder zu Hause bin. Es schmerzt mich, von dir abgelehnt zu werden, und es ist auch für dich nicht gut, in dir eine Wut auf mich aufzustauen."

An diesem Morgen, als wir bei unserem Frühstück saßen, sah ich im Gesicht meines Sohnes das Licht der Überzeugung und des Verstehens aufdämmern. Er war so aufgewühlt von den Gefühlen, die meine Geschichte in ihm entfesselt hatte, daß er mir erklärte, es tue ihm leid, mich zu ignorieren. Aber damit nicht genug, — er versicherte mir auch, daß sich das von nun an ändern werde. Er war immer noch nicht begeistert von meiner Reisetätigkeit, aber er sagte mir, er werde mich nie wieder bewußt mißachten.

Um ehrlich zu sein, als wir heimfuhren und ich mir die Versprechungen meines Sohnes für die Zukunft anhörte, konnte ich mir den Gedanken nicht verkneifen: „Das hört sich ja alles großartig an, aber er ist schließlich erst zwölf! Es ist einfach unmöglich, daß er sich ständig daran erinnert!"

Doch meine Zweifel kamen nur allzu bald auf den Prüfstand. Wenige Wochen später mußte ich erneut meine Koffer packen. Doch diesmal half mir auch Greg beim Packen, gemeinsam mit der übrigen Familie. Und wie jeder andere, nahm er mich vor meinem Weggang in die Arme.

Als ich hinausging, war ich überrascht, erleichtert und dankbar über die Wandlung in der Haltung meines Sohnes. Kurz bevor ich die Autotür aufsperrte, rief er mir vom Hauseingang aus mit seinem typischen Grinsen zu: „Gute Reise, Dad. Und mach' dich auf Ablehnung gefaßt, wenn du heimkommst!"

Als ich von dieser Reise zurückkehrte, ignorierte er mich keineswegs, und auch seither nie wieder. Ein gemeinsames Frühstück und ein Wortbild, um das Gespräch zu verzuckern, führte dazu, daß wir ein Problem bewältigten, das sich zu einer von Ärger erfüllten, entfremdeten Beziehung zwischen Vater und Sohn hätte auswachsen können. Wieder einmal erkannte ich den persönlichen Wert von Wortbildern bei Kindern.

Ein seelisches Wortbild kann Ihnen helfen, durch Verstärkung Ihrer Worte Ihre Fähigkeiten als Eltern zu erweitern. Damit hilft es Ihnen auch, viele Probleme auf ein vernünftiges Maß zu reduzieren.

Eine weitere Frustration für Eltern: In schwierigen Zeiten die Perspektive verlieren

Dr. James Dobson, ein bekannter Psychologe, hat ein ausgezeichnetes Buch geschrieben mit dem Titel „Parenting Isn't for Cowards".[2] Uns gefällt dieses Buch und sein Titel ganz besonders, vor allem weil es offen über den Mut spricht, den man aufbringen muß, um als Eltern erfolgreich zu sein. Das Buch diskutiert insbesondere die Art von Mut, die während der mühseligen Jahre mit Zweijährigen und mit Teenagern erforderlich ist, und den Kampf, vor den sich Eltern gestellt sehen, wenn sie ihre heranwachsenden Kinder langsam loslassen müssen.

Wenn es ein Thema gibt, nach dem wir genau so häufig gefragt werden wie nach der Disziplin, dann handelt es sich um diese beiden schwierigen Phasen. Wie kann angesichts dieser Situation ein Wortbild Eltern dabei helfen, die nötige Geduld und Ermutigung zu finden, um mit einem Problemalter fertigzuwerden oder schwierige Zeiten durchzustehen?

Wir wollen uns dazu ein Wortbild anhören, das eine junge Frau uns als Antwort gab. Jahrelang hatte diese Frau davon geträumt, Mutter zu sein. Doch an dem Tag, da ihr Traum in Erfüllung ging, zerbrach er auch. Erst als sie ihre Gefühle in ein Wortbild faßte, brachte sie es fertig, ihre Gefühle und Erwartungen ins Lot zu bringen.

Ihr Wortbild schenkte ihr Hoffnung und Mut, sich weiterhin zu bemühen, die beste überhaupt mögliche Mutter zu sein, auch wenn sie versucht war, innerlich zusammenzubrechen. Hier ihr ergreifendes Wortbild, das sie uns erzählte:

„Ich hatte immer davon geträumt, eine wunderschöne Vase zu besitzen — eine teure Vase, die nur für mich handgefertigt wurde, mit erlesenem Schwung und ausgefeilten Details", fing sie an.

„Stunden brachte ich mit der Überlegung zu, wo sie im Hause am besten hinpaßte und mit welchem Stolz ich sie aufstellen würde. Ich stellte mir vor, daß ein Angehöriger oder ein Gast sie als allererstes sehen möchte. Sie würde ihre Aufmerksamkeit fesseln und Lob einbringen.

Endlich kam der Tag, an dem ich meine kostbare Vase holen sollte. Weder das jahrelange Warten noch der Schmerz des Preisschildes vermochten meine Freude zu dämpfen — bis man mir eine zerbrochene Vase in die Hand drückte.

Anstelle des Kunstwerks, das ich so lange Zeit hindurch im Geist vor mir gesehen hatte, erhielt ich eine in tausend Stücke zersprungene Vase. Mein Herz brach in ebenso viele Stücke, und ich weinte noch lange, nachdem meine Tränen versiegt waren.

Tagelang hatte ich das Gefühl, hier müsse ein Irrtum vorliegen. Gewiß verdiente jemand anderer eine zerbrochene Vase, aber nicht ich. Doch allmählich und unter Schmerzen faßte ich mich wieder. Der Prozeß begann an dem Tage, als ich die zerbrochenen Scherben in meiner Hand hielt und mir schwor, sie wieder zusammenzusetzen. Auch wenn ich erkannte, daß die Vase niemals vollkommen wäre, wußte ich, daß ich sie mitsamt ihren Sprüngen lieben würde.

Schrittchen für Schrittchen begann der Haufen von Einzelstücken Gestalt anzunehmen. Im Laufe der Zeit fand ich mehr Liebe und Geduld, sie zusammenzukleben, als ich je für möglich gehalten hätte. Irgendwann konnte ich sehen, wie sich aus dem völligen Durcheinander ein Meisterwerk herausschälte.

Das heißt allerdings nicht, daß die Dinge leicht wären. Zwei Gruppen von Menschen kommen immer einmal wieder. Die erste Gruppe ist größer und lauter, als ich mir vorgestellt hatte. Jedesmal, wenn diese Leute vorübergehen, verlassen sie ihren Weg, um auf eines der zerbrochenen Teile zu treten. Sie zermahlen und zertreten es in den Boden mit ihren grausamen Worten und verächtlichen Blicken – bis die Teile aussehen, als seien sie nie mehr zu reparieren. Wenn sie vorbeigehen, fühle ich mich immer so hilflos und frustriert. Ich wünsche mir, daß sie verschwinden und nie mehr wiederkehren. Wenn sie in meiner Nähe sind, bin ich versucht, nur noch zerbrochene Stücke und verschmierten Klebstoff zu sehen und keine kostbare Vase.

Die zweite Gruppe ist weit kleiner, besitzt aber ein doppelt so großes Herz. Wenn diese Leute die zerbrochenen Teile sehen, knien sie sich nieder und helfen mir behutsam, sie aufzulesen. Sie helfen mir vorsichtig, Stück um Stück wieder an seinen Platz zu setzen — beinahe als wäre es ihre eigene Vase. Im Gegensatz zur ersten Gruppe lassen diese Leute mich von neuer Hoffnung und Liebe erfüllt zurück.

Falls Sie es noch nicht erkannt haben, — die Vase, von der ich rede, ist mein kostbares, behindertes Kind. Ich hatte mir immer ein Baby gewünscht. Doch als der Arzt mir sagte, die Kleine werde niemals ‚normal' sein, war ich völlig vernichtet. Mein Mann und ich beteten zu Gott, uns eine besondere Liebe für unsere Tochter zu schenken, und er hat unser Gebet erhört. Natürlich gibt es Tage, wo ich es müde bin, die Stücke aufzulesen. Aber irgendwie ist die Arbeit nun leichter. Soviel Liebe und Engagement sind schon eingeflossen, ihr Leben zusammenzuhalten, daß ich mir nicht vorstellen kann, irgend jemand oder irgend etwas noch mehr zu lieben."

Dieser jungen Frau half es, sich ihr kostbares Kind als unbezahlbare Vase vorzustellen, mit ihren Gefühlen der Liebe, Hoffnung, Wut, Verwirrung und Sorge fertigzuwerden. Uns vermittelte es ein anschauliches Bild von dem, was in ihrem Leben vor sich ging.

Wenn die Aufgabe als Eltern schwierig wird, können seelische Wortbilder verborgene Gefühle ans Licht bringen und Eltern eine völlig neue Perspektive vermitteln. Sie können den Blick über die Lebensumstände hinausrichten und ihnen einen festen Zugriff auf ihre Gefühle schenken. Die beiden ersten Hürden, die sich Eltern in den Weg stellen, sind Disziplin und die Beibehaltung einer positiven Einstellung in schwierigen Zeiten. Wie ein glänzender Trainer vermögen Wortbilder Ihnen zu helfen, diese Hindernisse als Champion zu überspringen. Außerdem können Wortbilder Eltern noch auf vier andere Weisen unterstützen.

Sie helfen Ihnen nicht nur, Hürden zu überwinden, sondern zugleich auch, großartige Kinder zu erziehen. Sie vermitteln Ihren Kindern ein Vermächtnis der Liebe, das sie ihr ganzes Leben bei sich tragen.

14. Kapitel

Bausteine für eine erfolgreiche Erziehungsarbeit

Über mehrere Jahre hindurch führten wir Recherchen darüber durch, wie Eltern ihren Kindern am wirksamsten Liebe und hohe Wertschätzung vermitteln können. Wir legten unsere Erkenntnisse in einem Buch mit dem Titel „The Blessing" nieder. Bei seiner Abfassung lernten wir eine ganze Menge über die Fähigkeiten, Kinder bedingungslos zu lieben und zu ermutigen.[1] Bedauerlicherweise förderten wir dabei auch weit mehr Erkenntnisse über Kinder, die mit Kritik und Mißbilligung aufwachsen, zutage, als uns lieb sein konnte.

Als wir das Buch schrieben, war uns wohl bewußt, daß das Versagen, Liebe und Zuwendung zu vermitteln, in vielen Familien ein großes Problem ist. Doch von der Größenordnung dieses Problems hatten wir keinerlei Vorstellung. Seit „The Blessing" erschienen ist, hörten wir von Hunderten von Menschen, die sich als Kinder nie von ihren Eltern geliebt und geschätzt fühlten. Die Folge war, daß sie häufig von zu Hause fortgingen und ungesäumt in Alkoholismus, Drogenabhängigkeit, Arbeitssucht, chronische Depressionen sowie mißglückte Ehen und eigene gestörte Eltern/Kind-Beziehungen hineinschlitterten.[2] Diese ganzen Probleme sind allesamt ein Widerhall ihrer eigenen unglücklichen Kindheit.

Beim Versuch, aus einer Familie wegzulaufen, in der sie sich nicht geliebt fühlten, geraten viele junge Leute direkt in die Fänge von Sektenmitgliedern und zerstörerischen sexuellen Beziehungen. Sie lassen die moralischen, geistlichen und religiösen Werte ihrer Eltern weit hinter sich.[3]

Wir wissen, daß Sie als verantwortungsbewußte Eltern niemals wünschen, daß solche Dinge sich im Leben Ihres Kindes einnisten. Aber schließlich wollten das auch die Eltern derer nicht, die uns schrieben — von denen jeder einzelne nun in einem Zustand seelischer Qual lebt.

Viele Eltern glaubten, sie würden eine Einlage um die andere auf dem Liebeskonto ihres Kindes tätigen, nur um mitansehen zu müssen, wie dieses Kind die Familie verläßt in dem Gefühl, die Bilanz tief in seinem Inneren weise einen Nullsaldo auf. In der Tat stammt die Mehrzahl der Briefe, die uns erreichen, nicht etwa von Kindern, die körperlich mißhandelt wurden oder in einer Alkoholikerfamilie aufwuchsen. Die tragischsten Geschichten sind häufig von Jungen und Mädchen aus Familien, die in vielerlei Hinsicht liebevoll waren — doch die Liebe wurde nicht in einer Weise weitergegeben, die verstanden und akzeptiert wurde.

Wie konnte es dazu kommen? Wo liegt der Unterschied zwischen einer Familie, die ein Kind mit dem Gefühl, geliebt, wertgeschätzt und gesegnet zu sein, ins Leben entläßt, und einer Familie, in der dies nicht der Fall ist? Oft liegt es an dem, was die Eltern gesagt — oder nicht gesagt haben.

Kinder haben das verzweifelte Bedürfnis, zu wissen, ob sie von ihrem Vater und ihrer Mutter geliebt werden — und dies in einer Weise zu hören, die sie verstehen und die ihnen im Gedächtnis haften bleibt.

Wie können Sie die hohe Wertschätzung und Zuwendung für Ihre Kinder in einer besonderen Weise weitergeben? Wie können Sie Worte vermitteln, die sie beschützen und ihnen etwas für ihr Leben mitgeben? Wie bewirken Sie es, daß Ihre Kinder Sie besser verstehen und von Ihnen verstanden werden?

Auch hier kennen wir keinen besseren Weg, Ihrem Kind ein Vermächtnis der Liebe zu schenken, als die Verwendung von seelischen Wortbildern.

Mit Wortbildern können Eltern zu ihrem Kind sagen „Ich habe dich lieb"
in einer Weise, die es nicht überhören kann.

Ein Vermächtnis der Liebe für Ihre Kinder

Wie wir in den vorigen Kapiteln ausgeführt haben, liegt der Grund, warum viele keine enge Vertrautheit in der Ehe zustandebringen, darin, daß ihnen das notwendige Wissen und die entsprechenden Fähigkeiten abgehen. Das gleiche gilt für einen Erfolg als Eltern. Auch hier sind Wissen und Geschicklichkeit erforderlich, — das Wissen um die Gründe, warum

Beziehungen zerbrechen und wie man in der Lage ist, sie aufzubauen.

Wir haben bereits dargelegt, wie Wortbilder in den wichtigen Erziehungsbereichen Disziplin und positive Einstellung helfen können. Auf den folgenden Seiten wollen wir Sie mit vier weiteren Weisen bekanntmachen, in denen Eltern so zum Ausdruck bringen können „Ich habe dich lieb", daß ein Kind dies in keinem Falle mißversteht. Sie sind praktisch ein Widerhall der in den Kapiteln elf und zwölf gegebenen Beschreibung der Pfeiler, die eine enge Vertrautheit in der Ehe stützen und tragen.

Doch ehe wir uns mit den verschiedenen Weisen auseinandersetzen, in denen Wortbilder Eltern helfen können, müssen wir uns einem anderen Problem stellen, denn in vielen Familien liegt das Problem nicht in einem Mangel an Fähigkeit, sondern in einem Mangel an Zeit.

„Ich habe uneingeschränkt Zeit ..."

Wenn bei vielen Kindern ein allgemeiner Aufschrei lautet: „Bitte sag mir, daß du mich liebhast", dann lautet eine ebenfalls allgemeine Antwort vieler Eltern: „Ich habe uneingeschränkt Zeit, dir das zu sagen." Stimmt das wirklich? Wir wünschten, es wäre so!

Was würden Sie tun, wenn Sie eines Tages das Sprechzimmer eines Arztes betreten und in nüchternen Worten erfahren, daß Sie an einer Krankheit leiden, die innerhalb von höchstens zwanzig Monaten zum Tod führt?

Wenn Sie fast die ganze Zeit, die Sie im Wachzustand verbringen, auf das Erlernen von Fähigkeiten zum Aufbau einer Karriere verwenden, wie können Sie es dann anstellen, Ihre Aufmerksamkeit auf die Herstellung einer engen Beziehung zu Ihrer Frau und Ihren Kindern umzulenken? Wenn Sie wüßten, daß Ihrer Familie schon bald nichts anderes mehr von Ihnen bliebe als eine Erinnerung, wie könnten Sie ihr dann ein Vermächtnis der Liebe hinterlassen, an dem sie sich festhalten kann? Wie könnten Sie vor allen Dingen Ihrer Frau und Ihren Kindern Worte bescheren, die ihnen das Herz erwärmen, auch wenn Sie nicht länger in der Lage sind, sie in die Arme zu nehmen und an sich zu ziehen?

Wären Sie ein Freund von uns, den wir Steve nennen wollen, dann müßten Sie wirklich eine Antwort auf diese Fragen suchen. All das hat er vernommen und darüber nachgedacht. Es sind Fragen aus dem wirklichen Leben, vor die er sich jetzt gestellt sieht, auch nun, da wir dieses Buch schreiben.

Steve hat drei Kinder und eine liebevolle Frau. Er siecht an amyotropischer Lateralsklerose dahin, einer seltenen, tödlich verlaufenden Krankheit, die bekannt wurde, weil sie den „eisernen Mann" des Baseballs, Lou Gehrig, zur Strecke brachte.[4]

Ich (John) lernte Steve bei einem Familienlager kennen, wo ich sprach. Im Gegensatz zu denen, die gekommen waren, um Urlaub zu machen, hatte er etwas anderes im Sinn. Er hatte nicht mehr lange zu leben und wollte, daß sein Leben — und seine Worte — etwas zählten.

Als ich über praktische Wege sprach, eine Beziehung mit Wert anzureichern, machte sich Steve ausführliche Notizen. Nach der Veranstaltung setzten wir uns zusammen und sprachen über einen Gedanken, der ihm durch den Kopf ging — ein Gedanke, wie er seine Liebe und seine Gebete für seine Familie in Wortbilder einfangen konnte.

Er wird nicht immer in der Lage sein, in die Augen seiner Kinder zu blicken. Doch über Jahre hinweg können ihre Augen eine Reihe von Briefen immer von neuem lesen, an denen er im Augenblick schreibt — eine Sammlung von Wortbildern, die bei bedeutsamen Anlässen in ihrem Leben auf sie warten.

Er wird nicht mehr unter den stolzen Eltern beim Highschool-Abschluß ihrer Kinder sein, aber sie werden seine Worte bei sich haben.

Er wird nicht mehr an der Aufregung teilhaben, den Wagen seines Sohnes oder seiner Tochter vollzupacken, wenn sie zu ihrem ersten Collegetag aufbrechen, aber seine Botschaft, die ihnen Mut zuspricht, wird mit ihnen reisen.

Er wird nie Gelegenheit haben, seine Töchter an ihrer Hochzeit durch die Kirche zu führen, und nie wird er den Telefonanruf erhalten, daß er eben Großvater geworden ist, aber seine Bilder der Liebe und Stütze werden dasein.

Deshalb schreibt er nun Wortbilder nieder, die seine Gebete, Wünsche und Hoffnungen für sie in der Zukunft in sich tragen, wenn seine Stimme sie nicht mehr erreicht.

Zu der Zeit, da Sie dieses Buch in Händen halten, weilt Steve vielleicht schon in der Gegenwart Gottes. Doch seine Familie wird immer sein persönliches Vermächtnis der Liebe besitzen — Wortbilder, die so lebendig und wirklich sind, daß sie Fleisch werden und seine Frau und Kinder umfangen. Durch diese Worte wird seine Gegenwart ein Leben lang seine Familie segnen und ermutigen.

Mütter und Väter, welchen Grund habt ihr, die Worte nicht zu sprechen, die eure Kinder so dringend von euch hören wollen? Sind eure anderen Tätigkeiten wirklich so wichtig, daß ihr nicht Worte sprechen oder aufschreiben könnt, die eure Kinder ihr Leben lang wie einen Schatz hegen? Wir haben vielleicht nicht die medizinische Uhr, die hinter uns tickt, aber für jeden von uns ist es später, als wir glauben.

Bei der Geschwindigkeit, mit der Kinder heranwachsen, und den höchst realen Unwägbarkeiten des Lebens haben wir keine Zeit, Worte der Liebe und Zuwendung zurückzuhalten. Für Sie steht in der Zukunft Ihrer Kinder viel zu viel auf dem Spiel, als daß Sie es noch länger aufschieben könnten, die Fähigkeiten zu erlernen, die in ihrem Leben zu einem dauerhaften Wandel führen.

Wir wollen endlich das Zögern — aus welchem Grunde auch immer — aufgeben und uns vier Weisen betrachten, in denen seelische Wortbilder unsere Botschaft der Liebe unmittelbar in ihr Herz trägt. Anfangen wollen wir mit dem Pfeiler der Sicherheit.

Wortbilder und Erziehung

1. Kinder brauchen Sicherheit in Worten und Taten.

Vor einigen Jahren berieten wir ein Ehepaar, das ständig miteinander stritt. Wir konnten versuchen, was wir wollten, es gelang uns nicht, ihre hitzigen Auseinandersetzungen zu beenden.

Immer wenn wir den Eindruck haben, mit einem Ehepaar auf keinen grünen Zweig zu kommen, unternehmen wir einen Schritt, der stets die Dinge in eine neue Perspektive rückt. Wir bitten das Paar nämlich, zur nächsten Sitzung die Kinder mitzubringen.

Im Laufe der Jahre entdeckten wir, daß Kinder Gottes kleine Spione sind! Mom und Dad vermögen uns vielleicht Sand in die Augen zu streuen und die Probleme zu umgehen. Doch wenn wir die Kinder mit einladen, dann führen Sie sie in einem unbewachten Augenblick genau zu dem Punkt, über den Sie Bescheid wissen müssen.

Als wir uns bei der nächsten Sitzung mit diesem Paar zusammensetzten, nahmen auch der hübsche elfjährige Sohn und die reizende sechsjährige Tochter daran teil. Und dann wurde uns, auch wenn wir es in diesem Augenblick noch nicht merkten, eine nachdrückliche Lektion über die Bedeutung der Sicherheit in einer Familie erteilt.

„Was stört dich am meisten an den Streitereien deiner Eltern?" fragten wir die Tochter.

Sie warf einen raschen Blick zu ihren Eltern hinüber. Als ihre Mutter nickte, sagte das kleine Mädchen: „Jedesmal, wenn sich Daddy über Mommy oder uns ärgert, zieht er seinen Ehering ab und wirft ihn weg."

Der Vater beeilte sich zu erklären, das bedeute nicht, daß er den Ehering wörtlich wegwerfe. Er schaffe nur einfach seinem Ärger Luft. Wenn ihn etwas in Rage brachte, pflegte er den Ring abzunehmen und ihn gegen die Wand zu werfen. Er bezeichnete dieses Vorgehen als „gesunden Ausdruck" von Zorn. Schließlich seien wir Berater und wüßten, wie schädlich sich die Unterdrückung von Zorn auswirken könne.

Er erkannte dabei nicht, daß seine Handlung für seine kleine Tochter zu einem Wortbild fortdauernder Unsicherheit geworden war. Durch das Abziehen seines Ringes vermittelte er ihr ein Symbol, das in ihrem Geist in Technicolor auf eine Breitwandleinwand geworfen wurde. Sein Verhalten repräsentierte alle Ängste dieses kleinen Mädchens, er könnte die Familie verletzen oder gar verlassen.

Jedesmal, wenn dieses empfindsame Kind den Ehering ihres Vaters gegen die Wand fliegen sah, sah sie damit auch ihre eigene Zukunft dahinfliegen. Anstatt die Sicherheit zu schaffen, die sie so dringend brauchte, schuf er für sie eine Welt ständiger Angst. Diese durch das Fehlen von Sicherheit erzeugte Angst nagte derart an ihr, daß bei ihr bereits kindliche Magengeschwüre diagnostiziert worden waren.[5]

Schon mehr als ein Jahr lang, bevor sie zur Beratung gekommen waren, bildete der Ehering ihres Vaters für sie ein Wortbild für Verlassenheit, Einsamkeit, Furcht und Angst. Das begann sich erst in dem Augenblick zu ändern, als er erkannte, welchen Schaden er damit anrichtete.

Wir begannen das Wortbild des kleinen Mädchens eingehend unter die Lupe zu nehmen (wir gingen auf diese Fähigkeit bereits in einem früheren Kapitel dieses Buches ein)[6], indem wir ihrem Vater Fragen folgender Art stellten:

„Was verursacht Ihnen in der Familie ein solches Maß an Frustration, daß Sie Ihren Ring nehmen und fortwerfen?"

„Beobachteten Sie, als Sie heranwuchsen, bei Ihrem eigenen Vater, daß er seinen Ehering — buchstäblich oder im übertragenen Sinn — wegwarf?"

„Was glauben Sie, wie dicht Ihre Frau davorsteht, ihren Ring wegzuwerfen?"

„Was glauben Sie, welche Gefühle es bei Ihren Kindern auslöst, wenn sie mit ansehen, wie Sie Ihren Ehering fortwerfen?" und

„Was müßte von diesem Augenblick an unternommen werfen, um den Ring wieder an Ihren Finger zurückzustecken, und zwar für immer?"

Durch das Wortbild eines Ringes sprachen wir mit einer ganzen Familie über das Thema der Sicherheit in der Familie. Da wir an einem Wortbild in ihrem eigenen Heim einhakten, packten wir die Empfindungen des

Vaters weit stärker als mit all unseren Worten in den vorangegangenen Sitzungen.

Nicht jede Geschichte hat einen guten Abschluß, doch diesmal war das der Fall. Nach Beendigung der Beratungen einige Monate später tat diese Familie zwei Dinge.

Einmal nahmen sie sich die Zeit und legten ihren Kindern ein Wortbild vor von einem Ehering, der zerkratzt und beschädigt worden war, nun aber wieder hergerichtet und auf Hochglanz poliert wurde. Zugleich versicherten sie ihren Kindern, daß der Ehering auf ihrer beider Finger bleiben werde, ganz gleich, was die Zukunft bringe.

Dieses kluge Ehepaar erkannte, daß es für seine Kinder kein Fundament der Sicherheit gelegt hatte, und gestand offen ein, daß es ihnen damit körperlich wie seelisch Schaden zufügte. Das war der Anlaß gewesen, der sie zur Beratung geführt hatte. Dort öffneten sie ihr Herz für den notwendigen Wandel, nachdem ihre Tochter ihnen ein Wortbild aufgezeigt hatte.

Das kleine Mädchen hat nun eine völlig andere Vorstellung vom Ehering ihres Vaters. Er ist nicht länger Sinnbild für Zorn, Frustration und Angst. Stattdessen strahlt er Liebe, Mut und Entschlossenheit aus, die zur Lösung von Problemen gebraucht werden. Seine Worte im Verein mit seinen Handlungen restaurierten das abgeblaßte Bild eines unstabilen Heims zu einem Meisterwerk der Geborgenheit.

Wie sieht es zur Zeit in Ihrer eigenen Familie nach der eins-bis-zehn-Skala mit dem Sicherheitsniveau aus? Wenn es auf den Wert von drei bis vier abgerutscht ist, dann vermitteln Sie Ihren Kindern ein Wortbild der Unsicherheit.

Wo es um die Erziehung geht, muß klar gesagt werden, daß Kinder nicht wachsen und gedeihen können, wenn ständig ihre Wurzeln ausgerissen werden. Fehlende Geborgenheit in einer Familie reißt Wurzeln aus; Sicherheit schenkt ihnen Tiefe und Geborgenheit, sich zu entwickkeln.

Wenn Sie zu den alleinerziehenden Müttern oder Vätern gehören, dann haben Sie noch zehnmal mehr Anlaß, Ihrem Kind die Gewißheit zu geben, daß Sie es nicht verlassen werden. Dabei können Ihnen Wortbilder helfen. Bei jeder Trennung oder Scheidung werden Kinder mit einem großen Maß an Unsicherheit belastet. Um die negativen Auswirkungen solcher Gefühle aufzufangen, müssen Sie für eine beständige Quelle der Geborgenheit sorgen. In einem der folgenden Kapitel bringen wir einen Schatz von mehr als 100 Wortbildern, die Ihnen bei dieser Aufgabe helfen können.

Wir sehen, wie wichtig Sicherheit und Geborgenheit für unsere Kinder wie für die Ehe sind. Nun wollen wir uns damit befassen, wie Wortbilder zur Formung des Charakters unserer Söhne und Töchter eingesetzt werden können.

2. Kinder brauchen Anleitung und Freundschaft

Bei kleineren Kindern besteht der beste Weg zur Herbeiführung von Wandlungen in Anleitung, die den Charakter formt. Erzieher wissen das seit Jahren. Das ist ein Grund, warum bildhafte Sprache und Wortbilder Schlüssel zur Unterweisung kleinerer Kinder sind.

Vom Vorschulalter an lernen Kinder besser und behalten das Gelernte besser im Gedächtnis, wenn es in Gestalt einer Geschichte oder eines Gegenstandes vermittelt wird.[7]

Eines der frühesten Anzeichen für eine vorliegende Lernstörung bei einem Grundschüler ist seine oder ihre Unfähigkeit, Sprachfiguren zu verstehen.[8] Der Gebrauch von Wortbildern zur Unterweisung von Kindern ist keineswegs nur ein Ergebnis moderner Forschung.

Schon seit frühen Zeiten ist es Ziel von Eltern, „ein Kind in der Weise zu bilden, wie es sich entwickeln sollte.“[9]

Eltern als die hauptsächlichen Gestalter des kindlichen Charakters tun gut daran, kleinere Kinder auf eine Weise zu unterweisen, die eine gesunde Plattform für das spätere Leben schafft.[10]

Wie begreifen Kinder am besten abstrakte Begriffe wie Ehrlichkeit, Wahrhaftigkeit, Disziplin und Liebe? Ob es sich nun um Erziehungskonzepte oder geistliche Wahrheit handelt, am besten lernen Kinder (oder Jugendliche), wenn in die Unterweisung ein Wortbild mit eingebaut wird.

Eltern mit kleinen Kindern haben die Möglichkeit, auf unkomplizierte Weise Untersuchungsergebnisse und Geschichten, die in diesem Buch bereits erwähnt wurden, anzuwenden. Das bedeutet, daß Wortbilder ein Schlüssel für die Formung des Charakters und eine Hilfe bei der Vermittlung unseres Standpunktes sind. Dies ist vor allem darauf zurückzuführen, daß Geschichten aus dem seelischen Bereich die Eigenschaften des wirklichen Lebens ansprechen, vor allem bei Kindern.

Dies ist auch ein Grund, warum das Fernsehen genau überwacht werden sollte, und es ist außerdem ein Grund, warum ein aus den vier Quellen geschöpftes Wortbild von so nachhaltiger Wirkung sein kann.

Wir kennen das Beispiel einer Mutter, die ihren Mikrowellenherd benutzte, um ihrem Sohn eine dringend nötige Lektion zum Thema

Zorn zu erteilen. Sie nahm eine klare Kunststoffschale, füllte sie mit Wasser und stellte den Mikrowellenherd auf drei Minuten ein. Als sie gemeinsam mit ihrem Sohn zusah, wie sich die ruhige Wasserfläche in heftig erregte Blasen wandelte, sprach sie mit ihm über den Umgang mit seiner Frustration.

Sie fragte ihn, was ihn dazu brachte, von Zeit zu Zeit innerlich überzukochen. Dann sprachen sie darüber, wie er auf den „Halt"-Knopf drücken und mit ihr reden könnte, sobald er Frustration über bestimmte Dinge empfand. So vermochte sie ihm in einem frühen Stadium zu helfen, anstatt erst davon zu erfahren, wenn er bereits überbrodelte vor Emotionen.

Eine andere Mutter wählte ein biblisches Sprichwort -eine Art von Wortbild –, um mit ihrem äußerst unmotivierten Kind zu sprechen. Das Sprichwort lautet: „Gehe zur Ameise, du Faulpelz, und siehe ihre Weisen an."[11]

Nachdem diese kluge Frau lange überlegt hatte, brachte sie ihren Sohn dazu, genau das zu tun. Sie kaufte ihm eine sogenannte Ameisenfarm, und er geriet in Aufregung über das Einfangen, Füttern und Beobachten der pausenlosen Aktivität in der Kolonie. Jeden Tag schaute ihr Sohn nun zu, wie die Ameisen alle zusammenarbeiteten und beharrlich an einer Aufgabe blieben. Auf diese Weise sah er lebende Beispiele für Charaktereigenschaften, die seine Mutter in seinem Leben fördern wollte.

Sie gebrauchte in geeigneter Weise ein Wortbild bei ihrem Sohn, sprach mit ihm darüber, wie er bei seinen Aufgaben im Haus und in der Schule eine bessere „Ameise" werden könnte und wie alle anderen davon betroffen waren, wenn er zu Hause etwas tat oder unterließ. Zu ihrer ungeheuren Überraschung traten spürbare Veränderungen in seinem Verhalten ein.

In diesen und Hunderten anderer Familien benutzen Eltern Wortbilder, um die Unterweisung ihrer Kinder mit Leben zu erfüllen. Sie wissen, daß ein Kind mit einem Bild des gewünschten Verhaltens vor Augen eine Lektion wesentlich schneller lernt als nur durch Worte allein und sie erheblich länger im Gedächtnis bewahrt.[12]

Die Beherrschung von Wortbildern bei kleineren Kindern ist von entscheidender Bedeutung, da ihr Geist noch ganz auf Aufnahme eingestellt ist, ein Stadium, in dem sie am stärksten für Veränderungen durch Unterweisung zugänglich sind. Doch schon bald — mit Einsetzen der Pubertät — rücken Kinder in das Stadium weiter, in dem sie sozusagen schon auf alles eine Antwort haben. Heranwachsende erfordern ein anderes Vorgehen, um Veränderungen herbeizuführen.

Der Gebrauch von Wortbildern bei Jugendlichen

Teenager geraten im allgemeinen in eine „Individualitätskrise" ungefähr um die Zeit, da ihre Eltern die „Identitätskrise" der Lebensmitte erfahren. Und das Resultat dieses fatalen Zusammentreffens? Ein Mann drückte es einmal so aus: „Was wir hier haben, ist ein Versagen der Kommunikation!"

Wenn das Ziel von Eltern kleinerer Kinder die Formung des Charakters durch Unterweisung ist, dann ist ihr Ziel bei Jugendlichen die Formung durch Freundschaft.

Disziplin gewinnt eine neue Bedeutung, wenn Sie zu Ihrem Sohn nicht mehr hinunterschauen, sondern hinauf. Und wenn die Freundinnen Ihrer Tochter alle bereits Autos fahren, dann wird es Ihnen schwerfallen, sie solange im Haus zu halten, daß sie Ihre stundenlangen Predigten anhört. Wenn ein Kind in die Teenagerjahre eintritt, berauben es die Eltern oft um die Ergebnisse der Unterweisungen zur Charakterbildung — die guten wie die schlechten —, die sie früher gesät haben. Wenn das so ist, wie können Sie dann das Verhalten eines Teenagers ändern? Auch hier bieten Wortbilder einen erfolgreichen Schlüssel.

Forscher weisen darauf hin, daß bei Heranwachsenden (Teenager sind ihren Denkprozessen nach Heranwachsende, wenn auch nicht immer in ihrem Urteilsvermögen) der beste Weg für Wandlungen in einem bedeutsamen seelischen Vorgang besteht.[13] Widmen Sie dieser Feststellung einen Augenblick der Überlegung.

Wann sind Heranwachsende am ehesten aufnahmebereit? Wenn ein schwerwiegendes Ereignis auf eine wichtige Beziehung einwirkt. Wir haben einen Ehemann erlebt, der nie ein Buch über Ehefragen in die Hand nahm, aber Dutzende verschlang, nachdem seine Frau ihn verlassen hatte.

Wir haben eine Frau erlebt, die niemals einen Brief nach Hause schrieb, aber plötzlich einen Brief um den anderen abschickte, nachdem sie erfahren hatte, daß ihre Mutter im Sterben lag.

Und wir haben Teenager erlebt, die mit größter Aufmerksamkeit auf Worte des Lobes, der Unterweisung und des Tadels hörten, weil sie von Eltern kamen, die gleichzeitig ihre Freunde waren. Ein kluger Vater, eine kluge Mutter verlassen sich nicht nur auf laute Zurechtweisung oder das Wegnehmen der Wagenschlüssel, sondern vermögen die Emotionen ihres Kindes auch in einem zu Herzen gehenden Gespräch zu packen.

Wenn Sie sich wie viele Eltern verhalten und Ihrem Teenager den Kampf ansagen, dann können wir Ihnen garantieren, daß es keine Sieger geben wird — nur Gefangene. Und wenn ein Teenager Gefangener in der eigenen Familie ist, dann warten Sie einmal ab, was passiert, wenn er oder sie die Ketten zerbricht und ans College geht oder eine Arbeit aufnimmt.

Wenn Sie mehr am Verhalten Ihres Sohnes interessiert sind als an seinem Charakter, dann wird er zur Unbeständigkeit neigen. Wenn Ihre Tochter das Gefühl hat, es komme Ihnen mehr darauf an, daß sie Sie nicht in Verlegenheit bringt, als daß Sie das Beste für sie wünschen, dann werden Sie Widerstand ernten. Wenn Sie nicht wissen, wie Sie eine bedeutsame Freundschaft mit Ihrem Kind aufbauen, dann sollten Sie sich als allererstes die notwendigen Kenntnisse und Fähigkeiten aneignen.

Sie können einen Zweijährigen zwingen, sich nach außen hin hinzusetzen . . . auch wenn er innerlich aufsteht! Aber Sie können einen Heranwachsenden nicht mit Worten und Gedanken zwangsernähren und erwarten, daß er nicht reagiert und diese Worte später wieder auswürgt.

In einer Familie, wo Eltern und Kinder keine Freunde sein können, werden die Teenager eher auf die gleichaltrigen Freunde hören als auf die Eltern. Wenn Sie der Mensch sein wollen, dessen Ohr Ihr Sohn oder Ihre Tochter besitzt, dann versuchen Sie, ihre Sprache zu lernen. Probieren Sie die Sprache der Liebe. Die Musik, der sie zuhören, tut das, und die Gleichaltrigen tun es auch. Selbst die Bibel, in der sie lesen, benutzt diese Sprache. Wenn Sie bei Ihrem Kind einen Zugriff der Freundschaft zustandebringen wollen, dann benutzen auch Sie diese Sprache.

Ganz gleich, ob wir nun kleinere Kinder im Anweisungsstadium oder größere Kinder in den Jahren, da Freundschaft geschaffen werden muß, haben, Wortbilder sind für uns als Eltern eine Hilfe. Ein kurzer Blick auf die restlichen zwei Überlegungen an Hand der Pfeiler der Ehe kann uns ebenfalls helfen.

3. Kinder brauchen die Liebe, die bedeutungsvolle Berührung schenken kann

In dem Kapitel über die Schaffung einer engen Vertrautheit in der Ehe führten wir an, daß die bedeutungsvolle Berührung einen nachhaltigen Einfluß auf jede Beziehung haben kann. Sie hinterläßt in einem sehr realen Sinne ein Wortbild von Verpflichtung und Sorge im Geist eines anderen Menschen.

Kürzlich erfuhren wir von einer jungen, alleinerziehenden Mutter, die eines unserer Bücher über Erziehung gelesen hatte. In einem der Kapitel betonen wir das symbolische Bild, das Berührung einem Kind vermittelt, und es überzeugte sie aus tiefster Seele.

Diese junge Frau, die wir Julie nennen wollen, wurde schwanger, ohne verheiratet zu sein. Da sie das Leben für heilig hält, entschied sie sich dafür, ihr Baby auszutragen und es nicht abtöten zu lassen. Ursprünglich hatte sie sich für eine Freigabe zur Adoption entschieden, doch in letzter Minute traf sie die Entscheidung, ihren neugeborenen Sohn Jason zu behalten.

Nachdem die erste Erregung, nun ein Neugeborenes zu haben, abgeklungen war, begannen sich Probleme zu entwickeln. Je älter das Baby wurde, desto mehr wuchsen ihre Ressentiments gegen ihr Kind. Anstatt eine Freude zu sein, wurde er ihr zur Last. Anstatt ein Gegenstand der Liebe zu sein, wurde er für sie zu einem Symbol ihrer Frustration mit ihrem Leben.

Doch sie betrat einen anderen Weg, als sie anfing, eine kleine Kirche in der Nähe ihres Appartements zu besuchen. Die Gemeindemitglieder nahmen sie unter ihre Fittiche und halfen ihr in jeder nur denkbaren Weise. Doch immer noch empfand sie tiefe Ressentiments gegen Jason, die durch nichts erschüttert wurden. Dieses Gefühl äußerte sich in einer eigenartigen Weise — sie wollte ihr Kind nicht berühren.

Berührung ist der erste Weg, auf dem Babies erfahren, daß sie geliebt werden. Lange bevor sie Worte verstehen können, lesen sie deutlich die nichtverbale Sprache der Liebe, die sich durch die bedeutungsvolle Berührung ausdrückt. Doch eben diese Seiten fehlten im Lebensbuch des kleinen Jason.

Wodurch wandelte sich Julie? Was brachte sie dazu, gegen ihr eigenes Gefühl anzugehen und sich ihrem Sohn zuzuwenden?

Als er älter wurde, bemerkte sie allmählich Probleme in seinem Leben, die sie nicht übersehen konnte. Nachdem sie in unserem Buch über die unglaubliche Kraft der bedeutungsvollen Berührung gelesen hatte, sprach sie mit einer Gruppe ihr nahestehender Freunde über den Widerwillen, den sie ihrem Sohn gegenüber empfand. Klugerweise ermutigten sie ihre Freunde, sich an einen Berater zu wenden.

In wenigen Sitzungen wurde Julie mit einer Reihe von Gründen konfrontiert, warum sie ihrem Kind die bedeutungsvolle Berührung vorenthielt: Schuldgefühle aus der Vergangenheit, fehlende Berührung in ihrer eigenen Familie, und nicht zuletzt die Tatsache, daß Jason seinem Vater sehr ähnlich sah, — dem Mann, der sie geschwängert und dann wegen ihrer Pläne, das Baby zu behalten, ausgelacht hatte.

Endlich beschloß sie, ihrem Sohn ein Bild ihrer Liebe zu vermitteln — durch körperliche Berührung. Doch ihre ersten Versuche fielen nicht ganz so aus, wie sie es erhofft hatte. Als sie die Arme ausstreckte, um ihn an sich zu drücken, lief er weg! Vorher hatte sie ihn nur berührt, wenn sie ärgerlich war. Als sie nun die Arme um ihm schlingen wollte, lief er verwirrt und voller Angst weinend vor ihr davon.

Doch nach mehreren Wochen trug Julies Entschlossenheit, ihm das kraftvolle Bild der Liebe zu vermitteln, den Sieg davon. Die Wandlung in Jasons Verhalten und Handlungen war geradezu dramatisch. Julies Sohn wurde nicht nur umgänglicher und weniger ängstlich anderen gegenüber, auch seine Schularbeiten und der Grad seiner Aufmerksamkeit verbesserten sich! Und all das, weil sie damit begonnen hatte, ihm ihre Liebe in einem starken, nichtverbalen Wortbild zu zeigen.

Wie hoch würden Ihre Kinder auf der Grundlage einer Skala von eins bis zehn Sie in bezug auf bedeutungsvolle Berührung einschätzen? Haben Sie sie in jüngster Zeit danach gefragt? Haben Sie je Ihrem Ehepartner diese Frage gestellt?

Auch wenn Ihre heranwachsenden Kinder sich bei der Berührung winden („Ach, Mom, laß das! Einer meiner Freunde könnte dich sehen!"), – sie brauchen dieses Bild der Liebe. Sie müssen sich vielleicht allerlei einfallen lassen (versuchen Sie mal, mit Ihrem Sohn auf dem Teppich einen Ringkampf auszutragen!). Wenn Sie aber nicht ängstlich sind und nicht nachlassen, Ihren Kindern eine bedeutsame Berührung zuteil werden zu lassen, schaffen Sie in ihnen Liebe und Wertgefühl.

4. Kinder brauchen Zeiten der gefühlsmäßigen Bindung

Wir erkennen, daß Zeiten „romantisch/emotionaler Bindung", die in einer Ehe so wichtig sind, bei einem Kind klare Grenzen haben. Wenn Sie jedoch das Wort „romantisch" fallenlassen, dann sollten Sie eigentlich alle gefühlsmäßige Bindung finden, die sie mit Ihrem Sohn oder Ihrer Tochter haben können!

Der beste Weg für solche Bindung in einer Familie ist nach unserer Feststellung, wenn man gemeinsam zum Campen geht. Nicht das Camping als solches erzeugt die persönliche Nähe, sondern das, was beim gemeinsamen Camping mit unseren Kindern passiert. Sie haben richtig geraten: Die Katastrophen sind's!

Aus irgendeinem Grund können die Erinnerungen an eine Camping-Fahrt – bei der Sie alle Lebensmittel vergessen bis auf Negerküsse; bei der zweimal das Zelt aus unerfindlichen Gründen zusammenbricht; bei der Sie auf dem Hinaufweg einen Platten und auf dem Weg hinunter eine Motorpanne haben – zu Erlebnissen von großartiger Bindungskraft werden.

Nie werden Sie vergessen, wie Sie mit Ihren Kleinen zum Eiskaufen gingen und das Eis aus einem der Tütchen Ihnen auf die Schuhe tropfte! Und wie könnte je der Tag aus Ihrem Gedächtnis entschwinden, als Sie Ihren Ältesten zum erstenmal mit zum Surfen nahmen und hinterher die Wunde am Kinn, die vom Surfbrett gerissen wurde, genäht werden mußte? Solche Erlebnisse verbinden uns nicht nur eng (nachdem die Stiche verheilt sind, selbstverständlich), sie dringen auch unmittelbar in das Herz eines Kindes.

Inzwischen haben Sie das Warum und Wie für die Verwendung von Wortbildern in Ihren wichtigen menschlichen Beziehungen eingehend vor Augen geführt bekommen. Schon bald schließen wir das Buch ab mit 101 Wortbildern, mit deren Anwendung Sie auf der Stelle beginnen können. Doch bevor wir zu diesem Schatz an Wortbildern vordringen, dürfen wir einen Aspekt nicht übergehen.

Der Mißbrauch von Wortbildern ist eine Gefahr, die wir gerne ignorieren möchten, aber nicht können. Im Laufe der Jahre haben wir dramatische Beispiele für das Gute gesehen, das durch den Gebrauch von Wortbildern bewirkt wurde. Wir haben aber auch große seelische Zerstörungen beobachtet, wenn mit Wortbildern Mißbrauch getrieben und wenn diese Sprache der Liebe zu einer Sprache des Hasses verzerrt wird.

Der Anblick gefällt uns ganz und gar nicht, aber wir halten es für wichtig. Doch wir wollen die Vorhänge zurückziehen und jene bloßstellen, welche die dunklen Seiten seelischer Wortbilder ausbeuten möchten. Es handelt sich um Menschen, die seelisch (oder körperlich) andere immer wieder verletzen. Sie stoßen jedes Wortbild zurück, das Sie ihnen vermitteln, und schleudern Ihnen ihre eigenen entgegen wie einen wütenden Bullterrier. Das sind Menschen, die anscheinend unfähig sind, Liebe zu erwidern.

Kann mit Wortbildern
Mißbrauch getrieben
werden?

15. Kapitel

Die dunkle Seite
seelischer Wortbilder

Wir haben fast das gesamte Buch den Segnungen und Wohltaten gewidmet, die aus dem Gebrauch von Wortbildern entspringen. Offen gesagt, wäre es unser Herzenswunsch, das Buch hier unmittelbar abzuschließen, ohne unseren Blick über die positive Seite hinauszurichten. Doch so kraftvoll Wortbilder auch seelische Pfeile direkt in das Herz eines Menschen lenken können, machtlos sind sie bei bestimmten Menschen, die einen Drei-Zoll-Panzer aus Spezialstahl zu tragen scheinen.

Solche Menschen lassen Wortbilder nicht nur abprallen — selbst solche, die Lob oder Ermutigung vermitteln, — oft nehmen sie diesen Pfeil auch auf, verwandeln ihn in ein flammendes Schwert und richten ihn als Waffe gegen uns.

Bei aller Kraft, die Wortbilder im guten Sinn besitzen, haben sie einen bösen Zwilling, der nicht ignoriert werden darf. Die Beherrschung von Wortbildern kann für eine Beziehung äußerst vorteilhaft sein. Doch in den falschen Händen kann diese Fähigkeit sehr gefährlich werden.

Als wir mit der historischen Forschung zum Thema Wortbilder begannen, stießen wir auf ein erschreckendes Schema. Einige der destruktivsten Gestalten im Verlaufe der Menschheitsgeschichte richteten die Schäden in erster Linie durch Wortbilder an.

Solche Individuen sind oftmals berüchtigt wegen der Blutbäder, die sie anrichteten. Doch einige der zerstörerischsten Figuren, auf die wir stießen, haben niemals eine Waffe abgefeuert oder einen Aufstand angezettelt. Sie benutzten lediglich die Macht von Worten, um Ehen, Familien, Freundschaften und Geschäfte zu zerbrechen und zu vernichten. Diese Leute haben vielleicht niemals selbst den Finger am Abzugshahn gehabt, doch ihre Worte schoben einen geladenen Revolver in die Hand eines anderen und richteten ihn dann auf dessen Schläfe.

Die Beherrschung von Wortbildern kann für eine Beziehung außerordentlich vorteilhaft sein. Doch in den falschen Händen kann sie sehr gefährlich werden.

Gebrauch und Mißbrauch von Wortbildern haben uns die absolute Wahrheit der Feststellung bewiesen: „Tod und Leben stehen in der Zunge Gewalt."[1]

Ein Arzt, der seine Aufgabe ernst nimmt, erläutert einem Patienten nicht nur die Vorzüge eines Medikaments, sondern weist auch auf seine Gefahren und möglichen Nebenwirkungen hin. Genauso wäre es ein Versäumnis von uns, nicht über den potentiellen Schaden zu sprechen, der durch eine Verzerrung der Sprache der Liebe in eine Sprache des Hasses bewirkt wird.

Wenn Wortbilder ihre volle positive Wirkung entfalten, vermitteln sie Lob und Tadel, verbessern die Einsicht und entwickeln dauerhaftes Vertrauen und besseres Verständnis zwischen Menschen. Die schlimmste Wirkung entfalten sie, wenn Wortbilder benutzt werden, um andere zu kontrollieren, unterdrücken, verletzen oder zu manipulieren. Wir haben uns große Mühe gegeben, das lebensverändernde Instrument seelischer Wortbilder zu vermitteln. Doch nun möchten wir Sie warnen. Es kann Menschen geben, die dieses Instrument gegen Sie wenden und es als Waffe benutzen.

Die Tatsache, daß einige Menschen die einem Wortbild innewohnende Kraft mißbrauchen können, um Leben zu beeinflussen, darf uns jedoch nicht abhalten. Ein besorgter Ehemann kann sich hinter das Lenkrad setzen und seine in Wehen liegende Frau eilends ins Krankenhaus fahren. Setzen Sie jedoch einen wütenden Alkoholiker ans Steuer, dann schaffen Sie damit eine Waffe, die unter Umständen Leben auslöschen kann.

Wir fahren nach wie vor in Autos, weil wir ihren Nutzeffekt kennen. Doch wir sind uns über ihre Fähigkeit, zu verletzen und Krüppel zu schaffen, durchaus im klaren und lassen Vorsicht walten. Das gleiche gilt für seelische Wortbilder. Wir sollten uns über ein Instrument freuen, das unserer Kommunikation und unseren zwischenmenschlichen Beziehungen neuen Odem einzuhauchen vermag. In den falschen Händen jedoch, etwa denen des „Führers" Adolf Hitler, kann dieses Instrument auch Worte des Todes weitergeben.

Worte des Lebens, Worte des Todes

In den Jahren vor dem Zweiten Weltkrieg durchlebte Deutschland eine schwierige wirtschaftliche und politische Zeit. Die Wirtschaft stagnierte, und die gewählte Regierung sah sich mit wachsender Unzufriedenheit der arbeitenden Schichten konfrontiert.

In dieser instabilen Zeit sah ein Mann seine Chance für die Macht. Hitler hatte grandiose Ideen, aber er brauchte einen Sammelpunkt, um eine Gefolgschaft um sich zu scharen. Sein ruheloser Geist mußte ein Symbol finden, das ihn in die Schlaglichter brachte, nach denen er strebte und für die er lebte.

Hitler, ein obskurer Mensch mit einer Neigung zu Depressionsanfällen, schaffte es nicht, den Weg zur politischen Macht durch die Vordertür zu beschreiten. Doch er stieß die Hintertür mit einem Wortbild weit auf und zog damit seine Landsleute zu sich und seinen radikalen Ansichten heran.

Das verzerrte Bild, das er zeichnete, waren die Juden, eine Rasse, die er als „böse und verleumderisch" bezeichnete, — als ein „korruptes" Volk, das „sich ins Rheinland eingeschlichen" und dem deutschen Arbeiter Macht und Wohlstand gestohlen habe.[2]

Die heimtückisch erdachten und so oft benutzten Wortbilder wurden dann täglich an die arbeitenden Menschen weitergegeben, die darum kämpften, in den langen Schlangen der Depression Brot zu kaufen. Damit weckte er grundlosen Zorn und Ressentiments bei der Menge der Arbeitslosen und Unterbeschäftigten. Diese Ängste und Frustrationen wirkten wie Funken auf trockenem Zunder. Geschickt fachte Hitler die Flammen dann zu offenem Haß an. Hören Sie sich eine von Hunderten schneidender Proklamationen an, mit denen er die Nation entzündete und entflammte:

> Die jüdische Rasse ist ein Parasit, der vom Körper und vom produktiven Arbeiter unserer Nation lebt. Nur wenn dieses jüdische Virus, das das Leben des deutschen Volkes infiziert, beseitigt ist, kann man darauf hoffen, eine Zusammenarbeit zwischen den Nationen zu erreichen, die auf dauerhafter Verständigung aufgebaut ist.

> Die Juden sagen gerne: „Arbeiter der Welt, vereinigt euch!" Arbeiter aller Klassen und aller Nationen, ich sage euch, erwacht und erkennt unseren gemeinsamen Feind![3]

Mit diesem Symbol des Hasses in der Hand scharte sich eine wachsende Gefolgschaft um ihn, die alle führenden politischen und religiösen Persönlichkeiten niederschrien, die Widerstand leisteten. Die kämpfende deutsche Arbeiterklasse schluckte seine Begründung für ihre wirtschaftliche und soziale Not, und das korrupte Bild, das er von den Juden zeichnete, wurde zum Sündenbock für alle deutschen Probleme.

Hitlers Geschick, Geist und Seele der Menschen zu verdrehen,- vor allem der Jugend — lag zum großen Teil in seinen Fähigkeiten als Kommunikator begründet. Bedauerlicherweise ist er nicht der einzige, der negative Macht über das Leben anderer ausübt. Seine Gefährten im Bösen haben in jeder Generation vorher und nachher ihre Wunden hinterlassen. Nehmen Sie das Beispiel von Jim Jones.

Widerhall des Bösen

Haben Sie sich je die Frage gestellt, was Jones gesagt hat, um Hunderte von Menschen dazu zu bringen, ihr Heimatland zu verlassen und sich einem Todesmarsch nach Guyana anzuschließen?

In den Anfangstagen seiner Kirche in Los Angeles bebte seine Kanzel von Wortbild auf Wortbild.[4] Er benutzte sie wie Ketten, um Hunderte von Männern und Frauen mit seiner Lehre zu fesseln und zu versklaven. Hören Sie sich die von Bildern erfüllte Predigt von ihm an, die sich später auf tragische Weise als prophetisch erwies:

> In meinem Geist befinden wir uns in der Schlacht. Wir sind eine riesige Schar von Menschen, so viele, daß sogar die aufgehende Sonne verdunkelt wird. Und diese Masse marschiert und singt. Sie haben Feinde, die den Befehl haben, auf sie zu schießen. Ihre Leiber zerbersten in den Himmel hinein. Doch die Menschen hören nicht auf zu kommen, und niemand kann ihnen Einhalt gebieten.[5]

Die Kontrolle über seine Gefolgsleute war so stark, daß mehr als neunhundert Menschen den Worten Jones' in die Finsternis folgten. Sie waren nicht die einzigen, die den Tod fanden. Charles Mansons Anhänger hatten ebenfalls ihren Anteil am Töten. Wie Jones führte auch er eine Horde fanatischer Gefolgsleute in einen Taumel des Todes, und auch er war ein Meister von Wortbildern.[6]

Führer von Kulten und Sekten haben über die Zeiten hin geistige Bilder und mystische Symbole entworfen, wie etwa das umgekehrte Kreuz der Teufelsanbeter, die in Wirklichkeit Wortbilder ihrer verborgenen Lehre darstellen. Das gleiche gilt für die heutigen Sekten und Kulte, die religiöse Symbole wie Kreuz, Regenbogen und Oase übernommen haben, um ihre eigene Marke eines verfälschten Christentums zu verbreiten.[7]

Politische wie Sektenführer benutzen seit langem Wortbilder, um das körperliche und geistliche Leben von Menschen abzuwürgen. Tragischerweise gibt es eine viel unauffälligere Gruppe, die in jeder Hinsicht genauso viel Schaden anrichtet: Männer und Frauen, die ihr zerstörerisches Geschick innerhalb normaler Familien in einem durchschnittlichen Umfeld ausüben. Diese Menschen verkrüppeln, zerstören und steuern ihre Ehepartner und Kinder. Je mehr wir darüber lesen und mit ihnen und ihren Opfern sprechen, desto mehr erkennen wir, daß auch sie Meister des Wortbildes sind.

Es handelt sich um Menschen, die in vielerlei Hinsicht Liebe nicht erwidern können, und durch ihre Worte gefährden sie tatsächlich das physische, geistige, seelische und spirituelle Leben anderer.

Jackies Vater ist ein vollkommenes Beispiel für einen solchen Menschen.

Eine Fallstudie über Worte, um Menschen zu steuern

Jackie wuchs in einer Familie auf, die man zutreffender als Alptraum bezeichnen müßte. Wegen des denkbar negativen familiären Hintergrundes erstaunt es nicht, daß sie in einer psychiatrischen Klinik landete.

Ich (John) begegnete ihr vor Jahren während meiner Schulzeit. Damals hatte sie etwas an sich, was ich nie verstehen konnte. Ich ging zu der Zeit direkt daran vorbei, doch auf dem Grund ihrer Ängste waren zwei seelische Wortbilder, von denen jedes ein lebendiges Abbild von Grausamkeit und Angst war, die mit zu ihrem geistigen Zusammenbruch führten und sie zuletzt in die Finsternis hinausstießen.

Mit einem Alkoholiker als Vater waren Angst und Ungewißheit ihre ständigen Gefährten. Er hatte einen Spitznamen für sie, den er ständig benutzte, wenn er betrunken und zornig war: Teufelskind. Ihr Vater, ein Gelegenheitsmaler, war ebenso süchtig nach Horrorfilmen und -büchern, wie er dem Alkohol verfallen war. Je tiefer er als Mann sank, desto „männlicher" fühlte er sich, indem er seine empfindsame und eindrucksfähige Tochter mit Schauergeschichten erschreckte.

In den meisten Nächten lag sie stundenlang wach im Bett, nachdem sein grausames Lachen sie den Korridor hinunter verfolgt hatte. Sie fürchtete sich davor, schlafen zu gehen, falls die entsetzlichen Dinge zum Vorschein kämen, von denen er behauptete, daß sie in ihrem Körper seien und herauswollten. Selbst als sie älter wurde und bekannte, daß sie nicht an Dämonen glauben konnte, wurde sie die negativen Narben nicht los, die sein Wortbild in ihrer Selbsteinschätzung hinterließ. Im Laufe der Jahre, als sie zu einer jungen Frau heranwuchs, brannten seine Worte in ihr, als habe er Schwefelsäure in ihre Seele geschüttet. Da wurde eines Nachts ihre Qual noch um das Hundertfache vermehrt.

In betrunkenem Zustand stürmte er in das Zimmer seiner Tochter und raubte ihr noch den letzten Rest von Unschuld und Kindheit, der ihr geblieben war. Als sei die Blutschande nicht schon schlimm genug, hinterließ er ihr beim Hinausgehen noch ein zweites, furchtbares Wortbild.

Während sie im Bett lag und die Tränen der Scham und des Schmerzes zu unterdrücken versuchte, erklärte er ihr, falls sie jemals mit jemand über das Geschehene spreche, werde ein Fluch über sie kommen. Er sagte, die entsetzlichsten Dinge würden mit ihr passieren — vielleicht eine Woche oder auch ein Jahr, nachdem sie das Geheimnis gebrochen habe. Doch eines Nachts würde sie am Geräusch von Schritten erwachen, und vor dem Fenster draußen werde sich jemand festklammern, zu ihr hereinkommen — jemand, der sie auf die schrecklichste Weise umbringen werde.

Als Kind kam es Jackie nie in den Sinn, daß ihr Vater geistesgestört war. Und so würgte sie, wie viele Male zuvor, diese letzte Dosis von Angst und Scham hinunter. Doch sie schloß ihre Augen immer erst, nachdem die Morgensonne auch in den letzten Winkel ihres Zimmers gekrochen war.

Jackie versuchte ihr bestes, mit ihrem Leben zurechtzukommen und ihre Ängste nicht zu zeigen. Nach außen hin sah sie so friedlich aus wie ein Friedhof, doch tief in ihrem Inneren tobte ein Kampf. Für sie schien es keinen Platz zum Ruhen, keinen Ort zum Verbergen zu geben. Ohne irdische Quelle des Trostes versuchte sie sogar zu beten. Doch als sie neben ihrem Bett niederkniete und sich zum erstenmal in ihrem Leben die entsetzliche Last von ihrem Herzen ausschüttete, wurde sie plötzlich von Furcht befallen.

Hatte sie, als sie vor Gott ihre Probleme ausbreitete, womöglich gerade eben das Geheimnis gebrochen und den Fluch ihres Vaters ausgelöst? Würde der Fremde sie töten? Nachts wurde sie von dem Gedanken heimgesucht, daß jemand mit einem Messer vor ihrem Fenster draußen stehe, und bei Tag ängstigte sie das Wort „Teufelskind".

Am Rande des Wahnsinns erzählte sie endlich ihrer Mutter das furchtbare Geheimnis, das sie mit sich herumschleppte. Für einen Augenblick empfand sie Erleichterung, daß sie die schreckliche Last mit jemand geteilt hatte. Doch dann schlug ihre Mutter sie plötzlich ins Gesicht und beschuldigte sie, daß sie lüge. Das gab ihr den Rest. Sie schlang eine Handvoll Schlaftabletten hinunter und suchte Zuflucht in der Dunkelheit des Todes.

Sie überlebte diesen ersten Selbstmordversuch und blieb für zwei Monate in einer psychiatrischen Klinik, ehe sie wieder zu ihren Eltern zurückkehrte. Doch in weniger als sechs Monaten erreichte mich die Nachricht, daß sie sich das Leben genommen hatte. Jackie starb als verängstigtes Kind, das die dunkle Seite ihres Vaters mehr gefürchtet hatte als den Tod selbst.

Wir sind uns darüber klar, daß Jackies Geschichte einen Extremfall darstellt. Sie ist wahrscheinlich das eindrücklichste Beispiel, das uns über die zerstörende Macht der Zunge bekannt ist. In vielen Familien ist der Schaden zwar nicht derart lebensbedrohend, doch fordert er trotzdem schwere seelische und körperliche Opfer.

Alltägliche Beispiele für die finstere Seite von Wortbildern

Wir kennen einen Vertreter, der hauptsächlich deshalb keinen Job behalten kann, weil er es nicht schafft, die Worte seines Vaters aus seiner Vergangenheit zu tilgen. Sie wurden geäußert nach dem ersten und einzigen Baseballspiel, das sein Vater sich angesehen hatte. Die Worte waren vielleicht als „Motivierung" des Sohnes gedacht, sich mehr anzustrengen, doch sie hatten eine dramatisch andere Wirkung.

„Du bist wirklich armselig", sagte er, nachdem sein Sohn zwei Spielfehler gemacht hatte. „Du bist halt ein viertklassiger Spieler. Komm bloß nicht zu mir, um von der Arbeit freizunehmen, bevor du erstklassig spielst. Ach was, frag mich überhaupt nicht mehr. Du wirst immer viertklassig bleiben."

Dies war sicher nicht die einzige bissige Bemerkung seines Vaters ihm gegenüber. Er brachte es ziemlich weit mit Äußerungen von zerstörerischen Worten. Doch das Bild, nur ein „viertklassiger" Mensch zu sein, blieb bei seinem Sohn haften — so wie es bei allen Wortbildern der Fall ist. Nun sieht es so aus, als ob dieser erwachsene Mann auf keinem Gebiet „erstklassig" sein kann — auch nicht als Ehemann und Vater.

Doch er steht damit nicht allein. Uns ist eine Hausfrau bekannt, deren Mutter ihr wiederholt folgendes Wortbild verpaßte:

„Wenn sie mich einmal ins Grab senken, dann wird es dir leid tun, daß du nicht öfter bei mir vorbeigekommen, mit mir zum Einkaufen gegangen und mir erzählt hast, was dein Mann macht. Es wird dir leid tun, daß du mich vernachlässigt hast wie einen räudigen Hund."

Jedes noch so unvernünftige Verlangen ihrer Mutter wurde mit dem Satz unterstrichen: „Eines Tages wird es dir leid tun, Diane, wenn sie mich ins Grab senken." Mit diesem auf die Erzeugung von Schuldgefühlen gemünzten Satz scheuchte ihre Mutter sie herum wie einen angeketteten Greifvogel.

Selbst wenn Diane energisch ihren Standpunkt verteidigte, geriet sie in Perioden von Depression und Wut. Wenn sie nicht losrannte und irgendeinen unsinnigen Auftrag ihrer Mutter erledigte, wurde sie tagelang von schrecklichen Schuldgefühlen heimgesucht, weil sie ihre Mutter nicht so „liebte", wie sie eigentlich sollte.

„Du bist doch ein Dummkopf!" „Nichts als Stroh im Kopf!" „Wenn dein Hirn Schießpulver wäre, könntest du dir nicht die Nase schneuzen!" Jeder von uns ist imstande, gelegentlich den Kindern oder Ehepartnern gegenüber negative Dinge zu äußern, wenn wir sie wieder für uns gewinnen wollen.

Solche in der Hitze einer Auseinandersetzung gesprochenen Worte können verletzen und strafen. Doch die Worte, die über die Jahre hin den größten Schaden anrichten, sind, wie wir gesehen haben, nicht unbedingt die unbeherrscht geäußerten. Die verheerendste Wirkung haben Worte, die mit kalter, harter Absicht gesprochen und zur Manipulierung, Bestrafung und Steuerung von Menschen benutzt werden.

Welcher Art sind nun diese Menschen, die zur finsteren Seite der Wortbilder abgleiten? Und warum?

Bevor wir unsere Gefühle hinsichtlich des Warum darlegen, wollen wir uns das Profil der betreffenden Personen ansehen — derer, die Liebe nicht erwidern und niemals die Wortbilder zu „hören" scheinen, die wir vermitteln. Wir fürchten, es handelt sich hier um eine Sorte von Mann oder Frau, welche die in diesem Buch erläuterten Instrumente der Kommunikation nehmen und sie dazu benützen, um andere seelisch zu zertreten.

Wir erheben nicht den Anspruch, daß die folgenden Erklärungen ein erschöpfendes Bild solcher Menschen zeichnen. Doch wir haben laufend ein solches Schema zutage treten sehen. Wenn es Ihnen zu helfen vermag, den Mißbrauch von Wortbildern aufzuzeigen, dann hat unsere Warnung ihren Zweck erfüllt.

Profil eines Menschen, der ständig die dunkle Seite von Wortbildern gebraucht

In unseren Gesprächen mit einer Vielzahl von Opfern aus Familien, die bei ihren Angehörigen Wunden hinterlassen, haben wir allmählich ein gemeinsames Profil der Person erkannt, die ständig Wunden schlägt, anstatt Liebe zu geben. Oft mag ein solcher Mensch für andere durchaus gesellschaftlich annehmbar erscheinen, doch seelisch kann es tödlich sein, mit ihm zu leben.

Im ganzen beobachten wir fünf Merkmale bei denen, die Wortbilder zu Waffen tödlicher Zerstörung verdrehen. Bevor wir uns diese Liste näher ansehen, möchten wir nochmals betonen, daß jeder von uns in der Lage ist, gelegentlich schädliche Worte zu äußern. Bis zu einem gewissen Grade finden wir uns selbst hin und wieder in diesen Kategorien wieder. Doch wenn wir feststellen, daß wir (oder jemand anderer) sie ständig als Lebensstil praktizieren − oder hitzig leugnen, daß sie zutreffend sind −, dann sollte die Warnflagge hochgehen, die Gefahr im Anzug verkündet.

Menschen, die ständig die dunkle Seite von Wortbildern nutzen, pikken Ihre Fehler heraus, wehren aber jeden Versuch ab, wenn sie auf eigene Fehler hingewiesen werden.

Ein Mensch, der Wortbilder benutzt, um andere zu strafen, hat in seinem Herzen das dringende Bedürfnis, den Schein der Zurechtweisung auf andere zu konzentrieren und zu verhindern, daß er auf ihn selber fällt. Menschen, die mit Worten besonders zerstörerisch umgehen, sind blitzschnell bei der Hand, Fehler bei anderen zu sehen. Doch wenn es darum geht, persönliche Fehler oder Probleme im eigenen Leben zu akzeptieren, bewegen sie sich mit der Geschwindigkeit eines Gletschers.

Diese Meister im Fehlerfinden beweisen ihr destruktives Talent selten bei Außenstehenden. Ihr Geschick wird für den Gebrauch in der Familie aufgespart. Das nahezu vollkommene Bild, das sie den Vorübergehenden präsentieren, kann diejenigen, die im Hause leben, verwirren und quälen. Sie fangen an zu glauben, daß ihre Familie vielleicht ganz „normal" ist und daß sie glücklicher und sicherer sein sollten.

Ein solcher Mensch benutzt Wortbilder als Waffe, um ständig jemand zurechtzuweisen, doch nie werden Sie erleben, daß er sie zum Loben gebraucht. Falls Sie es wagen, ihn zu korrigieren, dann bekommen Sie es mit der Wut einer in die Enge getriebenen Schlange zu tun. Denn wenn er auch nur ein Zoll nachgibt, indem er die zurechtweisenden Worte akzeptiert, dann würden damit Meilen unratbesäter Wege in seinem Leben zutagetreten.

Menschen, die ständig die dunkle Seite von Wortbildern benutzen, erwecken oft furchtbare Gefühle in Ihnen und bringen Sie zu der Überzeugung, es sei Ihr eigener Fehler.

Menschen, die ständig Mißbrauch mit Wortbildern treiben, haben etwas seltsam Beharrliches an sich. Sie sind irgendwie imstande, einen mit der Waffe verletzender Worte zu durchbohren und die Klinge wieder herauszuziehen, ohne belastende Spuren zu hinterlassen.

Nehmen Sie beispielsweise den Vater, der seinen Sohn einen „viertklassigen" Menschen nannte. Wir konfrontierten ihn mit seinem ständigen negativen Wortbild, und er erklärte es doch glattweg als positiven, motivierenden Faktor im Leben seines Sohnes.

„Vor Jahren hat mir der beste Trainer, den ich je hatte, das gleiche gesagt! Er erklärte mir, ich würde nie was besseres sein als ein viertklassiger Spieler, und ich ging hin und bewies ihm, daß er sich geirrt hatte. Was anderes will ich nicht bei meinem Sohn. Ich weiß, daß er es schaffen kann. Ich will nur, daß er endlich seiner Familie und seinen Freunden beweist, daß er erfolgreich sein kann!"

Das klingt recht vernünftig, aber nicht, wenn man seine Worte genauer unter die Lupe nimmt. Das Furnier mag wie solide Eiche aussehen, doch die eingebetteten Drahtstifte sind so morsch wie aufgeweichtes Treibholz. Irgendwie erfüllten die im Laufe der Jahre von ihm geäußerten „Viertklasse"-Reden nicht den menschenfreundlichen Zweck, den er ihnen unterlegte. Stattdessen hieben seine Worte Wunden, die so glatt und sauber waren, daß sein Sohn sich wunderte, warum er so viele seelische Narben mit sich herumtrug.

Seine fadenscheinige Erklärung richtete bei seinem Sohn noch mehr an. Er haßte sich selbst dafür, überempfindlich zu sein, wo doch sein Vater ihm nur helfen wollte. Dieser arme „viertklassige" Sohn bemerkte niemals das Feuer hinter den Worten seines Vaters, sondern nur die Rauchwölkchen, die ihm in den Augen brannten. Dieser Vater weigerte sich nicht nur, Fehler in seinem eigenen Verhalten zu erkennen, sondern war außerdem noch Experte darin, seinen Sohn zu verletzen — und ihm dann noch die Vorstellung aufzudrängen, es sei seine eigene Schuld.

Menschen, die Wortbilder mißbrauchen, handeln oft in dem Bestreben, etwas Gutes auf schlechte Weise zu bewirken. Doch weil sie stets für den anderen „das Beste wollen", werden damit die Messerwunden entschuldigt, die sie bei ihren Opfern hinterlassen.

Menschen, die ständig die dunkle Seite von Wortbildern benutzen, decken damit oft ein Trio persönlicher Probleme zu.

Im Kern der meisten Abhängigkeiten — gleichgültig, ob es sich um Sex,

Alkohol, Drogen oder die Sucht, andere mit Worten zu verletzen, handelt — steckt ein Trio persönlicher Probleme:[8] Angst, Wut und Einsamkeit. Einen destruktiven Menschen bekommt man nur sehr schwer in eine Beratung, da er ja keine Notwendigkeit hierfür empfindet.

Menschen mit der Sucht, andere zu verletzen, umfassen Männer und Frauen mit einer solchen Last persönlicher Probleme, daß sie sich in der Wärme einer engen menschlichen Beziehung unbehaglich fühlen. Wie ein Gefangener, der monatelang in einem Verließ eingesperrt war und beim ersten Anblick des Sonnenlichts zusammenzuckt, bleiben auch sie lieber im Schatten. Sie sind viel mehr damit vertraut, Worte der Finsternis zu sprechen und zu hören, als Worte des Lichts, bei denen sie sich fehl am Platze fühlen.

Menschen, die von Bildern der Angst und Wut, verdeckt von tiefsitzender Einsamkeit, erfüllt sind, bilden die hauptsächlichen Kandidaten für den Mißbrauch von Wortbildern. Mit ihren Worten erschaffen sie für andere ihre eigene schreckliche Welt der Finsternis neu.

Menschen, die ständig die dunkle Seite von Wortbildern benutzen, fehlt oftmals Einfühlungsvermögen und die Gabe der Ermutigung.

Die Mutter der Hausfrau, die ständig Schuldgefühle benutzte, um ihre Tochter zu motivieren, hatte mit den Menschen, die Wortbilder mißbrauchen, noch etwas weiteres gemeinsam. Sie verlangte spontanes Einfühlungsvermögen, Verständnis und Ermutigung, war jedoch unfähig, diese zu erwidern.

Sie wollte ihre Bedürfnisse erfüllt haben — und zwar auf der Stelle! Doch nicht ein einziges Mal bemerkte sie die Auswirkungen auf die Ehe ihrer Tochter, die alles liegen und stehen lassen mußte, um irgendwelchen kleinlichen Wünschen nachzukommen. Dazu gehörte zum Beispiel die Besorgung eines zusätzlichen Liters Milch, kurz bevor die Tochter ins Wochenende wegfuhr. („Schließlich kommt das Wochenende, und du weißt ja, daß ich nicht selbst in die Läden gehen kann, und überall ist soviel los, und du bist tagelang nicht hier, und …").

Hüten Sie sich vor den Menschen, die für sich selbst Einfühlsamkeit fordern, aber niemals die brennenden Bedürfnisse nach Trost und Ermutigung in Ihrem Leben bemerken. So wie diese Mutter, können sie Zugriff auf ein Wortbild nehmen und es zu Kontrolle, Manipulation und Versklavung benutzen.

Menschen, die ständig die dunkle Seite von Wortbildern benutzen, mißachten oftmals die rechtmäßigen Grenzen um Ihr Leben.

Wie jeder, der Inzest betreibt, trat Jackies Vater die gesunden Grenzen zwischen Eltern und Kindern nieder. Er pflegte nicht nur ihr Zimmer zu betreten, ohne zu klopfen, und jederzeit ihre Gespräche zu unterbrechen, sondern mißachtete auch die Grenzen ihrer Person. Dieser Vater ist ein dramatisches Beispiel (allerdings bedauerlicherweise kein ungewöhnliches) für Menschen, die Schutzzäune niederreißen. Solche Leute benutzen oft Wortbilder, um Barrieren zu beseitigen, die sie davor abhalten, andere zu ersticken.

Die Mutter der Hausfrau zerstörte die Ehe ihrer Tochter, weil sie einen Zaun zwischen ihr und der Erfüllung ihrer selbstsüchtigen Wünsche bildete, und Jackies Vater wollte nicht einmal die natürliche Barriere sexuellen Schutzes in seiner Familie dulden.

Wenn Sie erleben müssen, wie ein Wortbild auf Sie niedergeschmettert wird, dann erfolgt der Schlag häufig durch jemand, der eine vermeintliche Grenze zwischen Ihnen und dem Betreffenden zerstören will, ganz gleich, wie natürlich eine solche Grenze ist.

Diese fünf Merkmale sind die häufigsten und destruktivsten Methoden, die wir beim Mißbrauch von Wortbildern erkannt haben. Bitte lassen Sie sie als Warnung dienen, denn der Schaden, den wir oder ein anderer anrichten kann, hält womöglich ein Leben lang an.

Große Sorge bereitet uns die Möglichkeit, daß Leute mit dieser Liste losmarschieren und sich auf Hexenjagd begeben. Das liegt gewiß nicht in unserer Absicht. Wir alle sind vielleicht nicht so ermutigend, wie wir sein sollten, weniger zugänglich für Zurechtweisung, weniger empfindsam. Wenn ein Mensch jedoch alle diese Merkmale aufweist und sie ständig unter Beweis stellt, dann erwarten Sie keine großartigen Fortschritte, indem Sie ihm entgegentreten. Erwarten Sie vielmehr, daß er die Macht von Wortbildern gegen Sie verwendet. Und erwarten Sie auch, daß er versucht, eine unheilvolle Kontrolle über Ihr Leben und das Leben anderer zu gewinnen.

Nach der Finsternis kommt der Tag

In der Welt und Gesellschaft, in der wir leben, kommt einmal der Zeitpunkt, da uns böse Menschen begegnen. Wenn es uns mit diesem Kapitel gelingt, Sie vor der negativen Macht ihrer Worte und Wortbilder zu warnen, dann ist der Zweck unserer Ausführungen erfüllt. Wenn wir Ihnen jedoch nur Angst vor dem Gebrauch von Wortbildern eingejagt haben, dann haben wir unser Ziel verfehlt.

In der ausgezeichneten Kinderserie von C.S.Lewis „The Chronicles of Narnia" ist die Hauptfigur ein prächtiger Löwe mit Namen Aslan. In einer der Geschichten freundet sich dieser mächtige Löwe mit einigen Kindern an. Zwei von ihnen sind Aslan bereits begegnet, und das dritte steht kurz davor, ist allerdings noch ängstlich: „Ist er — ganz sicher?" fragte Susan. „'türlich ist er nicht sicher. Aber er ist gut", sagte Mr. Beaver.[9]

So ist auch unsere Einstellung zu Wortbildern. Geschichte und Erfahrung haben uns gelehrt, daß sie zu machtvoll sind, um zahm oder sicher zu sein. Aber sie können eingesetzt werden, um Gutes zu wirken.

Wir möchten und wir werden dieses Buch nicht mit einer negativen Note abschließen. Denn aus unseren Worten und Wortbildern kann Wärme, Liebe und Leben aufkeimen. Im nächsten Kapitel haben wir mehr als hundert der kraftvollsten Wortbilder zusammengetragen, die wir Ihnen vermitteln möchten. Jedes einzelne kann in Ihrer Familie, Firma oder bei Ihren Freunden benutzt werden ... oder um Ihre Kreativität bei der Gestaltung Ihrer eigenen Wortbilder zu fördern.

Eine Sammlung von Wortbildern —
ein Schatz für Ihre Kommunikation

16. Kapitel

101 im Leben bewährte Wortbilder

Die Recherchen für dieses Buch haben uns ganz besondere Freude bereitet, vor allen Dingen, weil es in weiten Teilen bedeutete, sich mit verschiedenen Ehepaaren bei einem Kaffee zusammenzusetzen oder noch lange nach dem Ende einer Konferenz dazubleiben und mit jemand ein Gespräch zu führen. In vielen alltäglichen Gesprächen und Briefen, die uns erreichten, brachten Menschen zum Ausdruck, daß Wortbilder in ihrem Leben eine große Veränderung bewirkten.

Wir würden von Herzen gerne die mehreren tausend Wortbilder, die wir im Laufe der Jahre zusammentragen konnten, in dieses Buch aufnehmen. Sie bilden eine Sammlung von unwiderstehlicher Freude und untröstlicher Traurigkeit. Es sind Worte eines altgewordenen Vaters mit einem „Segen" an jedes seiner Kinder und des Kummers einer Großmutter, die sich viel zu viel um ihre Kinder zu schaffen gemacht hatte, als sie noch jung waren. Sie kommen von einem Gatten, der zum erstenmal Worte des Lobes für seine Frau fand, und von einer Frau, die das Buch über Ermutigung schrieb.

Wir haben auch Hunderte von Wortbildern gesammelt, die ihren Ursprung in Beruf, Familie, Freundschaften und dem geistlichen Leben haben, Wortbilder, die einen Menschen herausfordern können, gründlich über seine (oder ihre) Beziehungen nachzudenken. Beim Lesen des einen Wortbildes waren wir zu Tränen gerührt, bei einem anderen brachen wir in Gelächter aus. Sie zeigen die besten Eigenschaften des menschlichen Charakters und seine ganzen Schwächen. Wir hoffen, daß Sie gerne etwas über dieses durchaus alltägliche Konzept mit einer außerordentlichen Fähigkeit, Leben zu verändern, erfahren haben, und wir hoffen ferner, daß Sie ermutigt werden von der Auswahl an Wortbildern, die wir auf den folgenden Seiten für Sie zusammengestellt haben.

Zum Abschluß möchten wir die Hoffnung ausdrücken, daß wir gelegentlich von Ihnen über ein Wortbild hören, daß in Ihrem Leben eine positive Veränderung bewirkt hat. Sie sind nun im Besitz eines kraftvollen Instrumentes, und wir würden gerne erfahren, wie es zum Guten eingesetzt wurde. Darüberhinaus möchten wir uns mit einem eigenen Wortbild verabschieden. Es stellt unsere tiefsten Wünsche und leuchtendsten Hoffnungen dar, dieses Kommunikationsmittel möge Ihr Leben und die für Sie wichtigen Beziehungen bereichern:

Mögen Ihre Beziehungen wachsen und gedeihen wie die besten Apfelbäume im Land ringsum und viel gute Frucht bringen. Mögen Sie an lebenspendenden Wasserquellen gepflanzt sein und Ihre Blüten für andere einen Wohlgeruch von Liebe und Ermutigung ausströmen. Möge Gott Sie vor Stürmen bewahren und Sie auf immer im Licht seiner Sonne bewahren.

Gary Smalley, John Trent

Today's Family
P.O.Box 22111
Phoenix, AZ 85028

Die Freuden und die Kämpfe in der Ehe

Die Freuden ...

1. Mein Mann behandelt mich wie ein Zimmer voller unbezahlbarer Antiquitäten. Er kommt herein, nimmt mich an der Hand und hält mich mit großer Sorgfalt und Behutsamkeit. Oft habe ich das Gefühl, das Kostbarste in unserem Heim zu sein. Er spart sich die beste Zeit und seine besten Bemühungen für mich auf und nicht für den Fernseher.

2. Bei der Arbeit, die ich zu leisten habe, fühle ich mich oft, als wanderte ich an heißem Sommertag auf einem Wüstenpfad. Nachdem ich mich den ganzen Tag durch Hitze und Kaktusfelder gekämpft habe, komme ich zum Ende eines Weges und stehe vor einem herrlichen Teich mit kühlem Wasser. Endlich bin ich an einem Ort, wo ich trinken und mich erfrischen kann. So ist es, wenn ich bei meiner Frau bin. Nach vierundvierzig Jahren Ehe habe ich immer noch das Gefühl, bei ihr zu sein, so, als ob man zu einer Oase komme.

3. Ich bin ein Schiff mit bunter Flagge, das durch die warme, sanfte Brise der Karibik gleitet. Meine ganze Kindheit hindurch mußte ich in einem unsicheren Schiff über den Nordatlantik fahren. Öfter als ich's zählen kann, war ich nahe am Schiffbruch. Doch durch die Liebe meines Mannes fühle ich mich nun, als hätte ich die Schiffe gewechselt und segelte rund um die Welt. Statt der Orkane des Atlantik werde ich nun von einem stetigen lauen Wind in einen sicheren Hafen geführt.

4. Ich fühlte mich wie eine Eichel, die in einen Steinhaufen geworfen wurde. Nie hatte ich das richtige Licht oder ordentliche Erde, und so wuchs ich zu einer gebeugten, krummen Eiche heran. Doch nach neun Jahren Ehe glaube ich, daß du das Unmögliche vollbracht hast. Du hast mich an einen Platz in der Sonne umgepflanzt, wo ich endlich groß und gerade heranwachsen kann.

5. Im Laufe der Jahre habe ich Gewitterstürme erlebt, von denen ich glaubte, sie würden sich zu Tornados auswachsen. Doch wie bei einem sturmsicheren Keller kann ich immer zu meinem Mann kommen, der mich vor allen Widrigkeiten beschützt. Er ist fest wie ein Fels, und ich weiß, daß er immer da sein wird, wenn über meinem Leben Gewitterwolken aufziehen.

6. Ich empfinde mich und die Kinder wie ein Stück wertvolles Land mit dunkler, fruchtbarer Erde, die schnell mit Brombeeren und anderem Dorngestrüpp zuwachsen würde, wenn sie keine ordentliche Pflege hätte. Zum Glück ist meine Frau wie eine meisterhafte Gärtnerin. Jeden Tag sorgt sie liebevoll auf vielerlei Weise für mich. Vor allem dank ihres Geschicks bei der Pflanzung und Pflege einer engen Beziehung besitzen wir einen Garten, um den uns alle Nachbarn beneiden.

7. Ich liebe meinen Mann, weil er immer Wert darauf legt, daß ich die Gewißheit habe, die wichtigste Frau in seinem Leben zu sein. Er erinnert mich an einen wunderbaren Englischen Setter. Sein bernsteinfarbenes Fell glänzt, während er die Wiese bei unserem Haus durchstreift. Ich weiß, daß es noch andere Hunde auf der Wiese gibt, prächtige Ausstellungshunde, die viel hübscher sind als ich. Doch er läßt sie links liegen und kommt immer zu mir zurück. Seine sanften braunen Augen sagen mir jeden Abend von neuem: „Es gibt keine andere außer dir."

8. Als ich dreißig wurde und mich unsicher fühlte, schenkte mein Mann mir genau das Wortbild, das ich brauchte. Er entdeckte mich dabei, wie ich schmollte und Befürchtungen hegte, er würde mich wegen einer anderen Frau verlassen. Da sagte er zu mir: „Liebling, wenn man mit einem funkelnagelneuen, glänzendweißen Cadillac Coupé lebt, hat man keinen Wunsch, loszurennen und einen Volkswagen zu fahren."

9. Für mich ist das Leben manchmal wie Wasserskifahren. Das Zugseil verdreht sich unerwartet, und ich falle der Länge nach ins Wasser. Ich versuche es nochmals, nur um erneut hinzufallen und schaudernd, erschöpft und allein im Wasser zurückzubleiben. Gerade als ich aufgeben will, eilt mir meine Frau liebevoll zu Hilfe. In einer Sekunde wirft sie eine Rettungsleine aus, und ich ziehe mich heraus und kann dem eisigen Griff des Wassers entkommen. Bei ihr bin ich warm, geborgen und geliebt. Meine wunderbare Frau hat mich von neuem gerettet!

10. Bevor ich bei einem Unfall mein Bein verlor, fühlte ich mich wie einer unter allen anderen Äpfeln in einem Korb. Doch noch lange nach meiner Operation hatte ich das Empfinden, in- und auswendig verfault zu sein und für niemand mehr einen Nutzen zu haben. Doch meine Frau hat mich keinen Augenblick anders gesehen. Sie weiß, daß ich von außen nicht aussehe wie jeder andere, daß ich mich innerlich aber zu keinem Zeitpunkt verändert habe. Für sie bin ich einzigartig und vollständig.

11. Die Liebe meiner Frau ist wie ein großes Glas Eistee an einem heißen Sommertag. Sie ist kühl und frisch, weckt meine Kräfte von neuem und löscht den Durst meiner trockenen, staubigen Seele.

12. Meine Frau und ich sind eine Baseball-Mannschaft in Spitzenbesetzung. Ich kann einige der hartgeschlagenen Bodenbälle zurückwerfen, und manchmal kriege ich den Ball über das Netz. Doch wenn da nicht ihre Beharrlichkeit wäre, Tag um Tag das Mal zu erhöhen, würden wir in keiner Saison gewinnen.

13. Als ich dich kennenlernte, war ich zehnmal aufgeregter als damals, als der erste Kunde mein Büro betrat. Wir sind nun seit acht Jahren verheiratet, und ich habe eine Menge Kunden, denen ich meine Zeit widmen muß. Doch Zeit mit dir zu verbringen, ist die wertvollste Verabredung, die ich in meinem Buch verzeichne.

14. Ich fühle mich wie eine glückliche kleine Füchsin, die eines Tages durch den Wald lief und einen hübschen Fuchs traf. Wir verliebten uns, und er wurde mein engster Kamerad. Trotz gelegentlicher Zusammenstöße mit Jägern und größeren Tieren beschützt er mich immer. Selbst wenn es bedeutet, für mich zu kämpfen, stellt er sich allem, was uns begegnet. In einigen Monaten werden wir ein kleines Füchslein haben, für das wir sorgen müssen. Ich bete darum, daß das Füchslein, wenn es größer wird, seinen Dad genau so lieben wird wie ich.

15. Die Probleme des Lebens geben mir manchmal das Gefühl, Kapitän auf einem sinkenden Schiff zu sein. Je näher das Schiff dem Untergang ist, desto mehr springen oftmals die um mich herum über Bord und überlassen es mir allein, das Schiff zu retten. Ich bin dankbar dafür, daß ich einen Obermaat habe, der an meiner Seite bleibt, ganz gleich, was geschieht. Wäre sie nicht mit ihrer ruhigen, behutsamen Stärke, mit der sie mir immer Mut einflößt, dann hätte ich schon vor langer Zeit aufgegeben und wäre über Bord gesprungen.

16. Wenn ich von der Arbeit nach Hause komme, fühle ich mich oft wie der Pilot eines Kampfflugzeuges, das von Geschossen durchsiebt ist. Es ist so phantastisch, zu meiner Frau heimzukehren! Wie eine hingebungsvolle Bodenmannschaft macht sie Überstunden, um mir wieder Kraft zu schenken und mich bereit zu machen, wieder in die Schlacht zu stürzen. Ohne sie könnte ich das alles nicht.

Die Kämpfe ...

17. Manchmal komme ich mir vor wie unser Zwergpudel. Einst war sie der Gegenstand unserer tiefsten Zuneigung, doch nun wird sie beiseitegeschubst. Ständig sucht sie unsere Liebe, doch vergebens. Sie wäre glücklich, einfach nur bei uns zu sitzen, doch oft wird sie dann allein in ein anderes Zimmer geschickt. Dauernd bemühe ich mich um die Liebe meines Mannes, doch er schiebt mich beiseite. Ich wünschte, ich würde ein bißchen Aufmerksamkeit finden oder sogar gelegentlich ein wenig in die Arme genommen werden.

18. Zu Beginn unserer Ehe fühlte ich mich wie ein schönes, kunstvoll gearbeitetes, ledergebundenes Buch mit Goldschnitt, das meinem Mann von Gott geschenkt wurde. Zuerst wurde ich mit großer

Begeisterung und Aufregung in Empfang genommen — gehätschelt, sorgsam behandelt, vorgezeigt und Gegenstand von Gesprächen mit anderen Menschen. Doch im Laufe der Zeit wurde ich ins Regal gestellt und dem Einstauben preisgegeben. Gelegentlich erinnert er sich, daß es mich gibt. Wenn er mich doch aus dem Regal nehmen und mich aufschlagen würde! Wenn er nur sehen würde, wieviel mehr ich ihm zu bieten habe!

19. Ich komme mir vor wie der verhätschelte Hund eines kleinen Buben. Sieben Monate im Jahr versorgt er mich hervorragend. Wir spielen, machen lange Wanderungen zusammen und überschütten uns mit Zuneigung. Doch wenn die Baseballsaison beginnt, überläßt er mich seinen Freunden zum Spielen. Manchmal vergißt er, mir Futter zu geben, und hat kaum einmal Zeit für mich. Er ist so beschäftigt, daß er mir gerade soviel Futter, Wasser und Zuneigung schenkt, um Appetit auf mehr zu wecken. Der Schimmer meines Fells und die Sprungkraft meiner Schritte schwindet dahin, und ich träume davon, wie schön es sein wird, wenn ich ihn wieder zurückhabe. Ich hoffe nur, daß ich warten kann.

20. Ich weiß, daß ich eine lodernde Flamme der Begeisterung sein kann, doch oft spritzt meine Frau mit ihren Worten dazwischen, und ich werde zur verglimmenden Asche. Wenn sie doch nur das Feuer mit ein paar aufmunternden Worten oder einer liebevollen Umarmung anfachen würde, wenn ich von der Arbeit nach Hause komme, dann würde es so hell wie nur je auflodern.

Freude und Herausforderung als Eltern

Die Freuden ...

21. Wenn ich meine Töchter betrachte und wie gut sie im Leben vorankommen, dann quillt Stolz in mir auf wie die schneebedeckten Rocky Mountains über einem herrlichen Gebirgstal. Es ist ein Gefühl, als stünde ich auf der Spitze der Welt. Meine Kinder sind nun fortgezogen, und die meiste Zeit hindurch stehen die Berge in ziemlicher Entfernung. Doch selbst von weitem erfüllt mich ihr Anblick mit Wunder und Dankbarkeit.

22. Das Erlebnis der Geburt meiner Tochter war, als führe mich Gott zu einem herrlichen Sandstrand und zeige mir einen Ozean voll künftigen Segens, den meine Tochter bringen werde. Es ist zu wunderbar, um es zu fassen, zu schön, um es zu glauben.

23. Meine Kinder sind wie Sterne an einem Himmel über der Wüste. Jeder hat seinen eigenen Glanz und seinen einmaligen Platz in der Schöpfung. Wie diese Sterne leuchten meine Kinder in ihrer eigenen besonderen Weise und brennen hell in Liebe für andere. Ich hoffe, daß sie ihr ganzes Leben lang in der Liebe leuchten, die ich jetzt an ihnen wahrnehme.

24. Wenn meine Kinder einen Umweg machen, um bei mir vorbeizuschauen, dann ist das wie ein unerwartetes Geschenk. Aber fast jede Woche bekomme ich eine Karte, einen Anruf oder einen Besuch von einem meiner Kinder. Das ist, als bekomme man das ganze Jahr hindurch Weihnachtsgeschenke.

25. Ich fühle mich wie ein brütender Falke, füttere und beschütze meine Kinder mit aller Sorgfalt. Mit scharfem Blick und geschärften Sinnen sammle ich Nahrung und halte vorsichtig Wache gegen Raubtiere, die sie zu erhaschen versuchen. Ermüdend? Sicher, manchmal schon. Doch niemals empfand ich mich nützlicher und wichtiger. Ich begrüße die Anforderungen, sie zu beschützen und zu lieben.

26. Wenn ich von einem arbeitsreichen Tag heimkomme, fühle ich mich oft wie eine Frau, die sich in einer unfruchtbaren Wüste verlaufen hat. Erschöpft und durstig sehne ich mich nach einer stillen, kühlen, friedlichen Oase. Mein Mann und mein Sohn schenken mir diesen Ort der Ruhe und Erfrischung, den ich so nötig brauche, mit ihrer heiteren Gesellschaft und ihrer aufopfernden Bereitschaft, bei den Haushaltspflichten mit Hand anzulegen. Es kommt mir vor, als hätte ich zwei Engel um mich, die gleichzeitig auch meine Freunde, guten Helfer und liebevollen Mutspender sind.

27. Ich liebe meine Familie. Wenn ich im Leben das Gefühl habe, als müsse ich mit einer Papptasse einen sinkenden Ozeandampfer leerschöpfen, dann treten sie mir liebevoll zur Seite und helfen mit. Damit wird zwar das Wasser, das in den Dampfer einströmt, nicht weniger, aber wir bekommen es auf jeden Fall schneller wieder hinaus! Ich kann mir nicht vorstellen, wie ich je ohne sie leben konnte!

28. Meine Familie ist wie ein weicher, üppig gepolsterter Lehnsessel mit allen Sonderausstattungen, die sich der Hersteller hat einfallen lassen. Ihre Worte sind warm und beruhigend wie ein Heizgerät, ihre Umarmungen wie eine Massage, die Schmerzen und Qualen des Lebens lindern. Wenn sie um mich sind, kann ich rückwärts schreiten und doch nie zu Boden fallen. Nach dem Ausruhen in meinem Lehnsessel habe ich die Ruhe und liebevolle Unterstützung, wieder weiterzumachen. Meine Familie ist wie ein weiches Kissen der Liebe.

29. Dank der beständigen Ermutigung durch meine Kinder empfinde ich mich wie ein prächtiges, wohlgepflegtes Pferd auf einer Vorführung. Mein Fell glänzt, und meine herrliche Mähne flattert beim Vorübertänzeln. Oft unternehme ich einen Auslauf mit anderen Vorführpferden, und viele von ihnen fühlen sich von ihren Kindern mißbraucht und mißhandelt. Ich bin so dankbar für meine Kinder und die Art, wie sie noch mehr Liebe reflektieren, als ich ihnen schenken kann.

Die Herausforderungen ...

30. Als mein Sohn noch kleiner war, da war mein Leben jahrelang wie ein herrlicher Aufenthalt in den ruhigen Gewässern eines nahegelegenen Strandes. Doch in jüngster Zeit ist es mir, als ob ein Sturm die Wellen zu kochender Wut aufpeitschte und Sand hochwirbelte. Verzweifelt suche ich nach sanften Wellen und einem sicheren Platz zum Schwimmen. Doch wenn ich nicht aufpasse, dann werde ich von den Wogen zerschmettert und ins Meer hinausgetragen, gleichgültig, worüber oder wie ich mit ihm spreche. Ich bin völlig durcheinander. Ich wünschte, der Sturm würde abflauen und wir könnten wieder zu den ruhigen Wassern der Freundschaft und Achtung zurückkehren, an denen wir uns früher trafen.

31. Wenn ich bei der Arbeit einen schwierigen Tag beginne, ist es mir, als ob ich eine Pyramide aus Dominosteinen errichte. Früh am Tag vermag ich das Fundament sicher zu legen und mit dem Bau zu beginnen. Je weiter der Tag fortschreitet, desto höher wird die Pyramide und desto schwieriger die Bauarbeit. Doch es gelingt mir, sie vor dem Einsturz zu bewahren. Endlich naht das Ende des Tages, ohne daß ich auch nur ein Steinchen umgestoßen hätte! Doch in dem Augenblick, da ich nach Hause komme, scheint ein einziges kleines

Problem mit meinen Kindern den ganzen Stapel ins Rutschen zu bringen. Ich schäme mich, es zuzugeben, aber wenn ich meinen Tag rings um mich einstürzen sehe, habe ich das Gefühl, als käme ich überhaupt nicht heim.

32. Ich fühle mich wie ein Buch in der Bürobibliothek meines Vaters. Wir werden stets bewundert, doch fast niemals gelesen. Gelegentlich benutzt man uns als Briefbeschwerer oder um eine Tür offenzuhalten. Doch Tag für Tag stehe ich im Regal, die Seiten vergilben und werden brüchig, und der Einband zerfällt. Ich brauche von meinem Vater mehr als nur Bewunderung aus der Distanz. Ich brauche es, daß er mich einmal herunterholt und schaut, was innen ist. Noch nie hat er sich die Zeit genommen, die Seiten umzublättern und mich wirklich kennenzulernen, und das schmerzt mich so sehr.

33. Manchmal komme ich mir vor wie ein Teddybär. Meine Familie nimmt mich in den Arm und erzählt mir dauernd, wieviel Spaß es macht, mich kräftig zu drücken (ich wiege ein bißchen zuviel). Ich mag es schrecklich gern, wenn ich in die Arme genommen werde, aber ich bringe es nicht fertig, ihnen ebenfalls meine Liebe auszudrücken. Ich wurde mit schrecklich viel Kritik erzogen. Vielleicht ist es meine Art oder der starke Druck in meiner Arbeit, der es mir so schwer macht zu sagen, daß ich sie liebhabe. Vielleicht ist es Zeit, daß sich einiges ändert.

34. Ich fühle mich wie ein Bär, dessen Winterschlaf schon einen Monat überfällig ist. Ich gähne und kämpfe gegen Wellen von Schläfrigkeit an. Ich möchte in eine nette, warme Höhle kriechen und für den Rest dieser Jahreszeit schlafen, aber ich kann nicht, weil meine neugeborenen Jungen noch nicht bereit sind für den Winterschlaf, und ich muß über sie wachen. Wenn sie sich nur für eine Woche — oder wenigstens für ein paar Stunden — hinlegen und Winterschlaf halten würden, damit ich ein wenig Ruhe bekäme!

Wie läßt sich ausdrücken, wie man sich gerade fühlt?

Ich fühle mich großartig ...

35. Heute fühle ich mich wie ein Weg, der sich gerade erstreckt. Die strahlende Sonne scheint auf ihn nieder und läßt die Bahn scharf und klar hervortreten, so daß man ihr leicht folgen kann. Der Pfad

hat eine deutlichere Richtung und Orientierung als seit vielen Jahren, und es liegen weniger Steine darauf, die überklettert werden müssen.

36. Ich fühle mich wie ein Baum, der nach allen Richtungen Zweige treibt — manchmal ungezügelt und manchmal wieder zierlich und anmutig. Obgleich meine Zweige manchmal durchhängen, sind sie voller dichtem, glänzendem Laub. Ich hab's sogar gelernt, mich darüber zu freuen, wenn meine Zweige von Zeit zu Zeit gestutzt werden müssen. Mir ist bewußt geworden, daß dies zwar schmerzhaft sein kann, doch Gott ist immer ein behutsamer, mitfühlender Gärtner. Er stutzt mich nicht aus Bosheit, sondern damit ich wachse und erkenne, wie sehr ich mich in jeder Lage auf ihn verlassen kann. Ich bin aufgewühlt, weil ich spüre, wie die Wurzeln meines Glaubens jeden Tag tiefer wachsen!

37. Ich fühle mich wie ein grüner Baum im Verlauf der Jahreszeiten. Der Winter bringt manchmal kalte, harte Menschen, die mir wehtun. Doch immer kehrt der Frühling wieder, und mit ihm treiben neue grüne Blätter. Ich wachse immer weiter!

38. In letzter Zeit komme ich mir bei der Arbeit wie ein prächtig geschmückter Weihnachtsbaum vor, der am Christfest mit Lob und aufmunternden Worten überschüttet wird. Die vierzig Pfund herunterzukriegen war die ganze Anstrengung wirklich wert!

39. Ich fühlte mich wie ein wertvoller alter Sessel, der zerkratzt und immer wieder neu angestrichen und zuguterletzt in einer Garage weggestellt wurde. Doch wunderbarerweise hat Gott die alte Farbe abgestreift, mich poliert und versorgt und mich an einen besonderen Platz in seinem Wohnzimmer gestellt. Er hat mir das Leben wiedergeschenkt!

40. Ich fühle mich wie ein Lachs, der sich seinen Weg stromaufwärts kämpft. Gelegentlich gibt es eine Rast in einem ruhigen Strudel der Freundschaft. Diese kühlen Wasser erfrischen mich immer für die nächste Etappe meiner Reise in den Hauptstrom des Lebens. Mit diesen kleinen Tümpeln der Freundschaft an meinem Weg weiß ich, daß ich solange weiterschwimmen kann, wie es notwendig ist.

41. Ich habe das Gefühl, daß ich im Frühling auf dem Lande lebe. Die Luft ist frisch, die Knospen springen auf, die Lärchen singen, und mir geht's einfach großartig!

42. Ich komme mir vor wie eine hilflose Raupe, die von den Schmerzen des Lebens getreten und gestoßen wurde, doch endlich wurde ich in einen heilenden Kokon der Liebe eingehüllt. Ich kann schon erkennen, daß sich die Flügel eines Monarchfalters zu entwickeln beginnen. Bald werde ich geheilt und schöner sein als jemals zuvor. Ich kann's nicht erwarten!

43. Ich fühle mich wie ein Auto. Ich bin ein gutes Basismodell, allerdings ohne viel Extras. Ich weiß, daß manche Wagen mehr chromblitzendes Zeug an sich haben, aber das brauche ich nicht. Ich bin kräftig und zuverlässig, und ich finde es großartig, zu wissen, daß ich einmalig bin!

44. Ich fühle mich wie ein prächtiger alter Wagen, der dringend der Reparatur bedurfte. Ein hervorragender Mechaniker hat sich ans Werk gemacht, die Probleme zu beseitigen. Ein großer Teil der Reparaturarbeit ist recht schmerzhaft, aber ich kann sagen, daß das Auto bereits besser läuft! Veränderung ist niemals leicht, aber ich merke, daß die Zeit, die ich bei der Beratung zugebracht habe, dazu beigetragen hat, meinen Motor zu erneuern und mich wieder straßentüchtig zu machen.

45. Diese Konferenz hat in mir das Gefühl entstehen lassen, als sei ich ein leeres Faß, das nun nach einem dringend benötigten Frühlingsregen mit kristallklarem Wasser gefüllt ist. Viele Menschen in meiner Umgebung brauchen dieses Wasser zur Erfrischung, und endlich bin ich bereit, es ihnen zu geben!

46. Wenn ich an meinen siebzigsten Geburtstag denke, erscheint mir mein Lebensweg wie eine Reise in ein fernes Land, voller Aufregung und Unsicherheit, die manchmal beängstigend, aber niemals langweilig ist. Ich habe auf diese Weise viele neue, interessante Menschen kennengelernt und Gottes Treue auf Weisen kennengelernt, die ich nie für möglich gehalten hätte. Ich habe ein wunderbares Leben geführt!

47. Gerade habe ich ein erstaunliches Wunder im Leben meines Vaters beobachtet. Seit Jahren ist er viel zu sehr beschäftigt, um Zeit mit uns Kindern oder mit seinen Enkeln zu verbringen. Doch nun hat sich alles geändert. Sooft ich sehe, wie er meinen Sohn im Arm hält, fühle ich mich, als ob ich auf dem Space Mountain in Disneyland fahre! Ein bißchen angsteinflößend, aber so aufregend, daß ich hoffe, die Fahrt möge niemals enden!

48. Ich fühle mich wie ein herrliches Rassepferd, voller Kraft und Stärke. Seit meiner Geburt wurde ich mit aller Sorgfalt gepflegt und ernährt, und nun bin ich voll erwachsen und bereit, mich den Herausforderungen des Lebens zu stellen. Ich weiß, daß meine Eltern mir das nötige Rüstzeug in die Hand gegeben haben, um mit den schweren Lasten fertig zu werden, die im College auf mich zukommen. Ich habe die Gewißheit, daß ich der Aufgabe gewachsen bin.

49. Ich wurde mit einer körperlichen Behinderung geboren. Wenn die Leute Zweifel an meiner Fähigkeit ausdrücken, etwas tun zu können, fühle ich mich wie eine Hummel. Sie schauen mich an und sagen: „Aerodynamisch gesehen gibt es keine Möglichkeit für dich zum Fliegen!" Doch meine Eltern schauen mich an und sagen: „So wie du geschaffen bist, kannst du nicht anders als fliegen!" Seit damals summe ich ständig herum!

50. Ich fühle mich wie ein malerisches Blockhaus, das sich behaglich in einem Wald schmiegt, den ein Teppich von stillem, unberührtem Schnee bedeckt. Ein Wasserlauf, von den zarten silbernen Mondstrahlen eines sternbedeckten Winterhimmels geleitet, gluckert durch die Wälder dahin. Drinnen glüht ein warmes Feuer, und sein duftiges Rauchwölkchen steigt in die Stille der Nachtluft empor. Ich bin zufrieden und lebe in Frieden mit meiner ganzen Umgebung.

51. Eine besondere Lehrerin in meinem Leben hat mich von einem häßlichen Entlein zu einem eleganten Schwan gemacht. Sie erkannte Fähigkeiten in mir, von deren Vorhandensein ich nichts wußte, und ermutigte mich geduldig, als alle andern mich aufgegeben hatten. Nun schwimme ich ohne Furcht in den Wassern des Lebens. Dank dieser Frau verliere ich nie mehr, was ich geworden bin, auch wenn die Dinge sich manchmal turbulent gestalten.

52. Heute fühle ich mich wie ein Sonnenaufgang. Als ich über den Horizont hochsteige und mein Licht auf das Land werfe, bin ich voller Erregung über das, was der Tag wohl bringt. Auf meinem Weg über den Himmel birst das Leben in einem Schauer von Aktivität, und ich strahle vor der vor mir liegenden Herausforderung. Am Abend bin ich so erschöpft, daß ich gerne dem Mond die Arbeit überlasse, damit ich ein bißchen schlafen kann!

53. Ich empfinde mich wie einen spiegelglatten See, der den Glanz des Morgens reflektiert. Hunderte von Vögeln steigen von ihren Schlafplätzen hoch und rufen einander zu, wohin der Flug des Tages gehen soll. Ein Biber beginnt sein geschäftiges Tagewerk und bereitet sich auf den nahenden Winter vor. Eine Hirschkuh mit ihrem Kalb auf seinen staksigen Beinen beugt sich vorsichtig zum Rande des Wassers nieder und trinkt in ruhigen, erfrischenden Zügen. Mein ganzes Leben lang war ich viel zu beschäftigt, um mich dieser wundervollen Dinge rings um mich zu erfreuen. Endlich bin ich im Frieden mit mir selbst und kann die Schönheit des Lebens genießen.

54. Ich fühle mich wie der Kerl in der Doughnut-Werbung. Bei einem Beruf und drei Kindern ist immer „Zeit, Doughnuts zu machen". Und doch ist nichts so köstlich wie einfach das zu tun, was ich tue!

55. Ich komme gerade aus dem Urlaub zurück, und anstatt mich wie ein Gaul vor dem Karren zu fühlen, komme ich mir wie ein schlanker Jet vor — so wie in dem Film „Top Gun". Meine Triebwerke laufen auf vollen Touren, und ich steige auf zu neuen Höhen und Herausforderungen. Während ich über den Wolken dahineile, wird das Leben plötzlich einfacher und schärfer in den Konturen. Ich kann Hunderte von Meilen weit sehen. Nach nur zwei Wochen Ferien habe ich das Empfinden, als ob ich über all jene Dinge hinwegbrause, die mir so unüberwindlich erschienen, als ich am Boden festklebte und den Karren zog. Ich glaube, ich habe mich davon überzeugt, daß ich öfter freinehmen muß!

Ich kämpfe ...

56. Ich komme mir vor wie ein Hamster in einem Irrgarten von Hügeln und finsteren Löchern, völlig erschöpft von verkehrten Biegungen und Sackgassen. Ich habe Angst, daß ich's vielleicht nie mehr schaffe

bis zum Licht. Manchmal schauen Leute herab, was ich tue. Manche muntern mich auf, andere machen sich über meine Mühsal lustig. Oft unternehme ich irgendwelche Tricks und versuche, sie zu erheitern, aber ständig sitzt mir die Angst vor Zurückweisung im Nakken, und nie fühle ich mich wie einer von ihnen.

57. Ich empfinde mein Leben so eintönig wie ein Videoband, das ständig abläuft und dauernd die gleichen Bilder zeigt. In solchen Augenblikken möchte ich am liebsten zum Schluß eilen und ein Band mit einer neuen Arbeit, einem neuen Haus und einem neuen Wagen einlegen.

58. An einem Tag fühle ich mich, als wanderte ich allein auf einer Straße durch die Wüste und blickte ins Leere. Am nächsten Tag befinde ich mich auf einem wunderschönen, mit Bäumen, Blumen und Gras gesäumten Weg. Die Sonne scheint, es ist einfach herrlich! Ich bin zwischen zwei Gefühlen hin und hergerissen – der Zufriedenheit, für mich allein zu sein, und trotzdem dem Wunsch nach einer Ehe. Manchmal fühle ich mich wirklich erfüllt und genieße mein Junggesellenleben. Doch am nächsten Tag ist mir, als sei ich in einer endlosen Wüste ohne Hoffnung, daß jemand kommen und mich retten werde.

59. Als Alleinstehende komme ich mir oft vor, als stehe ich vor einem warmen, gemütlichen Haus, in dem sich meine verheirateten Freunde befinden, lachen und sich übereinander freuen. Ich fühle mich kalt und allein. Es ist nicht so, daß sie mich nicht hereinließen. Ich weiß, daß ich es bin, die das Schloß an der Tür angebracht hat, nicht sie.

Wie man anderen sagt, was sie einem bedeuten

60. Die Heimkehr zu dir nach einer Reise ist wie eine ruhige Fahrt aufs Land, nachdem man eine Woche lang im Taxi durch New York gegondelt ist. Niemand schneidet mich oder brüllt mich an. Es gibt keine roten Ampeln, die mich frustrieren, und keine mistigen Fahrer, die plötzlich auf meine Fahrbahn einschwenken. Das Heimkommen ist wie das Fahren auf einer Landstraße, wo die Leute deshalb winken, weil sie mich mögen und sich freuen, mich zu sehen, und nicht, weil sie wütend sind.

61. Die Heirat mit dir war wie die Entlassung aus der lebenslänglichen Haft der Einsamkeit. Sechsunddreißig Jahre lang verbrachte ich jede Nacht in Einzelhaft. Nun verbringe ich jede Nacht in einem Garten der Liebe, und der Mensch, den ich liebe, schläft neben mir.

62. Du bist für mich so schön und kostbar wie das teuerste Stück edlen Kristalls. Wenn ich dich ansehe, ist mir, als betrachte ich ein von Meisterhand kunstvoll gefertigtes Kunstwerk. Jede Facette von dir ist in ihrer Art einzigartig und vollkommen. Du funkelst in einem Regenbogen von Licht, und jeden Tag erhasche ich einen neuen Reflex, dessentwegen ich dich so liebe.

63. Wenn ich bei dir bin, bedeutet dies für mich ebenso viel Erfüllung wie damals, als ich zum ersten und einzigen Male eine stehende Ovation von einer Schülerklasse erhielt. Als Lehrer arbeite ich hart und höre doch nur selten ein Lob. Doch als diese Klasse ihre echte Wertschätzung damit zum Ausdruck brachte, daß sie aufstand und Beifall klatschte, war all die stundenlange Arbeit der Mühe wert. Liebling, deine Ermutigung und deine liebevollen Worte schenken mir das Gefühl, als ob ich beim Nachhausekommen eine stehende Ovation bekomme. Selbst wenn ich nicht die Zeit aufgewendet und es eigentlich nicht verdient habe, unterstützt du mich wie die beste Klasse, die ich je hatte.

64. Deine Liebe ist für mich, was ein Besuch bei McDonalds für die Kinder ist — vor allem, wenn sie sich die ganzen Schokoladen-Shakes und Pommes Frites bestellen dürfen, die sie runterkriegen!

65. Dein stiller, sanfter Geist ist wie eine zarte, wunderbare Blume. Manchmal fühle ich mich frustriert, wenn du dich nicht öffnest und deine Gefühle mit mir teilst. Doch ich habe gelernt, geduldig zu warten, bis du bereit bist, denn du erblühst dann und teilst dich mir auf wundervolle Weise mit.

66. Meine Ehe ähnelt über weite Strecken einer Floßfahrt. Hin und wieder steuere ich uns alle über eine nicht verzeichnete Strecke des Flusses hinab; dabei kentern wir, und alles wird naß. Doch nie habe ich erlebt, daß du dich beklagst. Ich weiß, daß ich die Neigung habe, mit einer neuen Idee loszubrausen, ohne mir vorher die Karte zu betrachten, doch nie hältst du mir das vor. Ich weiß, daß ich gesegnet bin, weil ich dich habe.

67. Obwohl ich auch nicht anders bin als Millionen von Frauen, fühle ich mich wie ein kostbares Gemälde an einem Ehrenplatz in einem herrlichen Landsitz, wenn ich mit dir zusammen bin. Ich bin Gegenstand deiner ungeteilten Aufmerksamkeit und der Bewunderung aller, die den Raum betreten — und das alles nur, weil du mich wie ein unschätzbares Kunstwerk behandelst.

68. Deine Liebe, die so fest und ausdauernd ist, erhebt sich wie ein Berg aus der Ebene. Ich habe sie ständig vor Augen, empfange Trost aus ihrer Gegenwart und weiß, daß sie immer da sein wird. Ihre Schönheit bewegt mich tief. Sie ist ein Monument meiner großen Liebe zu dir!

69. Als ich heute morgen erwachte, kam mir der Gedanke, daß deine Liebe wie eine Schneeflocke ist, sanft, weich und in jedem Ausdruck einzigartig, und wie ein Schneefall am Abend hüllt deine Liebe mich ein, wenn ich erwache.

70. Wenn ich an unsere Ehe denke, komme ich mir vor wie Aschenbrödel. Selbst in meinen kühnsten Träumen dachte ich nie daran, daß du mich haben wolltest. Doch der Schuh paßte. Und das Leben mit dir, mein Märchenprinz, bringt mir alles, was ich mir in meinen Kinderträumen ausgemalt habe!

71. Die Liebe meines Mannes ist wie ein riesiger Eisbecher, aber ohne Kalorien! Sie ist süß und angenehm, und es ist immer mehr als genug da, ganz gleich, wieviel ich davon haben will!

Wie man Gedanken über Freunde und Beziehungen übermittelt

72. Wenn ich mit Freunden zusammen bin, denke ich an die Zeit, als ich den Mount McKinley bestieg. Ich hätte es nie geschafft ohne die Hilfe anderer Bergkameraden. Genauso danke ich Gott für die großartigen Freundschaften, die ich habe. Sie helfen mir ungeheuer viel!

73. Wenn ich mit dir zusammen bin, habe ich das Gefühl, als schliefe ich auf einem warmen, bequemen Wasserbett. Ich kann in der Nacht Ruhe finden, weil ich immer weiß, daß du für mich da bist. Dein Verständnis wiegt mich in den Schlaf, und die Zeit meines Zusam-

menseins mit dir erfrischt mich und macht mich bereit für einen neuen Tag.

74. Meine Freundin ist wie ein entzückender Sessel mit breiten, weichen Kissen. Bei ihr fühle ich mich immer bequem und sicher. Sie ist für mich da, wann immer ich sie brauche. Ich weiß, ich kann mich entspannen, die Schuhe ausziehen, mich zurücklehnen und einfach geniessen, daß ich mit ihr zusammen bin. Ich bin so dankbar für eine solch wunderbare Freundin!

75. Eine Verabredung mit dir ist, als ob ich Designer-Jeans trage. Dein Etikett macht mich wirklich stolz, mit dir zusammenzusein. Du bist eine prachtvolle Person! Und ich brauch' dich noch nicht einmal in die Reinigung zu bringen!

76. Die Überraschungsparty, die du für mich veranstaltet hast, gab mir das Gefühl, als sei ich ein Filmstar, der in einer Boutique von einer Gruppe Fans erkannt wird. Ein bißchen ungemütlich ist's schon, überrascht zu werden und im Mittelpunkt der Aufmerksamkeit zu stehen, aber trotzdem ist es ein großartiges Gefühl!

77. Neulich fühlte ich mich wie ein kleiner Hund in einem Zoogeschäft, — alle bewunderten mich, aber keiner wollte mich haben. Ich wünschte mir so sehr, daß mich jemand in den Arm nimmt und mit mir spielt. Und dann hast du angehalten und dich zu mir niedergesetzt, obgleich du eigentlich viel zu sehr beschäftigt warst. Ich danke dir dafür, daß du dir die Zeit nahmst, mich liebzuhaben und dich um mich zu kümmern.

78. Meine Freunde und ich sind wie ein Zirkus mit glücklichen Clowns. Wir stellen die verrücktesten Dinge an! Wir sorgen dafür, daß Menschen einige der allzu seltenen Augenblicke des Lachens erleben können. Einzigartig bei uns ist, daß wir nach dem Ende der Vorstellung unsere Masken abnehmen und einander so akzeptieren können, wie wir wirklich sind. Diese Burschen sind echte Freunde; ich hoffe, daß wir unser ganzes Leben hindurch zusammenbleiben können!

79. Ich habe einen besonderen Freund, der für mich wie eine Taschenlampe ist. Wenn ich mich verirrt habe oder in der Dunkelheit stecke,

dann sehe ich wahrhaftig sein Licht, das die Dunkelheit durchdringt und auf mich zukommt. Dann führt er mich heim in die Sicherheit. Manchmal richtet er sein Licht auch auf einen problematischen Sektor meines Lebens, den ich in der Dunkelheit zu verbergen suchte. Ich habe gelernt, dafür dankbar zu sein.

80. Ich habe eine besondere Freundin, die eine erstaunliche Fähigkeit besitzt, mir bei der Überwindung meiner Fehler zu helfen. Sie ist ausgebildete Chirurgin mit einem geübten Blick für Diagnose, scharfem Verstand und der weisen Erkenntnis, wie das Problem am besten zu lösen ist. Wenn sich ein chirurgischer Eingriff als notwendig erweist, besänftigt sie den Schmerz mit einer Narkose aus echter Liebe und Sorge. Nach Beendigung des Eingriffs verschließt sie die Wunde behutsam mit zarten Stichen des Mitleids. Am meisten schätze ich bei ihr, daß sie wie jeder gute Chirurg ständig meine Fortschritte überprüft und mir versichert, daß es mir auf Grund der Operation besser gehen werde.

81. Wir vier sind wie ein prächtiges Ensemble von Kleidern. Keiner von uns ist von sich aus so großartig, doch Gott hat uns so geschaffen, daß Leute, die uns zusammen sehen, unsere Schönheit und unseren Stil bewundern.

82. Wenn ich mit meinen Freunden zusammen bin, empfinde ich uns wie ein riesiges Surfbrett, das durch die Wellen am Nordstrand von Oahu (Hawai) gleitet. Manchmal ist die Brandung rauh, doch wir helfen einander, nicht über Bord zu gehen. Wenn einer von uns ins Wasser fällt, stürzen wir uns ihm nach in die Wogen. Wir kümmern uns wirklich umeinander, und es ist ein großartiges Gefühl, daß selbst beim Angriff eines Hais einer zur Rettung da ist.

83. Ich fühle mich wie ein Samenkorn, das jeden gottgegebenen Bestandteil enthält, der für das Wachstum benötigt wird. Doch ich brauche andere, die mich mit Wasser, Erde und Sonnenschein versorgen, damit ich austreiben und mich entwickeln kann. Es liegt schon so lange zurück, seit mir jemand die notwendige Hilfe angedeihen ließ, daß ich mich ein wenig davor fürchte, anderen zu vertrauen. Aber ich gebe nicht auf. Ich weiß, daß ich eines Tages hier in der Schule Freunde finden werde, die mir dabei helfen, zu wachsen.

84. Ich komme mir oft vor wie eine alte Nähmaschine. Jahrelang lief ich einwandfrei, aber nun geht es nicht mehr so schnell wie früher. In letzter Zeit quietsche ich öfter als sonst. Deshalb ist es ein solcher Segen, Freunde zu haben, die mir das Öl der Ermutigung und Unterstützung angedeihen lassen. Ich weiß, daß ich mit ihrer Hilfe noch viele Jahre getreulichen Dienstes vor mir habe!

85. Ich bin wie ein Spiegel und versuche, Gottes Bild auf andere zu reflektieren. Manchmal ist das recht schwer. Es ist wunderbar, Freunde zu haben, die mich trotz meiner Sprünge liebhaben!

Wie man anderen sagt, daß man sich verletzt fühlt

86. Ich komme mir vor wie ein Teppich, den niemand beachtet. Ich wünschte, die Leute würden sich die Schuhe ausziehen und meinen weichen, bequemen Plüsch schätzen, aber sie tun es nicht. Stattdessen trampeln sie auf mir herum und nehmen keine Notiz von mir.

87. Ich fühle mich wie ein Computerfachmann, der monatelang mit der Ausarbeitung eines besonderen Programms zugebracht hat, nur um miterleben zu müssen, wie die Nachtwächter versehentlich den Stecker herausziehen und die ganze Arbeit zunichte machen. Sechs Monate lang versuchte ich, eine großartige Beziehung zu meiner Freundin aufzubauen, nur um festzustellen, daß ein anderer sie mir genommen und den Verbindungsstecker zwischen uns herausgezogen hat. Es wird lange dauern, bis diese Kränkung abklingt und ich in der Lage bin, neue Freundschaften zu programmieren.

88. Ich fühle mich wie ein Gänseblümchen, das mitten in eine herrliche Blumenwiese gepflanzt wurde. Die Leute, die bewundernd vor der Wiese stehen, erkennen nicht, daß ich anders bin. Vor dieser Zeit wurde ich ausgegraben, für eine Weile in einen Topf gesetzt und dann wieder eingepflanzt. Nun welke ich dahin, weil mir Wasser und Pflege fehlen, und niemand vernimmt meine Hilferufe. Die Wurzeln von anderen Pflanzen ersticken die meinen und rauben mir jede Chance, wieder zu wachsen. Hilft mir denn niemand?

Wie man die Empfindungen über seine Arbeit ausdrückt

Ich habe große Freude an meiner Tätigkeit ...

89. Unsere Firma ist wie der Schwergewichtsweltmeister. Tausende von Konkurrenten versuchen, uns aus dem Rennen zu werfen. Zwischen zwei Runden: Wir sind in der Ecke, angeschlagen und blutunterlaufen. Aber wir bleiben im Ring, wir geben nicht auf. Wenn der Wettkampf zu Ende ist, sind wir immer noch Champions. Ganz gleich, wer uns gegenübersteht, wir werden nie, nie, nie aufgeben!

90. Ich fühle mich wie ein Jagdfalke. Meine Firma hat mich erstklassig ausgebildet. Meine Fähigkeiten sind geschärft wie ein geschliffenes Messer. Ich vertraue vollständig darauf, daß ich gute Arbeit leisten kann. Laßt mich ran an die Aufgaben!

91. Ich bin wie eine Baseballmannschaft Ende September mit guten Chancen für die entscheidenden Spiele. Im Laufe der Saison hatte ich Höhen und Tiefen, aber jetzt sehen die Dinge recht gut aus. Ich bin erneut in Hochform und werde sie nutzen!

92. Mein Chef hat gestern eine Äußerung gemacht, die mich mit Stolz erfüllt hat. Er verglich mich mit dem Mittelfeld einer Footballmannschaft. Das ist nicht die spektakulärste Position, aber genauso wichtig wie die anderen. Tatsächlich hängt viel vom Erfolg der Firma davon ab, daß der Mann im Mittelfeld den Ball an den Quarterback weitergibt. Ich habe nie darüber nachgedacht, doch als Büromanager stehe ich im Mittelpunkt der Handlung. Die Spiele nehmen alle bei mir ihren Anfang. Er sagte, daß ich ebenso viel Anerkennung verdiene wie der Quarterback für den Erfolg der Mannschaft!

93. Als jüngster Verwalter habe ich das Gefühl, als sei ich seit Monaten auf einem der Schiffe von Columbus. Ich erlebte Mutlosigkeit, Erschöpfung, Frustration und potentielle Meuterei. Es gab Zeiten, da ich am liebsten über Bord gesprungen wäre. Doch endlich fühle ich mich, als ob ich nach einer Nacht mit entsetzlichen Stürmen aufgewacht sei und in der hellen Morgensonne Land am Horizont erblicke. Doch endlich erkenne ich, daß die von mir durchgeführten Veränderungen richtig waren.

94. Ich fühle mich wie ein Labradorhund, der mit einigen Entenjägern auf erfolgreicher Jagd ist! Weil ich getreulich für sie harte Arbeit leiste, überschütten sie mich mit Lob und Zuneigung. Ich mag das schrecklich gern! Erlegt noch mehr Enten!

95. Ich bin wie ein alter Baseballhandschuh. Obwohl ich ziemlich abgetragen bin, fange ich noch immer den Ball. Mit einer helfenden Hand schaffe ich alles, selbst einen knallharten Bodenball.

96. Mein Chef sagte zu mir, daß unsere Firma wie ein Eimer gewesen sei, der zwei Zoll vom Rand ein Loch hatte. Wie sehr sich die Angestellten auch anstrengten, sie schafften es nie, ihn mit Wasser zu füllen. Aber seit ich zur Mannschaft stieß, wurde das Loch abgedichtet, und die Geschäfte entwickeln sich phantastisch. Zum erstenmal in Jahren wird der Eimer sogar überlaufen mit Gewinn!

97. Ich bin Mechaniker. Vor einigen Tagen machte mir mein Chef ein Kompliment, das mich mit Stolz und Freude erfüllte. Er sagte, meine Arbeit in der Werkstatt sei wie das Öl in einem Motor. Sie bewirkt, daß alles mit einem Minimum an Reibung glatt läuft. Ohne sie würde sich alles festfressen. Es ist prima, für jemand zu arbeiten, der mich zu schätzen weiß!

98. Unsere Firma hat mir soeben einen fetten Bonus gegeben, weil ich einen Riesenauftrag hereingeholt habe. Ich habe das Gefühl, als ob ich ein Videospiel mache und unglaublich gut abschneide. Je besser ich spiele, desto mehr freie Spiele gewinne ich und desto aufgeregter werde ich über das, was ich mache. Das ist phantastisch!

Ich empfinde meine Arbeit als Schinderei . . .

99. Ich komme mir vor wie ein Araber-Rennpferd, das nur zu Ponyritten für Kinder benutzt wird. Die Kinder stoßen mich beim Auf- und Absteigen mit ihren Füßen und tröpfeln mir Eiskrem auf den Rücken. Mein Fell ist staubig und stumpf, und mein Besitzer kümmert sich keinen Deut um mich. Die Sonne brennt auf mich herab. Meine einstmals so prächtige Mähne ist verfilzt, beschämt senke ich den Kopf. Ich weiß, daß das rasche, edle Blut eines Rennpferds in mir fließt. Wenn ich nur die Chance hätte, mich aus dieser Schinderei zu befreien, dann könnte ich zeigen, was in mir steckt.

100. Ich fühle mich wie eine Zahnpastatube. Bis zum Ende des Tages haben die Leute alles aus mir herausgequetscht, was nur möglich ist. Meine Arbeit hilft der Firma wirklich, und ich weiß, daß ich deshalb geschätzt werde, aber niemand scheint sich darum zu kümmern, daß ich innerlich leer und ausgepumpt bin.

101. Das Meisterschaftsspiel ist vorbei, und die Spieler kehren in ihre Kabinen zurück. Die schmutzigen Anzüge fliegen auf den Boden zusammen mit dreckigen Socken und lehmverkrusteten Schuhen. Die Spieler duschen sich und gehen einer nach dem anderen fort. Mich lassen sie zurück, denn ich muß die Unordnung aufräumen, und keiner weiß auch nur, daß ich das hier mache.

Schlußbemerkungen

1. Kapitel

1. Manche Leser sind vielleicht mehr vertraut mit dem Ausdruck „erweiterte Metaphern" oder einfach „bildhafte Sprache". Wir ziehen jedoch „Wortbilder" als eindrücklicheren Begriff vor. Der Ausdruck „Wortbilder" (word pictures) findet sich in Artikeln wie Carol Hubers „The Logical Art of Writing Word Pictures", IEEE Transactions on Professional Communication, März 1985, S.27-28.

2. Kapitel

1. Einen beklemmenden Einblick in die durch einen zornigen Vater verursachten Schäden vermittelt William S. Appleton in seinem eindrucksvollen Buch „Fathers and Daughters" (New York, Berkeley Books, 1981).
2. „Wenn Menschen heute ein Sprachbild benutzen, begegnet man oft dem Ausruf ‚ach, ist das bildhaft' — womit unterstellt wird, daß die Bedeutung abgeschwächt wird oder daß es eine ganz andere Bedeutung oder gar überhaupt keine Bedeutung hat! Doch das genaue Gegenteil ist der Fall, denn ein Bild wird ausschließlich dazu benutzt, um der vermittelten Wahrheit mehr Kraft zu verleihen, die Aussage zu betonen und die Bedeutung zu vertiefen." E.W. Bullinger, „Figures of Speech" (Grand Rapids, Baker Book House, 1968), S.5-6.

3. Kapitel

1. „Hunting Licenses and Federal Deer Stamp Sales as Reported by the Information Bureau of the Department of the Interior, Juli 15, 1941 through 1942" (Washington, U.S.Fish and Wildlife Bureau, Federal Aid Office, 1942). Das Erscheinen des Films „Bambi" löste einen solchen Sturm der Entrüstung aus, daß zwei bedeutende Freizeit-Magazine jener Tage dem Thema ausführliche Leitartikel widmeten. Die negativen Auswirkungen des Films auf die Jagdindustrie wird ersichtlich in Donald C. Pettie, „The Nature of Things", Audubon Magazine, September 1942, S.266-271. Der Standpunkt der Jäger wird vertreten in „Outdoor Life", in dem Walt Disneys Film „Bambi" als Beleidigung amerikanischer Sportsleute verurteilt wird („Outdoor Life", September 1942, S.17).
2. Cicero, „De oratore", übers. v. H. Ranckham, The Loeb Classical Library, 1949 (Cambridge, Harvard University Press, 1976).
3. Cicero, „De inventione", übers. v. H. M. Hubbell, The Loeb Classical Library, 1949 (Cambridge, Harvard University Press, 1976).
4. Aristoteles, „Art of Rhetoric", übers. v. J. H. Freese, The Loeb Classical Library, 1926 (Cambridge, Harvard University Press, 1975).
5. Charles Lewis, „The Autobiography of Benjamin Franklin" (New York, Collin Books, 1962).
6. Lincoln soll bei seinem ersten Zusammentreffen mit Harriet Beecher Stowe gesagt haben: „Das ist also die kleine Dame, die das Buch geschrieben hat, das diesen großen Krieg auslöste!" James Ford Rhodes, „History of the United States", Bd.I (1893); „Lectures on the American Civil War" (1913).

7. Winston S. Churchill, „The Unrelenting Struggle" (Boston, Little, Brown and Company, 1942), S.95. Andere Beispiele für die vielerlei Weisen, in denen Churchill Wortbilder benutzte, finden sich bei Charles Eade (Hrsg.), „Winston Churchill's Secret Session Speeches" (New York, Simon and Schuster, 1946) oder „The End of the Beginning: War Speeches by the Right Honorable Winston S. Churchill" (Cassell and Company, 1943).

8. Vgl. Kapitel fünfzehn, „Die dunkle Seite seelischer Wortbilder".

9. John F. Kennedy, „Inaugural Address", „New York Times" 21. Januar 1961, S.8.

10. Dr. Martin Luther King jr., „Letter from a Birmingham Jail & I Have a Dream" (Atlanta, The Southern Christian Leadership Conference, 1963).

11. Alfred A. Balitzer (Hrsg.), „A Time for Choosing: The Speeches of Ronald Reagan", 1961-82 (Chicago, Regnery Gateway, 1983). Vgl. auch T. Marganthau, „Reagan Leaves the Democrats Mumbling", Newsweek, 27. Oktober 1986, S.29-30 oder P.McGrath, „Never Underestimate Him!" Newsweek, 19. April 1982, S.28-29.

12. S.L.Greenslade, „The Cambridge History of the Bible" (Cambridge, Cambridge University Press, 1973), S.479. „Die Bibel wurde von mehr Menschen gelesen und in mehr Sprachen übersetzt als jedes andere Buch."

13. John P.Eaton, „Titanic: Triumph and Tragedy" (New York, W.W. Norton & Co., 1986).

14. James und William Belote, „Typhoon of Steel: The Battle for Okinawa" (New York, Harper and Row, 1970), und Commander Herbert L. Bergsma, „Chaplains with Marines in Vietnam 1962-1971" (Washington D.C., History and Museum's Division, Headquarters Marine Corp., 1985).

15. „Men of the Year", Time, 3. Januar 1969. Die Astronauten Frank Borman, Jim Lovell und Bill Anders lesen am Weihnachtsabend 1968 während der Mission von Apollo 8 aus dem 1. Buch Mose 1, 1-10.

16. Das Gleichnis vom Barmherzigen Samariter steht in Lukas 10, 29-37, die herausfordernde Geschichte vom Verlorenen Sohn findet sich in Lukas 15, 11-32. Christus benutzte in der Tat seelische Wortbilder, um uns seine tiefen Wahrheiten zu verkündigen. Er benutzte sie, um seine Jünger zu ermutigen („Im Hause meines Vaters sind viele Wohnungen -... denn ich gehe ja hin", Joh.14, 1-3); um seinen Feinden entgegenzutreten („Ihr blinden Führer . . . ihr. . . übertünchten Gräber", Matth. 23, 24, 27); um diejenigen, die ihm nachfolgen, mit Lektionen in Glauben und Vergebung zu unterweisen („Wenn ihr Glauben habt wie ein Senfkorn, so könnt ihr zu diesem Berge sagen. . ." Matth. 17, 20, und die Geschichte vom Verlorenen Sohn, Luk. 15, 11-32).

17. Christus wird beispielsweise dargestellt als Wunder-Rat, Jes.9,6, Ewig-Vater, Jes.9,6, Friede-Fürst, Jes.9,6; das Wort, Joh.1,1; das Licht der Welt, Joh.8, 12; der Weinstock, Joh.15,5; der Löwe aus dem Stamm Juda, Off, 5,5; und der helle Morgenstern, Off.22,16. Gott der Vater wird geschildert als einer, der die Gerechten mit einem schützenden Schild verteidigt (Ps.5,12-13); ein Fels (Ps.28, 1); ein Vogel, der seine schützenden Flügel über die seinen ausbreitet (Ps.91, 4); ein Schutz und Schild (Ps.119, 114).

18. Robert Hoffman, „Recent Research on Figurative Language", Annals of the New York Academy of Sciences, Dezember 1984, S.137-166.

19. Leonard Zunin, „Contact: The First Four Minutes" (New York, Ballantine Books, 1975).

20. L.D. Groninger, Physiological Function of Images in the Encoding-Retrieval Process, Journal of Experimental Psychology: Learning, Memory, and Cognition, Juli 1985, S.353-358.

21. G.R. Potts, „Storing and Retrieving Information about Spatial Images", Psychological Review, Bd. 75 (1978), S. 550-560, und Z.W. Pylyshyn, „What the Mind's Eye Tells the Mind's Brain: A Critique of Mental Images, Psychological Bulletin, Bd.80, Nr.6 (1973), S.1-24.

22. Ibid., Pylyshyn, 22.

23. Neben anderen Untersuchungen siehe A. Mehrablan, „The Silent Messages We Send", Journal of Communication, Juli 1982.

24. Louie S. Karpress und Ming Singer, „Communicative Competence", Psychology Reports, Bd.59 (1986), S.1299-1306).
25. Als hervorragendes Nachschlagewerk über den Umgang mit Differenzen in einer Ehe empfehlen wir Chuck und Barb Snider „Incompatibility: Grounds for a Great Marriage" (Phoenix, Questar Publishers, Inc., 1988).

4. Kapitel

1. S.F. Witelson, „Sex and the Single Hemisphere: Specialization of the Right Hemisphere for Spatial Processing", Science, 193, S.425-427, und Milton Diamond, „Human Sexual Development: Biological Foundations for Social Development", Human Sexuality (Baltimore, Johns Hopkins Press, 1981).
2. J.E. Bogen, „Cerebral Commissurotomy in Man: Minor Hemisphere Dominance for Certain Visuospatial Functions", Journal of Neurosurgery, 1965, S.135.162, und John Levy, „A Model for the Genetics of Handedness", Genetics, 72, S.117-128.
3. E. Zaidel, „Auditory Language Comprehension in the Right Hemisphere: A Comparison with Child Language", Language Acquisition and Language Breakdown (Baltimore, Johns Hopkins Press, 1978).
4. D. Kimura, „Early Motor Functions of the Left and Right Hemisphere", Brain, 97, S.337-350.
5. Robert Kohn, „Patterns of Hemispheric Specialization in Pre-Schoolers", Neuropsychologia, Bd.12, S.505-512.
6. J. Levy, „The Adaptive Advantages of Cerebral Asymmetry and Communication", Annals of the New York Academy of Sciences, Bd.229, S.264-272.
7. Richard Restak, M.D. The Brain (New York, Bantam Books, 1984), S.242-245.
8. Ibid., S.43.
9. Robert Goy, „Sexual Differentiation of the Brain" (Cambridge, MIT Press).
10. Pierre Flor-Henry, „On Certain Aspects of the Localization of the Cerebral Systems Regulating and Determining Emotion", Biological Psychiatry, Bd.14 (1985), S.4-14, oder J.B. Hutchinson, „Biological Determinants of Sexual Behavior" (New York, John Wiley and Sons, 1978).
11. Ibid., Hutchinson.
12. Arthur Paivio, Imagery and Verbal Processes (New York, Holt, Rinehart and Winston, 1971).
13. Siehe Kapitel fünfzehn, „Die dunkle Seite seelischer Wortbilder."

5. Kapitel

1. Der eigentliche biblische Bericht dieses fesselnden Wortbildes findet sich im
2. Buch Samuel, Kapitel 11-12.2. 1. Samuel 16, 1-12.
3. 1. Samuel 17; 2. Samuel 3,1; 5, 1-25.
4. Die bekannten Alttestamentler Keil und Delitzsch kommentieren den Sachverhalt bei David wie folgt: „Diese Worte gingen David unmittelbar zu Herzen und beseitigten den Bann der Härte, der darauf drückte. Er brachte keine Entschuldigung vor, suchte kein Schlupfloch, keine Ausrede, machte keine menschliche Schwäche geltend, sondern bekannte offen, aufrichtig und ohne Umschweife seine Schuld." C.F. Keil und F. Delitzsch, „Commentary on the Old Testament in Ten Volumes, Bd.II: Joshua, Judges, Ruth, 1 and 2 Samuel" (Grand Rapids, William B. Eerdmans Publishing, 1975), S.391.

6. Kapitel

1. Francis Brown, S.R. Driver und Charles A. Briggs, „A Hebrew and English Lexicon of the Old Testament" (Oxford, Claredon Press, Nachdruck 1974), „aph", S. 60, und „The Compact Edition of the Oxford English Dictionary" (New York, Oxford University Press, 1971), „anger", S.82.
2. Ibid., Brown, „kilyah", S.480, und Oxford, „fear", S.973.

3. 2.Samuel 12,1ff.
4. Gary Smalley und John Trent, Ph.D., „The Blessing" (Nashville, Thomas Nelson Publishers, 1986), S.172-173.
5. Christus benutzte beispielsweise Wortbilder bei bestimmten Gruppen von Menschen, die „Ohren hatten, aber nicht hörten, und Augen, aber nicht sahen", Matth.13, 14ff.

7. Kapitel

1. Wenn Sie das Buch erst bei dieser Geschichte aufgeschlagen haben, müssen Sie Abschnitte der Kapitel fünf und sechs nachschlagen unter der Überschrift „Sieben Schritte zur Gestaltung seelischer Wortbilder", um den von Jim eingeschlagenen Etappen folgen zu können.

8. Kapitel

1. Richard F. Newcomb, „Iwo Jima" (Holt, Rinehart & Winston, New York, 1965), S.35.
2. Ibid., S.229.

10. Kapitel

1. Wilder Penfield, „The Mystery of the Mind" (Princeton, University Press, 1984), S.148.
2. Wegen eines zielgerichteten Familienurlaubs können Sie sich um weitere Informationen an einen unserer Lieblingsorte für außergewöhnliche Familienurlaube wenden: Forest Home Conference Center, General Delivery, Forest Falls, CA 92339 oder Telefon 714-794-1127.
3. Das Performax Personal Profile System (Performax Systems International, Minneapolis, Minnesota).
4. Weitere Informationen über die Verfügbarkeit des Verfassers von: Today's Family, P.O.B. 2111, Phoenix, AZ 85028.

11. Kapitel

1. Gary Smalley, „If Only He Knew" und „For Better or for Best" (Grand Rapids, Zondervan Publishing, 1979); Gary Smalley und John Trent, Ph.D., „The Blessing" und „The Gift of Honor" (Nashville, Thomas Nelson Publishers, 1986 und 1987); Gary Smalley, „The Key to Your Child's Heart" (Waco, Texas, Word Books, 1984).
2. Vgl. Jims Wortbild in Kapitel sieben, „Die Quelle der Natur", und Susans Wortbild im folgenden Kapitel „Die Quelle alltäglicher Gegenstände".
3. „The Compact Edition of the Oxford English Dictionary" (New York, Oxford University Press), S.485.

12. Kapitel

1. Hoheslied 4, 1ff.
2. Hoheslied 2, 1ff.
3. William Shakespeare, „Romeo und Julia", 2. Akt, 1. Szene (Oxford, Clarendon Press, 1986), S.388.
4. Ibid., S.388.
5. Ibid., S.396.
6. Elizabeth Barrett Browning, „Sonnets from the Portuguese".
7. Christopher Ricks, „The Force of Poetry" (Oxford, Cambridge University Press, 1984), und J.R. Jackson, „Poetry and the Romantics" (London, Rouledge & Kegan Paul Ltd., 1980).
8. UCLA Monthly, Alumni Association News, März-April 1981, S.1.
9. F.B. Dresslar, „The Psychology of Touch", American Journal of Psychology, Bd.6 (1984), S.316.

10. Einen aufrüttelnden Blick auf Ursprung und Entstehung von Affären bietet Willard F. Harley „His Needs/Her Needs" (Old Tappan, New Jersey, Fleming H. Revell Company, 1986).
11. Marc Hollender, „The Wish to Be Held", „Archives of General Psychiatry", Bd.22 (1970), S.445.1
12. S.R. Arbetter, „Body Language: Your Body's Silent Movie", Current Health, Februar 1987 S.11-13.
13. Vgl. unsere Definition eines Wortbildes in Kapitel zwei, „Worte, die in das Herz dringen".
14. Psalm 128, 1,3.
15. Vgl. Gary Smalley, „Joy That Lasts" (Grand Rapids, Zondervan Publishers, 1985). In diesem Buch spricht Gary über die Bedeutung eines dynamischen geistlichen Lebens als Schlüssel zum Erfolg in allem, was wir tun. Während „Die Sprache der Liebe" vor allem davon spricht, wie Wortbilder als wirksames Instrument der Kommunikation eingesetzt werden können, haben wir die Absicht, ein Buch zu schreiben, das sich mit der unglaublichen Kraft von Wortbildern zur Steigerung des geistlichen Lebens von Menschen befaßt.

13. Kapitel

1. James C. Dobson, „Dare to Discipline" (Wheaton, Tyndale Publishers, 1970); „Hide and Seek" (Old Tappan, New Jersey, Fleming H.Revell, Power Books, 1974); „Love Must Be Tough" (Waco, Texas, Word Publishers, 1983); Paul D. Meier, Christian Child-Rearing and Personality Development (Grand Rapids, Baker Book House, 1977); Richard Allen, Common Sense Discipline (Ft.Worth, Worthy Publishers, 1986).
2. James C. Dobson, Parenting Isn't for Cowards (Waco, Texas, Word Publishers, 1988).

14. Kapitel

1. Gary Smalley und John Trent, Ph.D., „The Blessing" (Nashville, Thomas Nelson Publishers, 1986).
2. Robert Pandia, „Psychosocial Correlates of Alcohol and Drug Use", Journal of Studies on Alcohol Bd.44, Nr.6 (1983), S.950; Mark Warren, „Family Background and Substance Abuse", Psychiatric Research Review, Bd.35 (1985), S.25; Joanna Norell, „Parent-Adolescent Interaction: Influences on Depression and Mood Cycles", Dissertation Abstracts International, Bd.45, Nr.4-A (1984), S.1067; Frank Minirth, Paul Meier, Bill Brewer et al., The Workaholic and His Family (Grand Rapids, Baker, 1981); Frank Minirth and Paul Meier, Happiness Is a Choice (Grand Rapids, Baker, 1978).
3. Brian Lucas, „Identity Status, Parent-Adolescent Rel- ationships, and Participation in Marginal Religious Groups", Dissertation Abstracts International Bd.43, Nr.12-B (1984), S.4131; J.R. Heiman, „A Psychophysiological Exploration of Sexual Arousal Patterns in Females and Males", Psychophysiology Bd.14, Nr.3 (1987), S.2266-2274; J.V. Mitchell, „Goal-Setting Behavior as a Function of Self-Acceptance, Over- and Under-Achieve- ment and Related Personality Variables", Journal of Educational Psychology, Bd.50 (1970), S.93-10
4. V.Cosi, Amyotrophic Lateral Sclerosis (New York, Plenum Press, 1987).
5. E.M. Goldberg, Family Influences and Psychosomatic Illness (London, Tovistock Publishers Ltd., 1987).
6. Vgl. Kapitel sechs, „Gestaltung eines wirksamen Wortbildes, Teil zwei".
7. Cathy Dent, „Facilitating Children's Recall of Figurative Language in Text Using Films of Natural Objects and Events", Human Development, Juli-August 1986, S.231-235; Robert Verbrugge, „The Role of Metaphor in Our Perception of Language", unveröffentlichte Rede vor der Linguistics Section der Academy of Sciences in New York am 14. Januar 1980.

8. Deena Bernstein, „Figurative Language: Assessment Strategies and Implications for Intervention", Folia Phoniat, Bd.39 (1987), S.130.
9. Sprüche 22, 6.
10. Eine hervorragende Beschreibung dessen, was zur Erziehung eines Kindes gehört, findet sich bei Charles R. Swindoll, You and Your Child (Nashville, Thomas Nelson Publishers, 1977).
11. Sprüche 6, 6.
12. S.J. Samuels, „Effects of Pictures on Learning to Read, Comprehension and Attitudes Toward Learning", Review of Educational Research, Bd.40 (1980), S.397.
13. William Looft, „Modification of Life Concepts in Children and Adults", Developmental Psychology, Bd.1 (1969), S.445.
14. Gary Smalley, The Key to Your Child's Heart (Waco, Texas, Word Publishing, 1984).

15. Kapitel

1. Sprüche 18, 21.
2. Theodore Abel, Why Hitler Came into Power (New York, Prentice Hall, 1948).
3. Norman H. Baynes, The Speeches of Adolf Hitler, Bd.I und II (New York, Howard Fertig Publishers, 1969). Diese Rede wurde am 23. März 1933 in der Kroll-Oper in Berlin gehalten.
4. Philip Kerns, People's Temple/People's Tomb (Plainfield, New Jersey, Logos International, 1979).
5. Edwin Mueller, Making Sense of the Jonestown Suicides (New York, Cassel Publishing, 1981).
6. Vincent Bugliosi, Helter Skelter (New York, Bantam Books, 1975).
7. Walter Martin, Kingdom of the Cults (Minneapolis, Bethany House Publishers, 1985), sowie ein Buch eines früheren Teufelspriesters, Mike Warnke, Satan Seller (Plainfield, New Jersey, Bridge Publishing, 1987).
8. Ein erschütterndes Bild von Menschen, die von der Sucht behaftet sind, andere mit Worten zu verletzen, findet sich bei M. Scott Peck, People of the Lie (New York, Simon & Schuster, 1983).
9. C.S. Lewis, The Lion, the Witch and the Wardrobe (New York, Macmillan Publishing Co., 1950), S.75-76.

Larmann — ein mutiges Programm

In dieser Reihe liegt außerdem vor:

George Ritchie / Elizabeth Sherrill
RÜCKKEHR VON MORGEN
100 Seiten, Paperback

1943 starb George Ritchie; dann kehrte er auf wunderbare Weise ins Leben zurück, um ein erstaunliches Erlebnis zu erzählen — das Erleben des Todes und der Welt danach.

Wie Sie dieses Buch auch beurteilen: zustimmend oder ablehnend — es stellt Sie vor die entscheidenden Fragen Ihres Lebens!

Dr. Petti Wagner
DER ZWEITE AUFTRAG
Entführt, mißhandelt, hingerichtet — aber sie lebt!
144 Seiten, Paperback

Diese spannende, wahre Geschichte erzählt das beinahe unglaubliche Schicksal einer Frau, die entführt, gefoltert und durch Elektroschocks getötet wurde. Der Arzt stellte den Totenschein aus. Aber sie lebt!

Für Petti Wagner, die Frau mit den zwei Leben, gibt es dafür nur eine Erklärung: „Gott hatte noch einen Auftrag für mich..."

Larmann
Postfach 640 · 3550 Marburg